BAEDEKER
SMART

SÜDAFRIKA

Perfekte Tage
am schönsten Ende
der Welt

Verlag Karl Baedeker – www.baedeker.com

Inhalt

Kapiteleinteilung: siehe vordere Umschlaginnenseite

TOP 10

Was muss ich gesehen haben? Unsere TOP 10 helfen Ihnen, von der absoluten Nummer eins bis zur Nummer zehn, die wichtigsten Reiseziele einzuplanen.

1 KRUGER NATIONAL PARK ► 140
Der größte »Zoo« der Welt (links zwei Springböcke) lockt zur Pirschfahrt durch die Wildnis – die Nummer eins der hiesigen Schutzgebiete.

2 CITY CENTRE (KAPSTADT) ► 50
Die »Mutterstadt Südafrikas« ist eine der schönsten Metropolen der Welt; in ihr manifestiert sich die Regenbogennation mit ihren zahlreichen Völkern am buntesten.

3 GARDEN ROUTE ► 70
Die Südküste zwischen Kapstadt und Port Elizabeth wartet mit zahlreichen Naturreservaten und Badestädtchen auf – und ausgezeichneten Restaurants.

4 UKHAHLAMBA-DRAKENSBERG PARK ► 94
Himmelhoch ragen die Drachenberge an der Grenze zu Lesotho auf – ein Ziel für aktive Urlauber und eine der großartigsten Landschaften des Landes.

5 PILANESBERG NATIONAL PARK ► 158
Nördlich von Sun City trifft man in dem weiten Zentrum eines erloschenen Vulkans auf viele hierher übersiedelte Wildtiere.

6 PANORAMA ROUTE ► 142
Eine der schönsten Strecken des Landes führt in der Provinz Mpumalanga über die nördlichen Ausläufer der Drakensberge zu herrlichen Aussichtspunkten. Am spektakulärsten ist der Abschnitt um den Blyde River Canyon.

7 ZULULAND & MAPUTALAND ► 98
Die sattgrüne Hügelwelt ist die Heimat der großen Krieger; die riesigen Feuchtgebiete mit Wäldern, Seen und Lagunen im Norden grenzen an endlose, breite Strände mit feinstem Sand.

8 PRETORIA ► 118
In der Hauptstadt Südafrikas findet man sehenswerte Museen und ein viktorianisches Parlamentsgebäude, das seinesgleichen sucht.

9 SOWETO ► 122
Wie viele Menschen in den Townships leben, weiß niemand so genau. Ein Besuch ist Pflicht für jeden, der die Geschichte Südafrikas verstehen will.

10 DURBAN ► 100
Die weiten Sandstrände der indisch beeinflussten Metropole mit der von Hotels gesäumten Seepromenade machen sie zu einem beliebten Sommerurlaubsziel.

DAS SÜDAFRIKA

Erleben, was Südafrika ausmacht, das einzigartige Flair spüren. So, wie die Südafrikaner selbst.

BRAAI UND BIER

Gäbe es keinen Grill, ein Südafrikaner hätte ihn erfunden. Er ist der zentrale Bestandteil eines jeden Ausflugs und Abends, ohne ihn geht es nicht. Der Aufbau des Grills, das Anfachen, das Grillen selbst und das gesellige Beisammensein heißen *braai*. Es beginnt am Wochenende schon mittags. Wurde der Grill erst einmal installiert, ist es bereits Zeit für das erste Bier. Dann folgt die Bereitung des Feuers mit würzig duftendem Hartholz. Das Fleisch ist währenddessen getaut, das Gemüse im gusseisernen Potje fertig. Ein weiteres Bier hat die Zeit verkürzt. Nach Geheimrezept mariniertes Fleisch und die Boerewors, Bratwurstspiralen, werden auf dem Glutbett zur Perfektion gebracht. Man unterhält sich und erzählt Geschichten, von denen Südafrika reichlich zu bieten hat. *braai* ist nicht Essen, ist nicht Grillen – *braai* ist ein Lebensstil.

HEIMATGEFÜHLE

Natürlich gibt es auch heute noch Townships, in denen unhaltbare Zustände herrschen. Doch die Re-

Graffiti in Soweto, Johannesburgs »South Western Township«

GEFÜHL

gierung unternimmt viel, um die Siedlungen zu erhalten: Asphaltierte Wegenetze, Elektrizitätsversorgung und eine Kanalisation – ganze Siedlungen entstehen neu. Allerdings wollen auch viele Südafrikaner, die es zu etwas gebracht haben, ihr Township gar nicht verlassen. Es ist ihre Heimat, der Ort ihrer Jugend, der Platz ihrer Familie und Freunde. So findet sich auch die eine oder andere großzügige Villa mitten im Township, und in ihrer Garage stehen mehrere Luxuskarossen.

Das Südafrika Gefühl

TAGESAUSFLUG ZUM SHOPPING

Die Parkplätze der Shopping Malls sind immer voll. Ganze Familien machen sich auf den Weg in die Mall, die viel mehr bietet als bloß eine Einkaufsmeile: ein Vergnügungszentrum, das alles bereitstellt, was ein gelungener Tag nötig hat – Restaurants, Cafés, Kinos, Spielplätze, ja sogar Flohmärkte und Picknickplätze. Entspannt zieht die Menge an den Läden vorbei, Hektik kommt nicht auf, alle genießen ihre Zeit – und Einkaufen ist dabei gar nicht so wichtig.

SPORT VEREINT

Die Rugby-Nationalmannschaft – die Springboks – gehört zu den besten der Welt, die Südafrikaner lieben sie. Wer keine Zeit fürs Stadion hat, geht in die Sportbar, um mit Freunden zu gucken. Fürs gemeinsame Erlebnis sollte man allerdings die Regeln kennen. Was einem beim zweiten Favoriten, dem Cricket, schwerfallen dürfte. Cricket und Rugby waren lange vornehmlich »weiße« Sportarten, Soccer, Fußball, begeisterte die farbige Bevölkerung. Bei der WM 2010 mit ihren vor Lebensfreude brodelnden Stadien war das anders. Fünf Jahre später scheinen die Vuvuzelas die Rassenschranken ins Nirwana geblasen und die Regenbogennation neu definiert zu haben.

NATUR PUR

1846 erließ die Kapkolonie das erste Naturschutzgesetz; seitdem hat sich viel getan. Die Südafrikaner sind stolz auf ihre vielen kleinen Naturschutzgebiete, die sie neben den weltberühmten Nationalparks begeistert besuchen. Schulklassen lernen dort Tiere und Pflanzen kennen, Familien kommen zum Picknick, harte Männer zum Test ihrer 4x4-Pick-ups, Birdwatcher bekommen viel zu sehen, und Fotografen, warten auf den ultimativen K(l)ick.

GLAUBEN HEISST FEIERN

Ist der Gottesdienst der Weißen streng rituell und distanziert, sprühen die Kirchenfeiern der schwarzen Bevölkerung vor Leben. Der Sonntag ist ein Feiertag im wahrsten Sinne des Wortes, kein Gottesdienst kommt ohne den mitreißenden Gesang des Chores aus, in den die Gemeinde einstimmt. Und Besucher sind hier gern gesehen.

Gewitterwolken über der Kalahari-Wüste

Das Magazin

DIE GANZE WELT
IN EINEM LAND

Südafrikas Attraktivität liegt zunächst einmal in der landschaftlichen Schönheit seiner neun Provinzen begründet. Zudem ist das Land ein Schmelztiegel der Kulturen, Sprachen und Glaubensrichtungen.

West- und Ostkap-Provinzen

Das Highlight der Westkap-Provinz ist Kapstadt – eindeutig eine der schönsten Städte der Welt. Sie ist Heimat einer kosmopolitischen ethnischen Mischung, zu der auch *Cape Coloureds* zählen – eine eigene Gemeinschaft, die auf malaiische Sklaven, weiße Kolonisten und einheimische San und Khoi zurückgeht. Weitere Attraktionen der Provinz sind die schönen Weingüter, die Garden Route und die herrlichen Strände, an denen sich Wale, Delfine und Haie vor der Küste tummeln. Im Norden der Provinz liegen die riesigen, von der Sonne verbrannten Karoo-Ebenen mit ihren eigentümlichen Städten aus dem 19. Jahrhundert. Die Ostkap-Region wird von der Wild Coast beherrscht. Zu ihr gehören die farbenfrohen *kraals* (Dörfer) der Xhosa und weite, fast menschenleere Strände.

KwaZulu-Natal und Gauteng

Durban und eine Reihe von Resorts liegen an der subtropischen Küste des Indischen Ozeans im südlichen KwaZulu-Natal. Im Norden hingegen erstreckt sich der iSimangaliso Wetland Park, wo sich Nilpferde und Haie ein Ökosystem teilen. Vor der Küste erstrecken sich Korallenriffe mit einer reichen Unterwasserwelt. Die Küste hat ein reiches kultu-

relles Erbe als Kernland der Zulu und beheimatet eine lebendige indisch-stämmige Gemeinde – die Nachkommen von Arbeitern auf den Zuckerrohrplantagen. In der Provinz gibt es herrliche Wildreservate – u. a. mit mehr Nashörnern als in jeder anderen Region der Welt. Im Landesinneren erhebt sich das hügelige Binnenland von KwaZulu-Natal mit den faszinierenden Kriegsschauplätzen aus dem 19. Jh. bis zum uKhahlamba-Drakensberg Park – ein UNESCO-Welterbe mit beeindruckenden schroffen Bergen, grünen Tälern und exzellenten Wandermöglichkeiten. Die Felsmalereien der San in diesem Park zählen zu den wichtigsten Kulturschätzen Südafrikas.

Im nördlichen Teil von Gauteng, der kleinsten, aber am dichtesten besiedelten Provinz, sind die Hauptstadt Pretoria (heute Teil der Metropolgemeinde Tshwane) und das lebendige Johannesburg zu besichtigen. Hinzu kommen mehrere paläontologische Fundstellen, deren bedeutendste heute als »Wiege der Menschheit« auf der UNESCO-Liste des Welterbes stehen. Johannesburg – auch »Jozi« genannt – war Zeuge einiger der wichtigsten Ereignisse im Kampf gegen die Apartheid. Bei einem Besuch der lebendigen Townships und der hervorragenden Museen können Sie mehr erfahren. Shopping in den riesigen Einkaufszentren, essen in preisgekrönten Restaurants und das Eintauchen in das ausgeprägte Nachtleben sind weitere urbane Highlights.

Norden und Nordwesten

In Mpumalanga und Limpopo bietet der riesige Kruger National Park die besten Möglichkeiten zur Beobachtung der »Big Five« (Elefant, Nashorn, Büffel, Löwe und Leopard). Der Nordwesten Südafrikas mit den Provinzen Freistaat, Nordwest und Nordkap ist eine trockene Region aus dünn besiedeltem Farmland, das ganz im Norden in das ausgedörrte Grasland der Kalahari übergeht. Hier lohnt der Besuch der ruhigen, aber dennoch attraktiven Wildreservate. Kimberley und Bloemfontein glänzen mit ihrer bewegten Geschichte, und das üppige Resort Sun City liegt versteckt im Busch beim Pilanesberg National Park.

Valley of Desolation im Karoo Nature Reserve der Ostkap-Provinz

Das Magazin

GETRENNT **VEREINT**

Südafrikas jüngere Geschichte war stark von der Apartheid (afrikaans: »Getrenntheit«) geprägt. Nach ihrem Ende rief Nelson Mandela (1918–2013) eine Regenbogennation aus, »im Frieden mit sich und der ganzen Welt«.

Eine neue Generation blickt nach vorn (auf dem Dach des WM-Stadions in Durban)

Sieht so das neue Südafrika aus? Bei schönem Wetter wirken manche der großen Städte des Landes – mit viel Chrom und Glas im modernsten Design herausgeputzt – wie ein riesiger Vergnügungspark. Jeder scheint nur zwei Ziele zu kennen: Spaß und Konsum. Ist es das, was von der Vision blieb, die Nelson Mandela bei seiner Antrittsrede als Präsident 1994 formulierte? »Wir werden eine Gesellschaft errichten«, hatte Mandela gesagt, »in der alle Südafrikaner, schwarze und weiße, aufrecht gehen können, ohne Angst in ihren Herzen, in der Gewissheit ihres unveräußerlichen Rechtes der Menschenwürde – eine Regenbogennation im Frieden mit sich selbst und mit der ganzen Welt.« Tatsächlich war damit die Apartheid, politisch jedenfalls, ein abgeschlossenes Kapitel in der Geschichte des Landes. Nun kam und kommt es darauf an, mit Mandelas Vision auch die Herzen der Menschen zu bewegen.

Widerstand …

… gegen die Vorherrschaft der weißen Minderheit hatte es bereits im 19. Jh. gegeben. 1912 gründeten schwarze Intellektuelle und politisch Interessierte in Bloemfontein den – 1923 in African National Congress (ANC) umbenannten – »South African Native National Congress«, um gegen Rassismus und ethnische Rivalitäten zu kämpfen, für das politische Mitspracherecht der schwarzen Bevölkerungsmehrheit und die Verbesserung ihrer Lebensbedingungen. Den Schwarzen wurde nicht nur das Wahlrecht verweigert, ab 1913 mussten sie ausschließlich in Reservaten leben. Bis zum Zweiten Weltkrieg begnügte sich der eher städtisch und mittelständisch geprägte ANC mit Petitionen, Protesten und Versammlungen. 1944 entstand unter Mitwirkung von Nelson Mandela die ANC Youth

League (ANC-Jugendliga), die härtere Methoden forderte. Ziel war jetzt nicht mehr die Integration in das politische System der Weißen, sondern die Befreiung von diesem System. Auf die nach 1948 immer repressiver werdenden Apartheid-Gesetze antwortete der ANC mit Streiks, Aktionen öffentlichen Ungehorsams und Protestmärschen. Seine Mitgliederzahl stieg rasch auf über 100 000. 1955 schlossen sich mehrere Organisationen mit dem ANC zusammen. Sie verabschiedeten die »Freiheits-Charta« für ein nichtrassisches, demokratisches Südafrika, das bis in die 1990er-Jahre grundlegende Dokument der ANC-Politik.

Spannungen

Aber auch im ANC kamen Spannungen auf: Die Pluralisten forderten die Gleichberechtigung, während die Afrikanisten, entgegen der bisherigen Politik des ANC, ein von weißer Herrschaft befreites Südafrika anstrebten.

> »Mein teuerstes Ideal ist eine freie und demokratische Gesellschaft« (Nelson Mandela)

1959 spalteten sich die Afrikanisten vom ANC ab und gründeten den Pan Africanist Congress (PAC). Für das Jahr 1960 planten der ANC und der PAC große Kampagnen gegen die verhassten Passgesetze. Der PAC rief für den 21. März 1960 zu einer friedlichen Demonstration vor der Polizeiwache von Sharpeville auf. Die Polizisten, die sich bedroht fühlten, schossen in die Menge, 69 Demonstranten starben. Das Ausland reagierte entsetzt und empört. Im ganzen Land fanden Streiks und Demonstrationen statt, die noch mehr Menschenleben forderten. Die Regierung reagierte hart. Am 8. April 1960 verbot sie den ANC und den PAC, die dann im Untergrund und im Exil weiterarbeiteten. Beide Parteien gründeten Kampforganisationen, der ANC den Umkhonto we Sizwe (»Speer der Nation«) mit Mandela an der Spitze, der nach der Verbannung von Luthuli und der Verurteilung von Sobukwe zum Präsidenten des ANC und zum Führer der Schwarzenbewegung aufstieg. Dieser Organisation gelangen zwar einige spektakuläre Anschläge, doch konnte sie bis 1963 zerschlagen werden. Nelson Mandela, der 1962 verhaftet und zu fünf Jahren Gefängnis verurteilt worden war, wurde 1963 aufgrund des im Hauptquartier des Umkhonto gefundenen Materials wegen Sabotage zu lebenslanger Haft verurteilt. Für einige Zeit schien es, als hätte die Regierung den Widerstand der Schwarzen gebrochen. Aktivisten wurden teils ohne Urteil inhaftiert, viele starben in Polizeigewahrsam. Die Hinrichtungen erreichten Rekordhöhe. Zu Beginn der 1970er-Jahre entstanden neue Organisationen, darunter solche, die ein »schwarzes Bewusstsein« nach dem Vorbild der Black-Panther-Bewegung in den USA schaffen wollten. Als die Regierung das Afrikaans, die »Sprache der weißen Unterdrücker«, in den Schulen als Unterrichtssprache einführen wollte, demonstrierten am 16. Juni 1976 in Soweto 20 000 Schüler – die Polizei schoss wahllos auf die unbewaffneten Kinder und Jugendlichen, zwei wurden getötet. Im ganzen Land kam es zu blutigen Unruhen. Diesmal gelang es der Regierung erst gegen Ende 1977, die Lage nach und nach wieder unter Kontrolle zu bringen. Sie verbot und verfolgte alle radikal-oppositionellen Organisationen; der Führer der Black-Consciousness-Bewegung, Steve Biko, starb 1977 im Gefängnis an den Folgen der Folter.

Ein nobler Preis für den Frieden

Anfang 1990 ließ Staatspräsident Frederik de Klerk – der »Gorbatschow Afrikas« – gegen den heftigen Widerstand aus den eigenen Reihen und der weißen Ultrarechten den ANC, den PAC und die kommunistische Partei wieder zu; er entließ Mandela aus dem Gefängnis und begann den Dialog mit dem früheren Gegner. Für ihre Bemühungen um einen Ausgleich zwischen weißer und farbiger Bevölkerung erhielten Mandela und de Klerk 1992 den Friedensnobelpreis. Aus den ersten freien Parlamentswahlen in Südafrika im April 1994 ging der ANC mit 62 Prozent als stärkste Partei hervor, Nelson Mandela blieb als Präsident bis 1999 im Amt, am 5. Dezember 2013 starb er an den Folgen einer Lungenentzündung. Bei der jüngsten Wahl im Jahr 2014 konnte der ANC mit erneut 62 Prozent der Stimmen seine absolute Mehrheit bestätigen.

Auf dem richtigen Weg? Mandelas Vision bleibt Ansporn und Auftrag zugleich

Das Magazin

WILDES LEBEN

Die Vielfalt der Nationalparks und Wildreservate Südafrikas ist sicherlich die Hauptattraktion des Landes und bietet einige der spannendsten Safarierlebnisse des Kontinents. Diese Reservate umfassen von Wüsten und Wäldern bis zu Bergen und Küsten die unterschiedlichsten Landschaftsformen und sind Tummelplatz sämtlicher Tierarten Südafrikas.

Die »Big Five« – Löwe, Leopard, Büffel, Nashorn und Elefant – sind in mehreren Reservaten Südafrikas zu Hause. Mit diesem Begriff bezeichnete man ursprünglich die fünf für professionelle Jäger gefährlichsten Tiere. Heute hingegen ist es das Ziel einer Safari, dieses legendäre Quintett mit der Kamera festzuhalten. Um die Big Five zu den Big Seven zu komplettieren, fehlen noch der Große Weiße Hai und der Südliche Glattwal. Sie sind im Meeresschutzgebiet des Greater Addo Elephant Park zu sehen. Andere interessante Fotomotive sind Geparde, Giraffen, Nilpferde und Zebras. Auch die kleineren Säugetierarten, Reptilien und Vögel verdienen die gleiche Aufmerksamkeit. Viele Parks und Reservate werden von Regierungs- oder Provinzverwaltungen geführt, und der Besuch ist für Selbstfahrer, die in den Chalets oder auf den Campingplätzen der Parks übernachten, relativ günstig. Teilweise bieten die Betreiber geführte Touren mit

Zuchtprogramme stärken die Population der Geparden und anderer gefährdeter Arten

em Auto oder zu Fuß an. Auch die steigende Zahl privater Wildreservate virkt sich positiv auf die Umwelt aus. Sie siedeln Tiere wieder in Gegenden an, in denen sie zuvor ausgerottet worden waren. Mit einem größeren Budget können Sie in den exklusiven All-inclusive-Lodges oder den schön gelegenen Zeltcamps übernachten und überwältigende Naturerlebnisse haben. Übrigens sind die »Zelte« der Luxuslodges häufig riesige Konstruktionen mit eigenem Bad und einer vollständigen Einrichtung.

Was, wann, wo?

Sowohl in den öffentlichen als auch in den privaten Parks und Reservaten sind Safaris die Hauptattraktion. Am besten beobachtet man die Tiere am frühen Morgen und am späten Nachmittag, wenn sie am aktivsten sind. Bei Scheinwerfersafaris nach Einbruch der Dunkelheit können Sie nachtaktive Tiere entdecken. Das Klima ist in den verschiedenen Landesteilen unterschiedlich, doch als Faustregel gilt, dass sich die Trockenzeit, wenn sich die Tiere um die Wasserlöcher konzentrieren und das Gras kurz ist, am besten für Tierbeobachtungen eignet. Auch die Regenzeit hat allerdings ihre Vorteile: Jetzt sind die Tiere in guter Verfassung, nachdem sie sich an den neuen Schösslingen satt gefressen haben. Außerdem besteht die Möglichkeit, Brut oder Geburten mitzuerleben.

Tatsächlich reicht ein Leben nicht aus, um all die Wunder der Natur in all diesen Parks zu entdecken; das Sozialleben der riesigen Dickhäuter, das Zusammenspiel zwischen Blumen- und Insektenwelt, das Überleben und der Kampf zwischen den Arten, das Auf und Ab und die Wieder-

Nah dran: Elefanten im Addo Elephant National Park

kehr im jährlichen Wechsel mit Blumenteppichen auf karger Scholle, mit Löwenbabys oder mit dem Besuch der Wale an der Küste. Jede Klimazone Südafrikas hat ihre ganz eigene Naturgeschichte zu erzählen. Auch in den Wüsten der Karoo leben Tiere und wachsen Pflanzen, nur erschließen sie sich dem Betrachter nicht so offensichtlich wie in den tropischen Gebieten am Indischen Ozean, wo die Bäume von Schlingpflanzen umwuchert im Dschungel stehen und Krokodile träge in der Sonne dösen. Die Vegetation am Kap wird von den Botanikern wegen ihrer Einzigartigkeit als eigenes »Florenreich« geführt; nicht minder eindrucksvoll sind die bizarren Sukkulenten in der Halbwüste.

Greater Kruger National Park

Die Provinzen Limpopo und Mpumalanga bieten Zugang zum Kruger National Park, der mehr Säugetiere beherbergt als jedes andere Reservat Afrikas. An den Park grenzen mehrere private Schutzgebiete. Seit dort die Zäune entfernt wurden und sich die Tiere frei zwischen dem Park und den privaten Reservaten bewegen können, bezeichnet man die Region als Greater Kruger National Park.

KwaZulu-Natal und die Nordwest-Provinzen

In KwaZulu-Natal liegen die meisten Reservate des Landes. Sie decken eine große Vielfalt an Lebensräumen ab. Das Hluhluwe-Imfolozi Game Reserve ist die Heimat der größten Nashornpopulation der Welt, während im iSimangaliso Wetland Park Krokodile und Nilpferde leben. Die wenig besuchten geschützten Feuchtgebiete an der Grenze zu Mosambik beherbergen zahlreiche Wildtiere von Elefanten bis zu Schildkröten. Der uKhahlamba-Drakensberg Park bietet einmalige Attraktionen für Wanderer und Vogelbeobachter. Der Pilanesberg National Park in der Nordwest-Provinz besteht aus ehemaligem Farmland, auf dem Tiere aus allen Teilen des Landes neu angesiedelt wurden. Das nahegelegene Madikwe Game Reserve liegt auf einer Wildtierwanderroute am Rande der Kalahari. In beiden Reservaten sind die Big Five zu Hause.

Die Kapprovinzen

Zu den Parks am Ostkap zählen der Mountain Zebra National Park und der Addo Elephant National Park. In den Küstenparks wie Tsitsikamma leben viele Meerestiere. Ebenfalls in der Provinz gelegene private Wildreservate wie die hoch gelobten Parks Shamwari und Kwandwe siedeln Wildtiere an, die seit vielen Jahren nicht mehr in der Region anzutreffen waren.

Das Nordkap ist berühmt für den abgelegenen Kgalagadi Transfrontier National Park, der bis ins benachbarte Botswana reicht. Das Kgalagadi-Reservat beheimatet zähe, an das Wüstenleben angepasste Tiere wie Gemsbock und Schwarzmähnen-Löwen.

Am Westkap ist der Table Mountain National Park mit der Bergkette, die sich von Signal Hill bis Cape Point entlang der Kaphalbinsel erstreckt, landschaftlich reizvoll. Hinzu kommen kleinere Schutzgebiete wie das Rhino and Lion Nature Reserve im Außenbereich von Johannesburg.

DIE BESTEN BEOBACHTUNGSORTE

- **Nationalparks:** South African National Parks, www.sanparks.org
- **KwaZulu-Natal Game Reserves:** Ezemvelo KZN Wildlife, www.kznwildlife.com
- **Western Cape Game Reserves:** Cape Nature, www.capenature.org.za

Wasserspiele: Nilpferde im iSimangaliso Wetland Park in KwaZulu-Natal

TROPFEN FÜR TROPFEN

Nach seiner Ankunft in Table Bay 1652 pflanzte der erste Gouverneur am Kap, Jan van Riebeeck, den ersten Wein. Es soll ein französischer Muskat gewesen sein. 1659 konnte er in seinem Tagebuch vermerken: »Heute, Gott sei gepriesen, wurde zum ersten Mal Wein aus Kaptrauben gepresst.«

So begann der Weinbau in Südafrika. Gouverneur Simon van der Stel, der Nachfolger van Riebeecks, machte dort weiter, wo sein Vorgänger aufgehört hatte, und gründete 1699 sein eigenes Weingut, Groot Constantia. Die Weine vom Kap waren in Europa sehr gefragt. Napoleon liebte sie, für den Preußenkönig Friedrich den Großen nahmen die Kapweine ebenfalls die erste Stelle ein. Auch Bismarck schätzte sie, und Friedrich Klopstock widmete den edlen Tropfen sogar eine Ode. Da verwundert es schon, dass Südafrika erst in jüngerer Zeit die Liebe zum eigenen Wein entdeckt hat. Immerhin gibt es Weinbau schon seit über dreihundert Jahren. Zu Beginn wurde der Wein für die auf ihrem Weg von Europa nach Ostindien anlegenden Segelschiffe produziert. Auf langen Seereisen hielt sich der Wein besser als Wasser. Zudem nahm man an, dass junger Rotwein gegen Skorbut helfen könnte. Heute werden im ganzen Westkap und bis zum Orange River Valley im Norden zahlreiche Traubensorten angebaut.

Weinfässer im Gut Charmonix, Franschhoek

Ausgedehnte Weingüter in der Nähe von Robertson, Westkap-Provinz

Weißwein …

… wird von **Chenin Blanc** beherrscht, die Rebe stammt ursprünglich von der Loire und wird in Südafrika »Steen« genannt. Ihre von Natur aus hohe Säure ergibt frische, lebendige Weine, dennoch ging ihr Anteil in den letzten Jahrzehnten um 40 Prozent zurück. Im Trend liegen **Colombard**, **Chardonnay** und **Sauvignon Blanc**, eher selten ist der »echte« **Riesling**. Für Süßweine wird **Muscat d'Alexandrie** (»Hanepoot«) angebaut. Die Sorte **Sultana** wird vor allem für Tafeltrauben und feurigen Brandy verwendet.

Rotwein

Auch in Südafrika ist der weltweite Trend zum vermehrten Rotweingenuss zu beobachten. Dabei nahmen die »internationalen« Sorten stark zu, aber auch die echt südafrikanische Traube, die Pinotage (eine Kreuzung aus Pinot Noir und Cinsaut bzw. Hermitage) verdreifachte ihren Anteil. Die besten Rotweine liefert die Bordeaux-Traube **Cabernet Sauvignon**, darüber hinaus werden **Shiraz**, **Merlot**, **Cinsaut** (für frischen Tischwein), **Cabernet Franc** und **Pinot Noir** angebaut.

BAEDEKER TIPP

Über 600 Weingüter produzieren heute in Südafrika bis zu einer Milliarde Liter Wein pro Jahr. Die meisten der hiesigen Tropfen sind nicht nach ihrer Region, sondern nach Traubenart und Stil benannt. Achten Sie also weniger auf die Region als auf die Traubensorte und den Ruf des produzierenden Weinguts. Etwas Besonderes für wenig Geld ist eine Flasche des lokalen Schaumweins Cap Classique, zum Beispiel von der Kellerei Krone.

In die TIEFE

Mit fast 3000 km Küste bietet Südafrika reichlich Gelegenheit, nass zu werden. Die meisten Menschen glauben, dass sich Atlantik und Indischer Ozean am Cape Point treffen, die eigentliche Schnittstelle ist aber Afrikas südlichster Punkt Cape Agulhas. In der Kapregion gibt es zwar einige schöne Strände, aber der Atlantik ist zum Schwimmen zu kalt. Der Indische Ozean ist wärmer, und die Küste auf dieser Seite, insbesondere KwaZulu-Natal, lockt viele Strandurlauber an.

Surfen

Südafrika gilt als Surf-Hotspot. Erfahrene Wellenreiter werden bereits von Dungeons bei Kapstadt gehört haben – hier bilden sich einige der weltgrößten Wellen. Supertubes bei Jeffrey's Bay ist ebenso bekannt. Es soll die herausforderndste Brandung der Welt besitzen – die Perfect Wave. Profis sind in Jeffrey's Bay oder in Durban genau richtig. Beim Surfen besteht ein – wenn auch geringes – Risiko der Haibegegnung. Halten Sie sich deshalb immer an die Hinweise der Einheimischen.

DER GRÖSSTE SCHWARM DER WELT

Zwischen Mai und Juli verlassen Millionen von Sardinen das kalte Wasser am Kap, sammeln sich zu dichten Schwärmen am Ostkap und wandern dann Richtung Norden, bevor sie im unendlichen Blau jenseits von Durban verschwinden. Sie werden vom Plankton vor der Küste angezogen und von Räubern wie Haien, Tausenden von Seevögeln und natürlich Fischern verfolgt. Der »Sardine Run« wird wohl von den Temperaturveränderungen des Wassers ausgelöst.

Tauchen

Die Schnittstelle aus zwei Ozeanen macht die Küste zu einem vielfältigen Lebensraum für Meerestiere. Beliebte Tauchreviere sind

Surfer beim Wellenreiten am Llandudno Beach bei Kapstadt

die Korallengärten von Sodwana Bay und Aliwal Shoal in KwaZulu-Natal, wo häufig Riffhaie und Rochen gesichtet werden. Bei den Tauchspots um Port Elizabeth bekommen Sie vielleicht sogar Delfine zu sehen. Auch Walbeobachtungen, Wrack- und Lagunentauchen um Knysna und Tauchgänge zu den Kelpwäldern und Wracks um das Kap sind als erlebnisreiche Outdoor-Unternehmungen sehr zu empfehlen. In Gansbaai bei Hermanus können Sie im Käfig zu weißen Haien abtauchen – ein unvergessliches Abenteuer. Alternativ dazu können Sie aber auch im Haibecken des Two Oceans Aquariums in Kapstadt auf Tuchfühlung gehen.

Walbeobachtungen

Wale kommen überall an der Küste vor, aber die selbst ernannte Whale Coast um Hermanus und Walker Bay gilt als einer der besten Standorte für Walbeobachtungen vom Land aus. Südliche Glattwale wandern von Juli bis November auf ihrem Weg von der Antarktis die Küste hinauf, und viele kommen in die Walker Bay, wo Sie sie aus nur 50 m Entfernung pusten und springen sehen. Buckelwale passieren die Küste entlang der Garden Route und von KwaZulu-Natal zwischen Mai und Dezember. Touristenboote fahren dann regelmäßig zur Beobachtung hinaus auf das Meer.

Das Magazin

SPORTSFREUNDE

In Südafrika wird Sport großgeschrieben, und wer nicht selbst aktiver Sportler ist, der besucht zumindest die eine oder andere der zahlreichen Veranstaltungen, die sich über das Jahr im ganzen Land verteilen.

Fußball ist der populärste Sport in Südafrika und jedes Spiel ein höllisch lautes Spektakel, wie auch die Besucher des FIFA Worldcup 2010 erfuhren, als sie sich plötzlich von Vuvuzelas umzingelt sahen. Es war das erste Mal, dass dieses internationale Turnier auf dem afrikanischen Kontinent veranstaltet wurde. Die Nationalmannschaft mit dem Spitznamen Bafana Bafana (»unsere Jungs«) ist in ihrer Leistung eher unberechenbar, hat aber 1996 den Africa Cup of Nations gewonnen und an drei Weltmeisterschaften teilgenommen; 2014 scheiterte man schon zuvor in der Qualifikation. Das wichtigste inländische Turnier ist die Premier Soccer League, die von einem Team-Quartett aus Gauteng beherrscht wird: Mamelodi Sundowns, SuperSport United, Kaizer Chiefs und Orlando Pirates.

Ruhiger zu geht es auf den Tribünen beim **Rugby**. Einen seiner bewegendsten Momente in der Geschichte des Landes hatte dieser »Sport für harte Männer« 1995, als nach Jahren des Ausschlusses vom Weltsport während der Apartheid die Springboks (so der Spitzname für die Rugby-Union-Nationalmannschaft) die Weltmeisterschaft ausrichteten und gegen die All Blacks aus Neuseeland 15:12 gewannen. Ein sichtlich aufgeregter Nelson Mandela überreichte damals den Pokal dem Teamkapitän François Pienaar, einem Weißafrikaner. Dabei trug er das gleiche grün-goldene »Boks«-Shirt mit der Nummer 6 wie Pienaar, und die beiden umarmten sich in einer Geste der Versöhnung, die die Herzen vieler Südafrikaner zum Schmelzen brachte.

Den dritten Rang in der Zuschauergunst nimmt **Cricket** ein – allerdings nur bei denen, die in die Geheimregeln eingeweiht sind. Wie Rugby war

Links: Training für das sonntägliche Cricketspiel in Kapstadt; unten: Teilnehmer an der jährlich in der Regel am ersten Sonntag im März stattfindenden Cape Argus Pick 'n' Pay Cycle Tour

auch Cricket während der Apartheid 20 Jahre lang weitgehend vom Rest der Welt isoliert. Nachdem die südafrikanischen Proteas aber wieder international spielen durften, etablierte das Land sich bald als eine der führenden Cricket-Nationen weltweit und konnte große Erfolge verzeichnen. 2003 war Südafrika Gastgeber der Weltmeisterschaft, die allerdings zum Leidwesen der einheimischen Fans von den Australiern gewonnen wurde. Derzeit hält das südafrikanische Team den zweiten Platz im Ranking des höchsten erfolgreichen Inning in einem One-day International (438–9 in 49,5 Overs). Dieses Spiel gegen Australien 2006 gilt vielen als bestes One-day-Match aller Zeiten.

Südafrika ist auch ein Land der **Golfer**. Mit über 500 Plätzen, einem idealen Klima und den landschaftlichen Reizen zieht das Land Spieler aus der ganzen Welt an. Zu einem der wichtigsten Ereignisse kommen die Champions der Welt zusammen, der Nedbank Golf Challenge Anfang Dezember in Sun City (www.nedbankgolfchallenge.com). Die klassische Turnierserie des südlichen Afrika ist die Sunshine Tour mit den South African Open, dem Dunhill Championship und den Joburg Open, die ganzjährig hauptsächlich in Südafrika, aber auch auf Plätzen in Namibia, Sambia, Swasiland sowie in Simbabwe stattfindet (www.sunshinetour.com).

Ein tolles Ziel ist das Land zudem für **Radsport**-Fans. International bekannt ist etwa der Cape Epic, eine Mountainbiker-Herausforderung der Extraklasse (www.cape-epic.com). An dieser »Tour-de-France der Mountain-Biker« nehmen im Spätsommer Südafrikas über 1000 Fahrer in Zweierteams aus der ganzen Welt teil und begeben sich acht Tage lang auf einen harten Kurs mit 800 km Länge und 15 000 Höhenmetern. Jedes Jahr wird die Strecke am Kap neu definiert, und immer dürfen sich auch Amateure bewerben, die im Losverfahren ausgewählt werden. Die Cape Argus Pick n Pay Cycle Tour (www.cycletour.co.za) steht allen Amateuren offen. Mehr als 35 000 Teilnehmer fahren jeden März einen Kurs von 109 km Länge ab; damit gehört die Tour zu den größten und beliebtesten Sport-Events des Landes.

Wer selbst **Marathon** läuft, ist in Südafrika ebenfalls willkommen. Der Two Oceans Marathon am Karsamstag geht über eine Strecke von 56 km und rund 500 Höhenmeter (auch als Halbmarathon mit 21 km möglich) an den beiden Ozeanen der Kaphalbinsel entlang; etwa 15 000 Läufer nehmen an ihm teil. Zum Comrades Marathon im Juni kommen ebenfalls etwa 15 000 Teilnehmer und laufen von Durban nach Pietermaritzburg und im Folgejahr in die umgekehrte Richtung. Die etwa 90 km lange Strecke muss in nicht weniger als zwölf Stunden absolviert werden.

Da die Südafrikaner **Wasser** lieben, gibt es natürlich auch im und auf dem Wasser einiges zu erleben. Mit dem Kajak geht es im Februar bei 40 °C beim Dusi Canoe Marathon auf dem Msunduzi River von Pietermaritzburg nach Durban hinunter – dies ist einer der renommiertesten Wettbewerbe weltweit, und er findet seit 1951 statt, in den Anfangsjahren an einem Tag, heute auf drei Tage verteilt. 2000 Paddler nehmen teil und müssen ihre Boote zusätzlich auf etwa 20 km um Hindernisse herum tragen. Insgesamt sind 125 km zu bewältigen, die Rekordzeit liegt bei 8 Stunden. Beim Billabong Pro in Jeffrey's Bay (www.infojeffreysbay.com) surfen die Besten der Welt im Juli auf den Superwellen der Bay, die Pipes von Jeffrey's sind legendär. Die Midmar Mile (www.midmarmile.co.za) am Midmar Dam bei Pietermaritzburg war 2009 mit fast 14 000 Schwimmern der größte Offenwasser-Wettbewerb der Welt. Seit 2012 wird jeweils im April im Stausee Albert Falls Dam geschwommen.

Abenteuer Sport inmitten einer faszinierenden Natur: »Abseiling« auf dem Weg zurück von den Knysna Heads im Featherbed Nature Reserve am Western Cape

EGOLI, ORT DES GOLDES

Auf Sesotho, einer in der Provinz Gauteng verbreiteten Bantusprache, bedeutet der Name dieser Provinz »Goldland«, während das Zuluwort für die Hauptstadt der Provinz, Johannesburg, eGoli (»Ort des Goldes«) lautet. Zufall? Keineswegs.

Im Jahr 1886 entdeckte man am Witwatersrand, 50 km von der Burenhauptstadt Pretoria entfernt, die größten Goldvorkommen der Erde. Dabei identifizierte man eine Ader von 430 km Länge und 24 km Breite, die sofort Glücksritter aus aller Welt anzog. Vor Ende des Jahres steckten 20000 Menschen Claims ab, und bis zum Jahr 1889 wurden hier mehr als 19595 kg des gelben Metalls aus der Erde geholt.

Es gibt immer noch mehr als 40 Goldminen in Südafrika mit Goldreserven von (geschätzt) über 30000 Tonnen.

Geburt einer neuen Stadt

Ferreira's Town war zunächst nur eine Ansammlung aus Wagen und Zelten, die sich immer weiter über die kahle Ebene ausbreitete, bis die Regierung von Pretoria einen Plan für eine formelle Siedlung nördlich der Hauptader vorlegt und sie nach zwei Regierungsmitgliedern – Johannes Meyer und Johann Rissik – Johannesburg nannte.

Goldenes Erbe

Bis heute stammen rund 40 Prozent des weltweit verfügbaren Goldes aus Südafrika. Etwa 95 Prozent der hiesigen Goldminen liegen unterirdisch und erreichen Tiefen von bis zu 3,8 km: ein Weltrekord. Der 3293 m in die

Erinnern an die »goldenen Zeiten«: die Halde einer Goldmine außerhalb von Johannesburg (oben) und die historische Gold Reef City, ein auf dem Gelände der Crown Gold Mine, einer der größten und tiefsten Goldminen der Welt, erbauter Themenpark.

Erde reichende Schacht Nr. 14 bei Johannesburg wurde 1897 eröffnet und 1971 geschlossen. In dieser Zeit baute man hier 1,4 Mio. kg ab. Heute liegt an der Mine die Touristenattraktion Gold Reef City. Hier können Sie in 220 m Tiefe hinabsteigen (► 125). Sie war die letzte in der Stadt selbst betriebene Mine. Es gibt aber immer noch mehr als 40 Goldminen in Südafrika mit Goldreserven von (geschätzt) über 30000 Tonnen, und auch die klassische Ansicht Johannesburgs mit den gelben Halden der Goldminen im Vorder- und der urbanen Skyline im Hintergrund wird erhalten bleiben, denn einige der aufgelassenen Minen bewahrt man als Erinnerung an die Geschichte der auf den riesigen Goldvorkommen gegründeten Stadt.

DER ANDERE GEORGE HARRISON

1886 wurde ein Farmer unsanft geweckt, als der australische Goldgräber George Harrison mit seiner Hacke einen Felsen zertrümmerte und lauthals »Gold!« rief. Obwohl er damit den südafrikanischen Goldboom ausrief, soll Harrison selbst seinen Claim für nur 10 britische Pfund verkauft und die Gegend verlassen haben. Man hat nie wieder etwas von ihm gehört ...

KUCK MAL, WER DA SPRICHT!

Wer zum ersten Mal nach Südafrika kommt, wundert sich über die fast schon babylonisch anmutende Sprachenvielfalt in diesem Land.

Ein großer Teil der Bevölkerung Südafrikas ist zweisprachig – entweder werden Afrikaans und Englisch oder eine der beiden Sprachen mit einer der indigenen Sprachen gesprochen. Mit dem Ende der Apartheid lösten elf Sprachen die bisherigen offiziellen Landessprachen Englisch und Afrikaans ab. Neben Afrikaans, das auch Muttersprache der meisten Coloureds ist, und Englisch, das neben knapp 40 Prozent der Weißen die meisten Asiaten sprechen, sind dies isiZulu, isiXhosa, Sepedi, Sesotho,

SÜDAFRIKANISCHE SLANGBEGRIFFE

Aita! Häufige Begrüßung in den Townships
As well Auch, ich auch (Betonung auf »as«)
Babalaas Kater
Bokkie Freundin oder Mädchen
Braai Barbecue und beliebte Form des Zusammenseins in Südafrika
Bru Bruder, Kumpel, Freund
Cooldrink Softdrink
Cuz Cousin, Kumpel, Freund, wird in Durban verwendet, vergleichbar mit Bru
Dop Alkohol trinken, ein »doppie« ist ein alkoholisches Getränk
Dorp Afrikaans für kleine Stadt/kleines Dorf
Eish Zuluwort für Überraschung, Verwunderung oder Schock
Howzit Beliebte südafrikanische Begrüßung, kurz für »How is it?«
Izzit? Wirklich?
Ja well no fine Sagt aus, dass es jemandem nicht wirklich gut geht
Jol Party, schöne Zeit
Just now Mache etwas später, »now now« bedeutet sofort
Lekker Nett, schön, gut
Lightey Jugendlicher
Madiba Nelson Mandelas Clan-Name, der allgemein als liebevoller Spitzname verwendet wird
Oke Typ, Kerl
One time Nett
Shame Ausdruck der Sympathie
Sis Igitt
Skrik Afrikaans für Entsetzen
Strue's Bob I kid you not So wahr wie das Amen in der Kirche

FANAGALO UND TSOTI TAAL

Fanagalo besteht zum größten Teil aus isiZulu mit einigen Entlehnungen aus dem Englischen, Niederländischen, Afrikaans und Portugiesischen. Gesprochen wurde es in den frühen Tagen der südafrikanischen Goldminen zur Verständigung zwischen den weißen Aufsehern und eingewanderten afrikanischen Arbeitern aus anderen Regionen Afrikas. Es galt als beleidigend, die Pidginsprache irgendwo anders als unter Tage zu benutzen.

Tsotsi Taal ist eine Mischung aus Afrikaans, Englisch und afrikanischen Wörtern, die von den Township-Bewohnern zur sprachübergreifenden Kommunikationsform entwickelt wurde. Dabei handelt sich um eine Art südafrikanischen Gangster-Rap – »tsotsi« bedeutet Gangster, »taal« Sprache. Sie wird häufig in der Kwaito-Musik, dem südafrikanischen Rap, verwendet. Zu hören ist diese Sprache auch in der Orginalfassung des überwiegend mit Laiendarstellern zum größten Teil in Soweto gedrehten Films »Tsotsi« (2005), der auf dem gleichnamigen Roman des südafrikanischen Schriftstellers Athol Fugard basiert und mit vielen internationalen Preisen ausgezeichnet wurde – u. a. bei den Academy Awards 2005 als bester fremdsprachiger Film.

Setswana, Xitsonga, Siswati, Tshivenda und isiNdebele; die Tsonga sind mit beiden Sprachgruppen verbunden, die Venda haben ihre eigene Sprache. Das Afrikaans ging aus den Dialekten der niederländischen Einwanderer des 17. Jh.s hervor. Durch den Kontakt mit Bantu- und Khoisan-Sprachen, Deutsch, Englisch, Französisch, Portugiesisch und Malaiisch kamen neue Wörter hinzu, andere veränderten ihre Bedeutung. Ähnliches geschah mit Aussprache, Schreibweise und Grammatik. Afrikaans wird von mehr als 80 Prozent der Coloureds und knapp 60 Prozent der Weißen gesprochen, Zulu wird von über 10 Mio. Menschen gesprochen, davon leben 7,6 Mio. in der Provinz KwaZulu-Natal und 1,9 Mio. in Gauteng.

Linke Seite: eine (wie die Zulu, Xhosa und Swazi) zur Bantu-Sprachgruppe der Nguni gehörende Angehörige der Ndebele in ihrem Dorf in der Provinz Mpumalanga; links: Eine Zuluheilerin (Sangoba) im DumaZulu Traditional Village in der Provinz in KwaZulu-Natal. Charakteristisch für die Sprachen beider Ethnien sind die durch Schnalzen mit der Zunge entstehenden Klicklaute

DIE KULTUR **DER SAN**

Als »Buschleute« bezeichneten die ersten Siedler am Kap jene Menschen, die als nomadisierende Jäger das südliche Afrika durchstreiften, sich einer seltsamen, mit Klicklauten durchsetzten Sprache bedienten und offensichtlich kaum mehr besaßen, als was sie am Körper trugen.

Als im 17. Jh. die weiße Besiedelung Südafrikas begann, hatten die San, so die wissenschaftliche Sammelbezeichnung, schon mehrere Einwanderungswellen anderer Völker in ihre Heimat erlebt. Jedes neue Volk drängte die San weiter in unwirtliche Rückzugsgebiete. Dabei werden die San heute als Nachfahren der Urbevölkerung des südlichen Afrika angesehen. Ihrer umfassenden Kenntnis von den Geheimnissen der Natur verdanken sie ihre einzigartigen Fähigkeiten, mit denen sie selbst in ganz ariden Landstrichen zu überleben wissen. Männer jagten traditionell mit Giftpfeilen und Fallen, während den Frauen das Sammeln essbarer Pflanzen und Knollen oblag. Heute lebt dieses faszinierende

Jäger und Sammler: San bei einer Vorführung auf dem Gelände der !Xaus Lodge im Kgalagadi Transfrontier National Park

Volk am Rand der Gesellschaft, vielfach gezeichnet von Arbeitslosigkeit, Alkoholismus, Tuberkulose oder Aids. Für Jäger und Sammler, so scheint es, gibt es im modernen Staat keinen Platz mehr. Zumindest einige San können auf einer Lodge oder in einem Naturschutzgebiet ihr traditionelles Leben weiterführen. Ein Modellprojekt ist in diesem Zusammenhang !Xaus im Kgalagadi Transfrontier National Park (www.xauslodge.co.za): Auf dem Land, das der Staat einer Gemeinschaft der San zurückgegeben hat, errichteten diese eine Lodge und verpachteten sie an ein nachhaltig wirtschaftendes Unternehmen, das den San so ein Einkommen sichert. Zudem errichtete man ein Museumsdorf, in dem die Gäste bei kunsthandwerklichen Vorführungen zusehen können. Die San zeigen den Touristen auch, wie sie jagen, erklären ihnen die Spuren und das Verhalten der Tiere. Dass sie dabei ihr Folkloreoutfit anziehen, hat nur einen Grund: weil es fotogener ist. Dennoch sind solche Projekte für die San-Kultur von sehr großer Bedeutung. Denn auf diese Weise bleibt das über viele Generationen hinweg nur mündlich tradierte Wissen erhalten. Dieses Wissen – vor allem ihre enormen Fähigkeiten als Fährtenleser – machten sich übrigens auch schon Forscher von der Universität zu Köln und vom Neanderthal Museum in Mettmann zunutze, um mit ihrer Hilfe die Fuß- und Handspuren vorzeitlicher Jäger in den abgelegenen Höhlen der Pyrenäen zu deuten (Auskunft über das Forschungsprojekt »Tracking in Caves« gibt die Website der Kölner Uni, www.portal.uni-koeln.de/tracking incaves.html).

FESTIVALS

Südafrika feiert zahlreiche Anlässe – von Kunst bis zu Austern – im Jahresverlauf mit verschiedenen Festivals, die Unterhaltung für die ganze Familie bieten.

Zu den typisch südafrikanischen Festivals zählen das **Lambert's Bay Kreeffees** (Mitte März, www.kreeffees.com) an der Westküste, bei dem Sie barfuß am Strand Krebse genießen können, und das **Prince Albert Town and Olive Festival** (Ende April, www.facebook.com/PrinceAlbertOliveFestival) mit Olivenölprodukten, einheimischem Karoo-Lamm und Strauß. Es gibt sogar einen Olivenkern-Weitspuckwettbewerb. Beim **Knysna Oyster Festival** (Anfang Juli, www.oysterfestival.co.za) können Sie Austern direkt aus der Knysna Lagoon genießen, lernen, sie zuzubereiten und an einem Austern-Wettessen teilnehmen. Außerdem umfasst das Festival Straßenmärkte, einen Marathon und ein Radrennen. Das **Hermanus Whale Festival** (Ende September bis Anfang Oktober, www.whalefestival.co.za) bietet jede Menge Unterhaltung und ist die beste Zeit des Jahres, um mit dem Whale Crier auf den Klippen von Hermanus die Wale in der Walker Bay zu beobachten.

AUF ZUR PARTY!

- **Arts Alive**, Johannesburg, September, www.arts-alive.co.za
- **Cape Town Jazz Festival** (Abb. oben), Ende März, www.capetownjazzfest.com
- **Oppikoppi Bushveld Festival**, Nordwest-Provinz, August, www.oppikoppi.co.za
- **Sasol Scifest**, Grahamstown, Ende März, www.scifest.org.za
- **Pink Loerie Mardi Gras**, Knysna, Ende April bis Anfang Mai, www.pinkloerie.co.za
- **National Arts Festival**, Grahamstown, Ende Juni bis Anfang Juli, www.nafest.co.za
- **Joy of Jazz Festival**, Johannesburg, Ende August, www.joyofjazz.co.za
- **Splashy Fen Music Festival**, Underberg, Ostern, www.splashyfen.co.za

Erster Überblick

Ankunft

Die drei unten stehenden Flughäfen sind Drehkreuze des internationalen Linienflugverkehrs, von denen auch Inlands- und Regionalflüge starten. Hier finden Sie Schnellrestaurants, Banken und Wechselstuben, eine Post und können Handys, Satellitentelefone und SIM-Karten mieten. Überlandbusse fahren von südafrikanischen Großstädten nach Simbabwe, Mosambik, Botsuana, Namibia, Swasiland und Lesotho. Namibia und Mosambik sind auch durch Züge angeschlossen, in Kapstadt und Durban legen Kreuzfahrtschiffe an.

Bodentransportkosten

R = unter 100 Rand; **RR** = 100–300 Rand; **RRR** = über 300 Rand

Ankunft in Johannesburg (JNB)

- Der **O. R. Tambo International Airport** (ehemals Johannesburg International) liegt 24 km östlich vom Stadtzentrum und 35 km von den nördlichen Vororten entfernt (Tel. 086 727 7888; www.acsa.co.za).
- Vor der Ankunftshalle stehen **Taxis** (Taxameter, **RRR**) bereit, die 45 Minuten bis eine Stunde zu den Hotels der Vororte im Norden brauchen.
- Einen Platz in den billigeren **Shuttle-Bussen (RRR)** in die nördliche Vorstadt kann man bei Magic Bus (Tel. 011 548 0822; www.magicbus.co.za) oder an einem der Schalter in der Ankunftshalle buchen. Am günstigsten kommt man mit dem sicheren und modernen **Gautrain (RR)** nach Johannesburg und Pretoria. Dazu muss man für 10 Rand eine aufladbare Karte (Gold Card) erwerben (http://join.gautrain.co.za).
- Die Schalter verschiedener **Autovermietungen** (Europcar, Avis, Budget, Hertz, Imperial, Tempest und Sixt) finden Sie im Parkade Centre.

Touristeninformation

- Die **Gauteng Tourism Authority** sitzt im Terminal für den internationalen Flugverkehr (Tel. 011 390 3602/14; www.gauteng.net; tägl. 6–22 Uhr).

Ankunft in Kapstadt (CPT)

- Der **Cape Town International Airport** liegt 22 km östlich vom Stadtzentrum an der Schnellstraße N2 (Tel. 028 727 7888; www.acsa.co.za).
- **Taxis (RRR)** mit Taxameter finden Sie vor dem Flughafengebäude; die Fahrt in die Innenstadt dauert circa 30 bis 45 Minuten.
- **Shuttle-Busse (RR)** können Sie in der Ankunftshalle für internationale Flüge bei Citi Shuttles (Tel. 021 559 5467, www.citishuttles.co.za) anfordern oder bei Backpacker Bus (Tel. 021 439 7600; www.backpackerbus.co.za) vorbestellen.
- **Autovermietungen** – z. B. Avis, Budget, Europcar, Hertz, Imperial, Tempest und Sixt – befinden sich in den Ankunftshallen der Terminals.

Touristeninformation

- **Cape Town Tourism** betreibt einen Schalter in der Ankunftshalle für internationale Flüge (Tel. 021 934 1949) und in The Pinnacle, Ecke Berg/Castle Street (Tel. 021 487 6800; www.capetown.travel; Mo–Fr 8–18, Sa bis So 9–13 Uhr).

Ankunft in Durban (DUR)

- **King Shaka International Airport** (eröffnet 2010) befindet sich 35 km nördlich des Stadtzentrums (Tel. 086 727 7888; www.acsa.co.za).

- Vor dem Flughafen warten **Taxis (RR)**, die Sie in die Stadt bringen.
- **Shuttle-Busse (RRR)** kann man bei King Shaka Airport Shuttle Service bestellen (Tel. 031 8227783, www.kingshakashuttles.co.za).
- Schalter der **Autovermietungen** (Avis, Budget, Europcar, Hertz, Imperial, Tempest und Sixt) finden Sie in den Ankunftshallen beider Terminals.

Touristeninformation

- **Durban Tourism** hat einen Schalter in der Ankunftshalle für Inlandsflüge (Tel. 0313226046, 7–21 Uhr) und in der Stadt (90 Florida Road, Tel. 031 3224146, www.durbanexperience.co.za, Mo–Fr 8–17, Sa/So 9–13 Uhr).

Unterwegs in Südafrika

Südafrika hat ein ausgezeichnetes Verkehrsnetz, sodass man bequem und schnell von einer Region in die nächste reisen kann.

Inlandsflüge

Das gut ausgebaute nationale Flugverkehrsnetz verbindet die wichtigsten Großstädte, von denen keine mehr als zwei Flugstunden von der anderen entfernt ist. Wer frühzeitig über das Internet bucht, hat gute Chancen auf Schnäppchen. Einige der privaten Wildreservate und Lodges verfügen über eigene Landebahnen und organisieren für Sie die Flüge dahin.

- Der südafrikanische Partner von British Airways (BA) heißt **Comair** und bietet Verbindungen zwischen den Metropolen Südafrikas sowie zu einigen anderen Städten des südlichen Afrika; www.comair.co.za.
- **Kulula** gehört zu Comair und betreibt viele Fluglinien in Zusammenarbeit mit BA. Die Billiglinie verbindet die größeren Städte des Landes, fliegt aber auch andere afrikanische Städte an; www.kulula.com.
- Eine weitere Option im Tiefpreissegment ist **Mango**, www.flymango.com.
- **Federal Air** (Tel. 011 3959000; www.fedair.com) verbindet täglich Johannesburg mit allen wichtigen Lodges im Kruger Nationalpark, in Sabi Sand, Madikwe und Phinda.
- Destinationen der **South African Airways** und ihrer Tochtergesellschaften SA Airlink und SA Express sind Städte im ganzen Land sowie im restlichen südlichen Afrika; www.flysaa.com.

Züge

- Unter dem Namen **Shosholoza** bietet **Passenger Rail Agency of South Africa** (PRASA; www.prasa.com) Verbindungen von Johannesburg nach Cape Town, Durban und Musina (Limpopo Provinz) sowie von Cape Town nach Queenstown. Sie sind halbwegs bequem und erschwinglich, aber langsam. Es gibt drei Klassen: Sitze, Schlafwagen für 4 und 6 Personen mit Gemeinschaftstoilette. Im Speisewagen kann man sich mit Fast Food versorgen. Buchungen unter Tel. 086 0008 88 oder www.shosholozameyl.co.za.
- PRASA betreibt auch den **Premier Classe** (Tel. 011 7739247) auf den gleichen Strecken. Um einiges exklusiver ausgestattet als der normale Zug, bietet er Essen und Service. Die Abteile haben Platz für 2 bis 4 Schlafgäste und warten mit Extras wie Bademantel und Toilettenartikeln auf.
- Südafrikas berühmter **Blue Train** (www.bluetrain.co.za) bedient planmäßige Verbindungen zwischen Pretoria und Kapstadt (via Johannesburg sowie zwischen Pretoria und Durban) und übers Jahr verteilt auch Son-

derfahrten. Seinem Ruf als 5-Sterne-Hotel auf Schienen wird er durch die geräumigen Suiten inklusive Bädern und digitaler Unterhaltungselektronik absolut gerecht. Einen ähnlichen Luxuszug – **The Pride of Africa** – betreibt Rovos Rail (www.rovos.com) auch nach Mpumalanga und Gebiete im Norden.

- Die Regionalzüge **Metrorail** (www.metrorail.co.za), die ebenfalls von Spoornet betrieben werden, sind in größeren Städten das Bindeglied zwischen dem Stadtzentrum und den Vororten. Viele Pendler fahren damit, Touristen ist wegen der hohen Kriminalität jedoch davon abzuraten.
- Der **Gautrain** (www.gautrain.co.za) von Gauteng ist ein Hochgeschwindigkeitszug vom OR Tambo International Airport zum exklusiven Vorort Sandton und weiteren Verbindungen nach Johannesburg und Pretoria.

Busse

- Es gibt einige Busgesellschaften, die **Überlandfahrten** anbieten – ihre Busse bieten Klimaanlagen, Erfrischungen, Toiletten und Filme. Diese vier haben täglich Dutzende Strecken im Programm: **Greyhound** (Tel. 011 611 8 00; www.greyhound.co.za), **Intercape** (Tel. 021 380 44 00; www.intercape. co. za), **Intercity Express** (Tel. 087 150 18 95; www.intercityexpress.co.za) und **Translux** (Tel. 011 773 80 56; www.translux.co.za). Allerdings sind manche Strecken sehr lang, und da viele Busse über Nacht fahren, kommt man eventuell zu ungünstigen Zeiten am Ziel an. Bedenken Sie, dass die Preise der Billigflieger mit denen der Bustickets vergleichbar sind, wenn Sie früh online buchen. Bustickets kann man bei Südafrikas landesweitem Reservierungsservice **Computicket** (www.computicket.co.za) online buchen.
- Der **Baz Bus** (Tel. 086 129 92 87; www.bazbus.com) fährt Backpacker-Hostels an, wo man flexibel zu- und aussteigen kann. Für kurze Strecken ist er billiger als die regulären Busse und kommt zudem nicht mitten in der Nacht an. Er verkehrt entlang der Küste zwischen Kapstadt und Durban sowie auf zwei verschiedenen Routen zwischen Durban und Johannesburg – eine durch Swasiland, die andere über die Drakensberge.
- In den Städten verlaufen die Routen der **Linienbusse** entlang der Hauptstraßen. Die Haltestellen sind deutlich gekennzeichnet. In Johannesburg werden die Busse von **Metrobus** (www.mbus.co.za), in Kapstadt von **Golden Arrow** (www.babs.co.za) und in Durban von **Muvo** (www.muvo.co.za) betrieben. Eine kurze Strecke kostet weniger als 10 R.

Taxis

- **Taxis** halten nicht am Straßenrand, sondern müssen telefonisch bestellt werden. Hotels oder Restaurants übernehmen das gern, und die Taxis kommen schnell. Sie verfügen über ein Taxameter, sind jedoch nicht billig; stellen Sie sich auf rund 50 R für 3 bis 4 km ein. Größere Gruppen oder Rollstuhlfahrer sollten nach einem Toyota Venture mit zusätzlichen Sitzen fragen. In der Regel gibt man 10 Prozent des Fahrpreises als Trinkgeld.
- **Minibus-Taxis** sind ein beliebtes Nahverkehrsmittel, das man am Straßenrand anhält. Wie die Metrorail sind sie aber für Touristen weniger zu empfehlen, da viel gestohlen wird und die Fahrweise oft halsbrecherisch ist.

Auto fahren

- Mit dem Auto ist man in Südafrika am einfachsten und flexibelsten unterwegs. Die Großstädte sind durch ein ausgezeichnetes **Schnellstraßennetz** miteinander verbunden. Die N1 verläuft von der simbabwischen Grenze im Norden über Pretoria, Johannesburg und Bloemfontein nach Kapstadt. Durban ist über die N3 mit Johannesburg verbunden und durch die küstennahe N2 über East London, Port Elizabeth und die Garden Route mit Kapstadt. Die N4 führt von Maputo in Mosambik über Johannesburg in Richtung Gaborone in Botsuana. Die N7 verläuft nördlich entlang der Westküste von Kapstadt weiter nach Windhoek in Namibia. Halten Sie etwas Kleingeld bereit, es wird Maut verlangt.

- Über das ganze Land erstreckt sich ein umfassendes Netz **weiterer Straßen**. Sie sind fast alle geteert, außer in einigen ländlichen Gegenden, dennoch sind sie selbst dort meist in gutem Zustand. Die Straßen im **Kruger National Park** sind größtenteils geteert, und Pkw reichen völlig aus.
- Wenn Sie **in die Städte** fahren, informieren Sie sich über mögliche »Unruheherde« – Innenstadtgebiete, Townships, verwahrloste Viertel –, die man meiden sollte. Nehmen Sie eine gute Karte und ein Handy mit. Verriegeln Sie bei Nachtfahrten Türen und Fenster.
- Fast alle Hotels, Sehenswürdigkeiten und Einkaufszentren bieten eigene **Parkplätze**. Wenn Sie am Straßenrand parken, wenden Sie sich an einen **Car Guard** (Autowächter), den man in der Regel an Aufnähern oder einer Arbeitsweste erkennt, und dem Sie 2–5 R zahlen, wenn Sie zu Ihrem Auto zurückkehren. Schließen Sie das Auto immer ab, und lassen Sie nichts sichtbar liegen.

Einige Grundregeln im Straßenverkehr

- Es herrscht **Linksverkehr**. Überholt wird rechts – achten Sie darauf, wenn Sie die Spur wechseln. Er herrscht Anschnallpflicht.
- Fahrer müssen mindestens **18 Jahre** alt sein. Wer ein Auto mietet, muss, abhängig von der jeweiligen Leihfirma, jedoch 21–25 Jahre alt sein.
- **Kreuzungen mit vier Stoppschildern** werden häufig mit roten Schildern angekündigt. Wer zuerst ankommt – (auch Fußgänger) –, fährt / geht als Erster, die anderen folgen nach demselben Prinzip. Wenn man gleichzeitig ankommt, gilt rechts vor links.
- Ein **grün blinkender** Pfeil gestattet Ihnen auf Schnellstraßen an roten Ampeln das Abbiegen nach links oder rechts, auch wenn geradeaus fahrende Autos noch warten müssen. Ampeln heißen in Südafrika **»robots«**, Kreisverkehre **»traffic circles«**.
- **Geschwindigkeitsbegrenzungen** liegen in Ortschaften bei 60 km/h, auf Landstraßen 80–100 km/h und auf Schnellstraßen 120 km/h. Es wird oft geblitzt. Die **Alkoholgrenze** liegt bei 0,5 Promille.
- Es darf nur mit einer **Freisprechanlage** telefoniert werden.
- In Stadtgebieten gibt es ausreichend **Tankstellen**, die bis spätnachts geöffnet haben. In einsameren Gegenden sollten Sie immer auftanken, wenn sich die Gelegenheit bietet. **Benzin kann des Öfteren nur bar, nicht mit Kreditkarte** bezahlt werden, viele Tankstellen haben einen Geldautomaten.
- **Straßenschilder** sind in Englisch und Afrikaans beschriftet.
- Alle Straßen sind nummeriert. **Nationalstraßen (highways)** sind mit einem N markiert, **Stadtautobahnen (municipal highways)** mit einem M, andere **große Straßen** mit einem R und kleine Schotterwege mit D.

Autovermietungen

Jeder, der älter als 21 Jahre ist (einige Vermietungen: 25 Jahre), kann mit dem nationalen Führerschein in Verbindung mit einem **internationalen Führerschein**, **Pass** und **Kreditkarte** ein Auto mieten. Alle **internationalen Autovermietungen** haben Filialen an den Flughäfen und in den Städten, wo man sofort ein Auto bekommt. Bei den meisten kann man als Abgabeort eine andere Stadt vereinbaren, dies muss jedoch im Voraus geklärt werden und kostet Aufpreis.

Übernachten

Hotels

Große **internationale Ketten** wie Holiday Inn, Hilton und Intercontinental sind zahlreich vertreten, und es entstehen immer mehr Luxus- und Boutique-Hotels in bester Lage. **Protea Hotels** (www.proteahotels.com) bündelt einige individuell gestaltete 3- und 4-Sterne-Häuser, die moderne **City Lodge**-Kette (www.citylodge.co.za) ist hingegen bei Geschäftsreisenden sehr beliebt. Kleinere Städte haben in der Regel mindestens ein 2- oder 3-Sterne-Hotel.

Bed and Breakfasts

Sogar in der kleinsten Stadt werden Zimmer in Privathäusern vermietet. Den meisten wohnt eine »zu Hause in der Ferne«-Atmosphäre inne, und Sie werden vom Besitzer selbst betreut. Wer es anonymer mag, sucht sich eines mit separatem Eingang oder Zimmern im Gartenhaus. Ein kontinentales oder englisches Frühstück ist inbegriffen (www.bnbfinder.co.za).

Gästehäuser

Manche Pensionen sind in historischen Gebäuden untergebracht und mit großer Sorgfalt eingerichtet. Mit etwas Glück verfügen sie über Swimmingpool oder Klimaanlage. Das Frühstück ist im Preis inbegriffen und in einigen Häusern kann man auf Wunsch auch zu Abend essen. Nähere Informationen bei der **Guest House Association of South Africa** (www.ghasa.co.za).

Backpacker-Hostels

Hostels sind an allen Touristenzielen und besonders entlang der Küste zu finden. Sie bieten Unterbringung in Schlafsälen oder auch in Doppelzimmern. Meist verfügen sie über eine Küche, einen Pool oder Garten, und die Angestellten können für Sie Freizeitaktivitäten oder Transportmöglichkeiten organisieren. Manche vermieten Surfbretter oder Mountainbikes und veranstalten eigene Ausflüge. Infos gibt es bei **Backpacking South Africa** (www.btsa.co.za). *Coast to Coast* (www.coastingafrica.com) ist ein jährlich erscheinender Führer zu Südafrikas Hostels, der gratis in den Unterkünften ausliegt.

Selbstversorger

Separate Wohnungen, Chalets oder Hütten sind einfach zu kriegen und lohnen sich finanziell für Gruppen und Familien. Manche stehen allein oder befinden sich in Wohnblöcken, andere liegen in großen Ferienorten mit Campingplatz und Freizeiteinrichtungen. Die meisten Städte verfügen über einen Gemeindezeltplatz, wo in der Regel auch ein paar Hütten stehen.

Unterkünfte in den Nationalparks

In den größeren Nationalparks (z. B. Kruger, uKhahlamba-Drakensberg) gibt es in den **Restcamps** Hütten, kleine Häuschen und Zeltplätze für Selbstversorger. Gewöhnlich liegen die Rezeption, ein Laden und vielleicht auch ein Swimmingpool oder ein Restaurant an einer zentralen Stelle. In einigen Parks werden auch Safaris zu Fuß oder mit dem Auto angeboten. In den kleineren Wildreservaten gibt es eventuell ein paar Hütten, aber ansonsten kaum Ausstattung, sodass man bis hin zur Bettwäsche alles selbst mitbringen muss. Die Unterkünfte in den Parks werden von **South African National Parks** (www.sanparks.org), **Cape Nature** (www.capenature.org.za), oder **KZN Wildlife** (www.kznwildlife.com) betreut. In den örtlichen Schulferien im Voraus buchen!

Luxus-Game-Lodges
Meist liegen sie in **privaten Wildreservaten**, und Mahlzeiten und Safaris sind inklusive. Manche bieten sogar Extras wie ein Spa. Das Highlight ist die Übernachtung in luxuriösem Umfeld in unmittelbarer Nähe der Wildnis. Einige Lodges liegen sehr einsam und werden mit Leichtflugzeugen angesteuert.

Zimmersuche
- Es empfiehlt sich, **ein Zimmer im Voraus zu reservieren**, vor allem in den Parks, an der Küste und während der langen südafrikanischen Schulferien im Dezember.
- Erkundigen Sie sich am Eingang der Parks nach freien Zimmern, bevor Sie weite Strecken zurücklegen und dann womöglich feststellen müssen, dass keine Schlafplätze mehr zur Verfügung stehen.
- **The Portfolio Collection** vertritt landesweit empfehlenswerte Unterkünfte aller Preiskategorien (www.portfoliocollection.com).

Zimmerpreise
Die Preise variieren stark: von 100 R für ein Bett im Mehrbettzimmer eines Hostels bis zu über 10000 R in einer Luxus-Game-Lodge. Fast überall bleiben die Preise das Jahr über gleich. Die Ausnahme: An der Küste steigen die Preise im Sommer enorm. Einige Häuser geben Rabatt, wenn Sie online buchen.

Preise
für ein Doppelzimmer pro Nacht in der Hauptsaison:
R = unter 1500 Rand **RR** = 1500–2500 Rand **RRR** = über 2500 Rand

Essen und Trinken

Einheimische Produkte
Das Klima ist ideal für die Landwirtschaft, und so wird fast jedes erdenkliche Obst und Gemüse angebaut. Aber auch Steak, Karoo-Lamm und Wildfleisch vom Strauß oder Kudu sind köstlich. Zum Fleischangebot gehören *biltong* (luftgetrocknetes, salziges Fleisch) und *boerewors* (grobe, fette Bratwurst). *Pap, ein* zäher Maisbrei, ist in ganz Afrika beliebt, typisch für Südafrika ist aber *bobotie,* ein würziger, mit einer Eiercremekruste überbackener Hackfleischauflauf. Es gibt allerlei Meeresfrüchte entlang der Küste, fast immer »linefish« (Tagesfang).

Landesküche
In Kapstadt servieren Restaurants kapmalaiische Gerichte: mit Gewürzen und getrockneten Früchten gekochtes Essen. Durban ist bekannt für seine indische Küche, v. a. *bunny chows* – ein halber Laib Weißbrot, gefüllt mit einem Currygericht. Die beliebteste und geselligste Mahlzeit in Südafrika ist der *braai*: Fast alle Haushalte haben einen Grill, und jedes Wochenende treffen sich Freunde zum Grillen.

Restaurants
Viele Restaurants sind wunderschön gelegen oder bieten tolle Ausblicke. Fast überall kann man im Freien sitzen und die Sonne genießen, obwohl im

Winter ein kuschliger Innenraum vorzuziehen ist. Da es nicht so viele Kneipen in Südafrika gibt, übernehmen die meisten Restaurants die Rolle der Bar gleich mit. Den vielen Kettenrestaurants fehlt es zwar an Individualität, aber sie sind preiswert. Südafrikaner bevorzugen es leger, wenn sie auswärts essen. Man braucht eigentlich in keinem Restaurant Jackett und Krawatte.

Cafés

Cafés unterscheiden sich von Restaurants lediglich darin, dass sie **den ganzen Tag geöffnet haben** und sich eher auf Frühstück, Kaffees und Snacks konzentrieren, auch wenn sie die ganze Bandbreite an alkoholischen Getränken führen. Einige schließen am Abend etwas eher als Restaurants, andere stocken ihre Speisekarte auf und verwandeln sich – je später der Abend – in richtige Bars. Eventuell verwirrend: Wenn Südafrikaner von einem »Café« sprechen, ist meist eher ein Kiosk gemeint als ein Café europäischen Stils.

Praktisches

- Die Kettenrestaurants und Cafés haben vom Frühstück bis 22 Uhr geöffnet; die meisten Restaurants öffnen mittags bis Mitternacht, wobei manche für einige Stunden am Nachmittag schließen. Auch einen Ruhetag, gewöhnlich Sonntag oder Montag, gönnt sich das ein oder andere Restaurant. In kleineren Städten sind die Öffnungszeiten kürzer, und es gibt in der Regel nur bis 21 Uhr Essen.
- Es schadet nie, bei beliebten Restaurants **einen Tisch vorzubestellen**. Aber außer am Wochenende wartet man eigentlich nie lange auf einen freien Tisch.
- Fast alle Häuser akzeptieren **Kreditkarten**.
- Der **Service** ist in der Regel tadellos. Ein Ober kümmert sich speziell um Ihren Tisch, und da Trinkgelder einen wesentlichen Teil seines Einkommens ausmachen, ist ein freiwilliger Aufschlag von 10 bis 15 % auf die Rechnung durchaus üblich.

Wohin zum Essen?

Über die florierende Restaurantszene informiert man sich im in Südafrika erhältlichen, jährlich erscheinenden *Eat Out* (www.eatout.co.za) oder (vorab) unter www.dining-out.co.za bzw. www.restaurants.co.za.

Getränkewahl

- **Wein** wird in den Weingütern am Kap hergestellt und ist daher in großer Auswahl und zu bezahlbaren Preisen erhältlich. Zu den häufigsten Weißweinen zählen Chardonnay, hervorragend zu Fisch und Meeresfrüchten, und der frischere, fruchtigere Sauvignon Blanc, der perfekt zu den würzigen Gerichten und Currys der Kap-Malaii-Küche passt. Bei den Rotweinen sind der vollmundige Cabernet Sauvignon und der etwas teurere Pinotage am beliebtesten.
- Südafrikanische Brauereien produzieren viele gute, in Flaschen abgefüllte Lagerbiere, außerdem ist das Windhoek aus Namibia zu empfehlen. Nur in wenigen Kneipen gibt es Bier vom Fass.
- Auch **Schnäpse** sind zahlreich vertreten, darunter mehrere einheimische Brandys und der südafrikanische Amarula, ein Sahnelikör, der aus den Früchten des Marula-Baumes hergestellt wird.
- **Supermärkte** haben aus rechtlichen Gründen nur Wein im Sortiment. Sonstiger Alkohol wird daher in **bottle stores**, meist direkt neben den Supermärkten, angeboten. Sonntags darf in Geschäften kein Alkohol verkauft werden.

Die besten Restaurants

Die beste Aussicht: Bientang's Cave (➤86)
Die beste Chefausbildung: Butler's (➤171)
Das beste afrikanische Menü: The Goldrestaurant (➤62)
Der beste Feinkostladen: Giovanni's (➤62)
Der beste *braai:* The Trading Post (➤151)
Die beste einheimische Restaurantkette: Harrie's Pancakes (➤150)
Das beste Steak: The Butcher Shop and Grill (➤132)
Die besten Meeresfrüchte: Baia (➤61)
Die beste indische Küche: Bukhara (➤61)
Der beste Ort zum Sehen und Gesehenwerden: Moyo (➤85)

Preise
für ein Zwei-Gänge-Menü ohne Getränke:
R = unter 100 Rand **RR** = 100–200 Rand **RRR** = über 200 Rand

Einkaufen

Öffnungszeiten

- Die Geschäfte in den **Einkaufszentren**, inklusive der Supermärkte, öffnen von 9 bis 18 Uhr. Restaurants, Kinos und andere Lokale schließen erst um 23 Uhr. Die kleineren Malls außerhalb der Großstädte sind sonntags geschlossen.
- Überall im Land finden **Märkte** statt (meist am Wochenende von 9 bis 16 Uhr), die Handwerkskunst, Kleidung, Geschenke und Lebensmittel verkaufen. Viele lohnen einen Ausflug und bieten Unterhaltung und Freizeitaktivitäten.

Arten der Bezahlung

- Fast alle Geschäfte akzeptieren **Kreditkarten**, Visa und MasterCard werden allerdings häufiger angenommen als andere Marken. Auf Märkten und in kleineren Geschäften benötigen Sie Bargeld.
- Touristen aus Übersee können die **14 Prozent Umsatzsteuer der Einkäufe zurückfordern**, die sie außer Landes mitnehmen. Sie können dies gegen Vorlage des Reisepasses, des Flugtickets sowie der Kassenzettel mit ausgewiesener Umsatzsteuer beim Abflug am Flughafen erledigen. Infos: www.taxrefunds.co.za

Einkaufsliste

- In ganz Südafrika kann man **afrikanisches Handwerk, Kunst und Kuriositäten** wie Holz- oder Zinnskulpturen, Masken, Stoffe und Perlen vom ganzen Kontinent erstehen. Halten Sie nach regionalen Herstellern Ausschau.
- In Sachen **Mode** ist die Lage ähnlich wie in Europa oder Nordamerika: Es gibt eine Reihe von Ketten und Läden von guter Qualität.
- Südafrika ist berühmt für seine **Weine**, und der beste Ort, sie zu kaufen, ist das Weinbaugebiet am Kap.
- Die Mitnahme von **Wildtier-Souvenirs** seltener oder gefährdeter Arten ist ethisch äußerst fragwürdig, da sie die Wilderei fördert. Hinzu kommt, dass die Einfuhr in Ihr Heimatland wahrscheinlich verboten oder nur mit Sondergenehmigung erlaubt ist.

Ausgehen

Das Kultur- und Nachtleben der Großstädte hält ein umfassendes Angebot bereit – von Theatern und Casinos über traditionelle Tänze hin zum Township-Jazz. Auf dem Land gibt es dagegen meist nur ein Bier in der örtlichen Kneipe. Ausgehtipps und Onlinebuchungen: www.computicket.com

Nachtleben

- Zahlreiche Veranstaltungsorte bieten **Livemusik** – vom Rockkonzert im Stadion über angesagte Clubs hin zu kleinen kuschligen Bars. Die Kirstenbosch Botanical Gardens (www.sanbi.org) in Kapstadt organisieren Open-Air-Konzerte im Sommer. Im März wird in Kapstadt ein Jazzfestival geboten, im August ist Johannesburg an der Reihe. Zudem gibt es im ganzen Land Musikfestivals über mehrere Tage inklusive Camping und anderer Aktivitäten – die bekanntesten sind Splashy Fen (www.splashyfen.co.za) und Oppikoppi (www.oppikoppi.co.za).
- In Sachen **Theater** findet man große Bürgerzentren, die Musicals im Broadway-Stil und internationale Ballettkompanien zeigen, aber auch Laiengruppen, die sich ernsten Stücken widmen. Daneben gibt es Supper Theatres, in denen man während einer Einmann- oder Comedyshow zu Abend isst.
- **Tanz** ist in Johannesburg während des FNB Dance Umbrella (www.danceumbrella.co.za) im Februar und beim Arts Alive Festival (www.arts-alive.co.za) im September zu sehen.
- Die Großstädte warten mit zahlreichen **Bars** und **Nachtclubs** auf, die von modischem Schick bis lässigem Studentenambiente alles bieten. Die meisten verlangen um die 50 R Eintritt und haben mindestens bis 2 oder 3 Uhr morgens auf. Musikalisch sind Mainstream-Dance, Jazz und Kwaito (südafrikanischer Hip-Hop) angesagt. Mehr Infos findet man vor Ort in den lokalen Zeitungen.
- In den vielen großen **Casino**-Komplexen befinden sich außerdem Kinos, Showbühnen und einige Nachtclubs.
- Auf dem Land geht es in Südafrika noch ziemlich konservativ zu, doch in den drei großen, liberalen Städten gibt es **Schwulen- und Lesbenclubs**.

Festivals

- Jährlich finden im ganzen Land Hunderte von Festivals statt, bei denen die ganze Familie auf ihre Kosten kommt und die alles Erdenkliche feiern – die Künste, Essen und Trinken, Wissenschaft, Austern oder auch Wale (➤ 34).

In freier Natur

- Südafrikas zerklüftete Küste und hohe Bergketten sind wie geschaffen zum Wandern. Infos und über 300 Wanderrouten: www.sahikes.co.za.
- Adrenalinstöße garantieren einige **Abenteuersportarten** wie z. B. der höchste Bungeesprung der Welt von der Bloukrans Bridge, Käfigtauchen mit Haien, Parasailing, Kitesurfen, Sandboarden, Surfen, Abseiling oder Wildwasserfahrten.
- Zwei große **Radsport-Events** ziehen Tausende von Teilnehmern an. Die Cape Argus Pick 'n' Pay Cycle Tour im März (www.cycletour.co.za) ist das größte Radrennen der Welt und verläuft über die gesamte Kaphalbinsel. Durch die nördlichen Vororte von Johannesburg führt im November die Momentum 94.7 Cycle Challenge (www.cyclechallenge.co.za).

Kapstadt & Umgebung

Kleine Erlebnisse

Straßenparty

Zu **Mzoli's Place** im Township Gugulethu kommt ganz Kapstadt, um Grillfleisch zu essen und Musik zu hören. Einfach ins Taxi steigen – jeder Fahrer kennt den Weg.

Straßenmusik

Die Straßenmusikanten **Kapstadts** sind legendär und exzellent – am Greenmarket Square oder in der Long Street werden Sie fündig.

Bunte Uniformen

Die Parade beim Wachwechsel im **Castle of Good Hope** (➤ 50) macht Historie anschaulich.

Erste Orientierung

Kapstadt schmiegt sich an den Table Mountain und wird vom wilden Atlantik umarmt – unbestritten eine der schönsten Städte der Welt. Nicht auslassen sollte man eine Fahrt um die Cape Peninsula mit ihren herrlichen Stränden und in die Weinbaugebiete.

TOP 10

Nicht verpassen!

Nach Lust und Laune!

Wilde Küste: bei Cape Point

Ihre Lage macht Kapstadt zu einer der faszinierendsten Städte der Welt. Das regelmäßig angelegte Zentrum erstreckt sich inmitten der City Bowl zwischen der Table Bay mit dem Hafen im Norden und dem über 1000 m hohen Table Mountain im Süden. Viele architektonische Zeugnisse der Vergangenheit sind hier erhalten. Eine große Bereicherung der Stadtlandschaft ist die Victoria & Alfred Waterfront; das einst wenig attraktive Hafengebiet präsentiert sich heute als lebhaftes Flanier- und Vergnügungsviertel. Das Malaienviertel Bo Kaap mit Moscheen und sehenswerten Häusern aus dem 18./19. Jh. sowie aus den 1950er-Jahren erstreckt sich am Nordwestrand der Innenstadt. Am Atlantik, südlich des Green Point, folgen attraktive Badeorte von Sea Point bis Hout Bay.

Flanieren an der nach Königin Victoria und ihrem Sohn Alfred benannten Waterfront

In drei Tagen

Dieser Routenvorschlag zeigt Ihnen, wie Sie einige der interessantesten Sehenswürdigkeiten in Kapstadt und Umgebung an drei Tagen besichtigen können. Die jeweiligen Highlights werden auf den nächsten Seiten näher beschrieben.

Erster Tag

Vormittags

In einem Straßencafé im 2 **City Centre** (unten: Blick auf Kapstadt mit dem Tafelberg; ➤ 50f) lässt es sich wunderbar frühstücken, danach geht es in den Company's Garden (➤ 51). Anschließend lockt ein Museumsbesuch oder ein Bummel durch die Trendboutiquen der Long Street.

Mittags

Nehmen Sie den Bus zur 11 **V&A Waterfront** (➤ 52), schlendern Sie durch das gigantische Einkaufszentrum, beobachten Sie die Arbeit im Hafen, und lassen Sie sich einen Happen schmecken.

Nachmittags

Mit der Fähre geht es nun nach 13 **Robben Island** (➤ 56). Die zweieinhalbstündige Führung durch das ehemalige Gefängnis, wo Nelson Mandela eingekerkert war, regt zum Nachdenken an.

Abends

Von der Veranda eines Restaurants der Waterfront kann man bestens nach Seehunden im Hafenbecken Ausschau halten. In die Beine geht der Abschluss des Abends in einer der Musikkneipen, zum Beispiel im The Dubliner (251 Long Street, Tel. 021 424 12 12; www.thedubliner.co.za).

Zweiter Tag

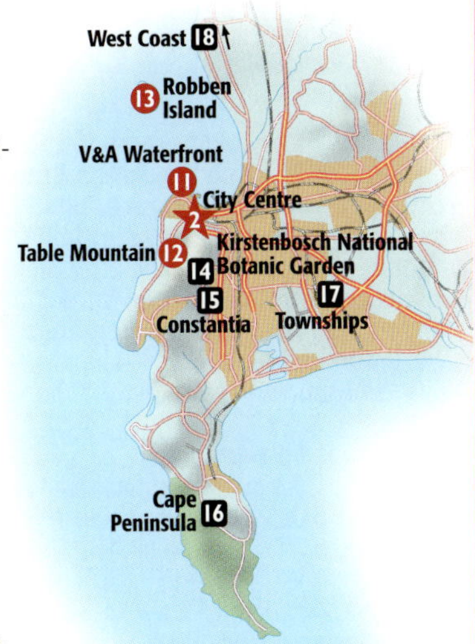

Vormittags
Zu Fuß (ungefähr drei Stunden) oder mit der Seilbahn (nur drei Minuten) geht es hinauf zur Spitze des 12 **Table Mountain** (➤ 53ff).

Mittags
Im Restaurant der Bergstation speisen Sie in mehr als 1000 m Höhe über Kapstadt.

Nachmittags
In 15 **Constantia** (➤ 57) kann man edle Tropfen verkosten.

Abends
Essen Sie in einem der beliebten Lokale im Stadtzentrum zu Abend: Mama Africa (178 Long Street, Tel. 021 4248634), Africa Café (108 Shortmarket Street, Tel. 021 4220221) oder Marco's African Place (15 Rose Lane, Tel. 021 4235412).

Dritter Tag

Vormittags
Auf einer Halbtagestour durch ein 17 **Township** (➤ 58) erfahren Sie mehr über die Geschichte der Apartheid und lernen die Menschen, die dort leben, kennen. Die meisten Führungen besuchen zunächst das gefeierte District Six Museum (➤ 50).

Mittags
Genießen Sie auf der schattigen Terrasse des Mount Nelson Hotel (76 Orange Street, Tel. 021 4831000, www.mountnelson.co.za) Tee mit göttlichen Sandwiches und Kuchen.

Nachmittags
Es lockt ein Spaziergang im 14 **Kirstenbosch National Botanical Garden** (➤ 57).

Abends
Fisch oder Meeresfrüchte gibt es auf der Restaurantmeile der Camps Bay: The Codfather (➤ 62), Blues (Tel. 021 4382040, www.blues.co.za) oder Tuscany Beach (41 Victoria Road, Tel. 021 4381213, www.tuscanybeachrestaurant.com).

2 City Centre

Kapstadts Innenstadtbereich, City Centre oder auch City Bowl genannt, wird durch die Strand Street im Norden, die Orange Street im Süden sowie Buitengracht und Plein Street im Westen und Osten begrenzt. In der Ära der Apartheid war dies ein rein weißes Wohngebiet; heute erleben Besucher hier das multikulturelle Flair des modernen Kaptstadt. Einen Vorschlag für einen Stadtspaziergang finden Sie im Kapitel Spaziergänge & Touren (➤ 174f). Hier stellen wir Ihnen einige der sehr sehenswerten Museen vor, die quer über das Zentrum verteilt in historischen Gebäuden untergebracht sind.

District Six Museum

Der District Six war einst ein pulsierendes Schwarzenviertel mit ca. 60 000 Einwohnern, die ab 1966 vertrieben wurden; das Viertel riss man ab. Nach dem Ende der Apartheid wurden einige Gebäude wieder errichtet, inzwischen sind auch einige der Vertriebenen zurückgekehrt – auf einem Großteil des Geländes herrscht aber bis heute eine Brache. Ehemalige Bewohner ergänzen die Erinnerungsstücke dieses Museums mit ihren bewegenden Geschichten.

Die Slave Lodge

Bo-Kaap-Viertel: ganz schön bunt

Dieses Gebäude wurde im Jahr 1679 als Quartier für die Sklaven der Holländisch-Ostindischen Handelskompanie (VOC) errichtet; bis zu 1000 Sklaven lebten hier unter schlimmen Bedingungen. An der Wand hängt ein »Slave Code«, der den Sklaven vorschrieb, barfuß zu gehen, weder zu singen noch zu pfeifen und auch nicht stehen zu bleiben, um sich zu unterhalten. 1811 baute man es zu einem Postamt um, später diente es als Sitz des Obersten Gerichts. Das Museum dokumentiert die Jahre der Kolonialzeit, erinnert an die brutalen Kriege gegen die Besetzer, die Besiedelung durch die Holländer, die Entstehung Kapstadts und widmet sich auch der Geschichte der Seefahrt am Kap. Im Museumshof wurde das Grabmal des Begründers der ersten Kapkolonie in Südafrika, Jan van Riebeecks, und seiner Frau naturgetreu nachgebildet, die im indonesischen Djakarta bestattet sind.

Geschichte auf Schritt und Tritt

Das älteste erhaltene Steingebäude Südafrikas, das imposante **Castle of Good Hope**, wurde 1666 bis 1679 als Sitz des Gouverneurs und zum Schutz der ersten Siedler errichtet. Heute beherbergt es ein Militärmuseum, die William Fehr Collection mit Möbeln aus dem 17. bis 19. Jh. und ist Hauptquartier der Provinzarmee. Mit dem Table Mountain im Hintergrund kann man hier wunderbar bummeln oder eine der regelmäßigen Fotoausstellungen besuchen. Das **Gold of Africa Museum** zeigt Kunst afrikanischer Goldschmiede des 19. und 20. Jh.s; man kann sogar Goldschmieden bei der Arbeit im Studio zusehen. **Bo-Kaap** ist ein islamisches Wohngebiet. An den kopfsteingepflasterten Straßen drängen sich außergewöhnliche, bunt gestrichene einstöckige Häuser. Das **Bo-Kaap Museum** gibt Einblicke ins Leben einer muslimischen Familie im 19. Jh.

KLEINE PAUSE

Im **Castle** warten Tee und Gebäck auf dem Rasen beim **De Goewerneur Restaurant** (**R**).

WEITERE ZIELE

South African National Gallery
206 B1 Government Avenue 021 481 39 70; www.iziko.org.za Di–So 10–17 Uhr 30 R

South African Museum and Planetarium
206 B1 Queen Victoria Street 021 481 38 00; www.iziko.org.za tägl. 10–17 Uhr 30 R Show im Planetarium: tägl. 14 Uhr 40 R

South African Jewish Museum
206 B1 88 Hatfield Street 021 465 15 46; www.sajewishmuseum.co.za So–Do 10–17, Fr 10–14 Uhr 40 R

---

206 B2

District Six Museum
206 C2 25 Buitenkant Street
021 466 72 00; www.districtsix.co.za
Mo–Sa 9–16 Uhr 30 R

Slave Lodge
206 C2 Adderley Street 021 467 72 29; www.iziko.org.za
Mo–Sa 10–17 Uhr 30 R

Castle of Good Hope
206 C2 Buitenkant Street 021 464 12 60;
www.castleofgoodhope.co.za tägl. 9–16 Uhr 30 R

Gold of Africa Museum
206 B3 96 Strand Street 021 405 15 40; www.goldofafrica.com
Mo–Sa 9.30–17 Uhr 30 R

Bo-Kaap Museum
206 B2 71 Wale Street 021 481 39 38; www.iziko.org.za
Mo–Sa 10–17 Uhr 20 R

BAEDEKER TIPP

- Versuchen Sie bei der **Wachablösung um 12 Uhr mittags am Castle** zu sein, dann ist auch der Salutschuss der Kanone des Signal Hill zu hören.
- Wenn Sie nur ein Museum besuchen, entscheiden Sie sich für zwei bis drei Stunden im **District Six**. Der Besuch ist meist in einer Township-Tour inbegriffen, die ohnehin in keinem Besichtigungsprogramm fehlen sollte.
- Im **Company's Garden** (Queen Victoria Street, tgl. 7.30–18.30 Uhr, im Winter 7–18 Uhr) gilt es herumzutollen und sich auf die Suche nach Eichhörnchen zu machen. Lange suchen muss aber niemand wirklich: Sie sind überall und warten nur auf Futter. Vielleicht zeigt sich sogar das sagenumwobenen Albino-Eichhörnchen (dann darf man sich etwas wünschen!).

11 V&A Waterfront

Kapstadts ehemals wenig attraktives Hafengebiet präsentiert sich heute als lebhaftes Flanier- und Vergnügungsviertel und ist eine echte Bereicherung der Stadtlandschaft.

Sehenswert ist die **Victoria Wharf**, ein riesiges Einkaufszentrum. Davor steht das **Union Castle Building**, in dem das **Iziko Maritime Centre** die maritime Geschichte der Table Bay dokumentiert. Westlich davon erhebt sich der **Time Ball Tower** (1894), nach dem die Seeleute ihre Zeitmesser stellten. Dahinter zählt das **Two Oceans Aquarium** zu den Highlights der Waterfront. Gegenüber dem Alfred-Bassin liegt das **Clock Tower Centre**, das man zu Fuß über eine Schwenkbrücke erreicht, die für Schiffe geöffnet wird. Hier gibt es weitere Läden, Lokale und den 1882 für den Hafenkapitän erbauten **Clock Tower**.

Stimmungsvoll: in einem Restaurant am Hafen vor der Silhouette des Table Mountain sitzen und das Leben genießen

KLEINE PAUSE

Bei über 80 Restaurants, Cafés, Fast-Food-Läden und Bars haben Sie hier die Qual der Wahl (R–RRR).

---

206 C5 · Portswood Ridge
021 408 76 00; www.waterfront.co.za
tägl. 9 Uhr bis spätnachts

Iziko Maritime Centre
206 B4 · Portswood Road · 021 405 28 80; www.iziko.org.za
tägl. 10–17 Uhr · 20 R

Two Oceans Aquarium
206 B4 · Dock Road · 021 418 38 23; www.aquarium.co.za
tägl. 9.30–18 Uhr, Raubfischfütterung 15 Uhr · 118 R

BAEDEKER TIPP

- Erkundigen Sie sich nach den kostenlosen **Liveaufführungen**, die häufig im Freiluft-Amphitheater stattfinden.
- Genießen Sie die spektakuläre Szenerie rund um die Table Bay bei einem **Ausflug mit dem Schiff oder dem Helikopter**, die täglich von der Waterfront aus starten.
- Im **Clock Tower Centre** befinden sich u. a. ein Schalter der **Touristeninformation** (Tel. 021 408 76 00) sowie ein Büro für Touristen, in dem man seine Belege zur späteren Mehrwertsteuererstattung abstempeln lassen kann.
- Bei **Scratch Patch** (Dock Road, neben dem Aquarium, Tel. 021 419 84 29, www.scratchpatch.co.za, tgl. 9–18 Uhr) fühlen sich Kinder wie Dagobert im Geldspeicher. Mit einem gekauften Plastiksack tauchen sie in ein Becken voller Halbedelsteine und suchen sich die für sie schönsten aus.

12 Table Mountain

Ein erhabener Wächter von schroffer Schönheit – der Table Mountain bietet eine spektakuläre Aussicht und gibt Kapstadt Gestalt.

Das einheimische Nomadenvolk der Khoikhoi nannte ihn »hoeri kwaggo«, was »Seeberg« bedeutet. Seinen heute gebräuchlichen Namen verdankt der Table Mountain seinem europäischen Erstbesteiger: dem Portugiesen António de Saldanha, der ihn 1503 »Taboa do Cabo« (»Tafel des Kaps«) taufte. Zu Fuß muss das imposante, 1086 m hoch aufragende Massiv mittlerweile niemand mehr erklimmen: Eine bequeme Gondelbahn bringt Besucher hinauf in luftige Höhen. Wer es trotzdem sportlicher angehen will: Von der Talstation der Seilbahn führen mehrere unterschiedlich schwere Wanderwege auf den Gipfel.

KLEINE PAUSE

An der Bergstation der Seilbahn gibt es ein Bistro-Restaurant und ein preisgünstigeres Café.

204 B3

Seilbahn

Table Mountain Road ☎ 021 424 81 81; www.tablemountain.net (Buchung ist online möglich) tägl., erste Gondel aufwärts 8 Uhr, letzte abwärts 18 bis 21.30 Uhr, je nach Jahreszeit 205 R (hin und zurück)

Unten: So schön wie hier präsentiert sich der Table Mountain nicht immer: Wenn der »Kapdoktor« genannte Südostwind weht, versinkt das markante Plateau unter einer dicken Wolkendecke

BAEDEKER TIPP

- Abenteuerlustige können sich nahe der Bergstation der Seilbahn aus einer Höhe von 112 m im **Abseilen** versuchen (Tel. 021 424 47 60; www.abseilafrica.co.za; teuer).
- Packen Sie bei klarem Himmel Lebensmittel in einen Korb, und nehmen Sie die Seilbahn hoch zum Table Mountain – eine auch für Kinder beeindruckende Fahrt. Oben warten Tische und Bänke auf das **Familienpicknick**.

Kapstadts Wahrzeichen

Der aus mächtigen Sandstein- und Schieferschichten aufgebaute Berg bildet das nördliche Ende der Kap-Halbinsel.

1 Tafelberg: Auf dem Gipfel gibt es ein Café und ein Selbstbedienungs-restaurant mit Aussichtsterrasse. Dort beginnen kurze Wanderwege, auf denen man die gigantische Ku-lisse genießen kann; dafür benötigt man zwischen 5 und 45 Minuten. Am Wochenende wird der Berg nach Einbruch der Dunkelheit mit Flutlicht angestrahlt.

❷ **Seilbahn:** Schon seit 1929 führt eine Drahtseilbahn auf den Tafelberg. Die Kabinen der heutigen Bahn, ein Schweizer Fabrikat, wurden 1997 in Betrieb genommen. Sie drehen sich während der Fahrt einmal um 360 Grad. Pro Tag befördert die Bahn bis zu 2500 Besucher auf den Berg. Alternativ kann man ihn auch mit Muskelkraft erklimmen, dafür soll es über 300 Möglichkeiten unterschiedlichster Schwierigkeit geben. Je nach Ausgangspunkt sind zwei bis vier Stunden zu veranschlagen.

❸, ❹ **Devil's Peak, Lion's Head** Flankiert wird der Tafelberg im Osten vom 1002 m hohen Devil's Peak, im Westen – durch eine breite Senke getrennt – vom 669 m hohen Lion's Head. Im Süden setzt sich der Table Mountain als breites Plateau fort und fällt steil zum Orange Kloof ab, der noch 200 m übers Meer aufragt.

❺ **Kirstenbosch:** Aufgrund seiner Lage zwischen der Westküste und der False Bay herrscht am Tafelberg ein Gebirgsklima mit viel Niederschlag (1400 mm im Jahr). In diesem Klima gedeiht im Kirstenbosch National Botanical Garden eine außerordentliche Vielfalt an Pflanzen (mehr als 2200 Arten).

❻ **Signal Hill:** Den besten Blick und Fotostandort hat hat man an der zum Signal Hill hinaufführenden Straße.

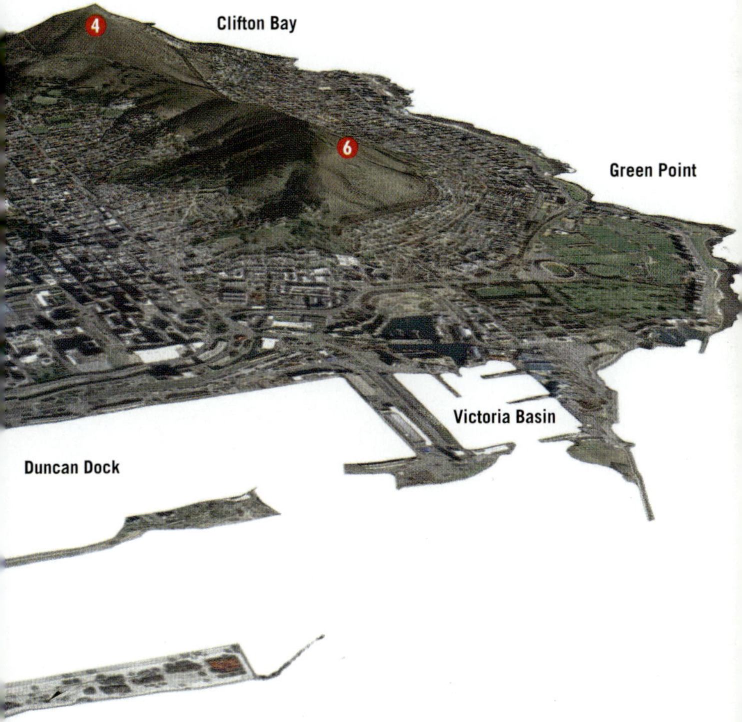

13 Robben Island

Bereits um das Jahr 1525 sollen portugiesische Seefahrer auf der 11 km nördlich von Kapstadt gelegenen Insel die ersten Gefangenen interniert haben. Am bekanntesten unter den heutigen, zum Welterbe der UNESCO zählenden Gebäuden ist der Hochsicherheitstrakt mit der berüchtigten »Sektion B«, in der Nelson Mandela bis 1982 inhaftiert war.

Mehr als 3000 Gefangene wurden während der Apartheid auf die windumpeitschte Insel geschickt. Die Bedingungen waren hart, und doch sann Nelson Mandela, als er endlich in Freiheit kam, nicht auf Rache, sondern rief zur Versöhnung auf. Als erster schwarzer Präsident Südafrikas und Friedensnobelpreisträger schrieb er sich in die Geschichte seines Landes ein und bleibt auch nach seinem Tod als »tata«, als »Vater aller Südafrikaner«, in den Herzen seiner Landsleute lebendig.

Die Insel kann nur im Rahmen von geführten Touren besucht werden. Diese starten vom Nelson Mandela Gateway an der V&A Waterfront und dauern inklusive der 30-minütigen Hin- und Rückfahrt mit dem Boot 3,5 Stunden. Besichtigt werden der Steinbruch, in dem Mandela schuften, und seine Zelle, in der er einsitzen musste.

»Wir wurden von einer Gruppe stämmiger weißer Wärter in Empfang genommen, die ausriefen: Dies ist die Insel. Hier werdet ihr sterben«, so schilderte Nelson Mandela in seiner Autobiografie den Beginn seiner Haft auf Robben Island

KLEINE PAUSE

Auf der Fähre wie auf der Insel sind Erfrischungen erhältlich.

---

204 A3 (Gateway); 194 C2 (Insel) Clock Tower, V&A Waterfront 021 413 42 02; www.robben-island.org.za tägl. 9–15; Fähren fahren jede volle Stunde 9, 11, 13 und 15 Uhr 250 R

BAEDEKER TIPP

- Robben Island gehört zu den gefragtesten Zielen in Kapsadt – **reservieren** Sie deshalb unbedingt noch vor Ihrer Ankunft telefonisch oder online ein Ticket.
- **Bei schlechtem Wetter** verkehrt die Fähre nicht. Rufen Sie vorher an, und erkundigen Sie sich, ob die See zu aufgewühlt ist.
- Auf der Insel leben etliche **Tiere**, darunter Brillenpinguine, Strauße und Buntböcke. Außerdem stets präsent: die tolle Sicht auf den Table Mountain und auf Kapstadt.

Nach Lust und Laune!

Groot Constantia, südlich von Kapstadt gelegen, ist Südafrikas ältestes Weingut

14 Kirstenbosch National Botanical Garden

Der Botanische Garten am Osthang des Table Mountains gilt als einer der schönsten der Welt. Cecil Rhodes vermachte das Gelände 1902 dem Staat. Auf 528 ha (davon ca. 40 ha kultiviert) sind etwa 9000 von den 24 000 in Südafrika heimischen Pflanzenarten zu sehen. Historisch bedeutend sind die Hecke aus wilden Mandelbäumen, die Jan van Riebeeck 1660 pflanzte, und eine Allee mit Kampferbäumen und Sykomoren, angelegt 1898 von Cecil Rhodes. Hauptblütezeit ist Mitte August bis Mitte Oktober. Von Januar bis März blüht an Bächen und in schattigen Schluchten die Rote Disa, eine Orchidee, die als »Stolz des Table Mountains« bezeichnet wird. Die Proteen zeigen ihre Farbenpracht von Mai bis Oktober. Besondere Attraktionen sind der Duft- und der Kräutergarten, das Proteenareal und der Steingarten. Das Bird Bath – ein 1811 von Oberst C. Bird angelegter Teich – ist Mittelpunkt eines Areals mit Gelbholzbäumen. Zum Restaurant gehört eine schattige Terrasse. Im Sommer picknickt man hier gern beim Open-Air-Konzert am Sonntagnachmittag.

204 B3 13 km südwestlich des Stadtzentrums beim Rhodes Drive (M63)
021 799 87 82; www.sanbi.org
Sept.–März tägl. 8–19, April–Aug. 8–18 Uhr
45 R

15 Constantia

Im Tal von Constantia liegt das älteste und bekannteste Weingut Südafrikas, Groot Constantia. 1685 schenkte die Holländisch-Ostindische Handelskompanie das Gelände dem Gouverneur Simon van der Stel. Er ließ sich ein Herrenhaus bauen, in dem er von 1699 bis zu

seinem Tod 1712 lebte. 1791 wurde der ebenerdige Weinkeller angefügt; außerdem erweiterte man die Anbaufläche, da die Weine bald auch in Europa sehr geschätzt wurden. Das Herrenhaus mit seinen wertvollen alten Möbeln aus dem 18./19. Jh. ist seit 1926 Museum. Die Gutsweine kann man im Weinkeller probieren. Am Wochenende ist Groot Constantia überlaufen. Besuchenswert sind aber auch die anderen renommierten Güter von Constantia, die nicht nur hervorragende Weine machen, sondern auch über edle Herbergen und/oder Restaurants verfügen.

204 B3 Die Weingüter liegen an der Constantia Main Road (M41), 20 km südlich von Kapstadt www.constantiavalley.com Mo–Fr 9–17, Sa 10–13 Uhr (Groot Constantia, Constantia Uitsig und Steenberg sind auch So geöffnet)

Groot Constantia 021 794 51 28
Klein Constantia 021 794 51 88
Buitenverwachting 021 794 51 90
Constantia Uitsig 021 794 65 00
Steenber 021 713 22 11

16 Cape Peninsula

Kapstadt liegt am Nordende einer schmalen, bergigen Halbinsel mit hübschen Küstendörfern, die sich 60 km nach Süden erstreckt. Seit 1998 gehören zwei Drittel der Halbinsel, darunter der südliche Bereich Cape of Good Hope und die Pinguinkolonie von Boulders Beach zum Table Mountain National Park. Bei einer lohnenden Tagestour (► 176ff) über die Halbinsel können Sie entspannt die landschaftlichen Highlights genießen, am schönsten ist der Blick am windumtosten Cape Point Lighthouse an der Südspitze.

Table Mountain National Park

204 B2 021 712 23 37; www.sanparks.org Cape of Good Hope: Okt.–März tägl. 6–18; April–Sept. 7–17 Uhr 105 Rand Boulders Beach: Dez.–Jan. tägl. 7–19.30; Feb.–März, Okt.–Nov. 8–18.30; April–Sept. 8–17 Uhr 55 Rand

17 Townships

In den Townships von Kapstadt wohnt noch immer die Mehrheit der schwarzen Bevölkerung Kapstadts. Idealerweise besichtigt man sie auf

HITS FÜR KIDS

Im **Clay Café** (Old Oakhurst Dairy farm, Main Road, Hout Bay, Tel. 021 790 33 18, www.claycafe.co.za) dürfen Kinder sich ihr ganz eigenes Souvenir aus Ton bemalen (die Rohlinge werden vorher gekauft). Nach dem Brand wandert es dann ins Reisegepäck. Wem es langweilig wird: Auf dem Spielplatz warten Hüpfburgen und mehr.

Traditionelles Handwerk in Fish Hoek auf der Cape Peninsula

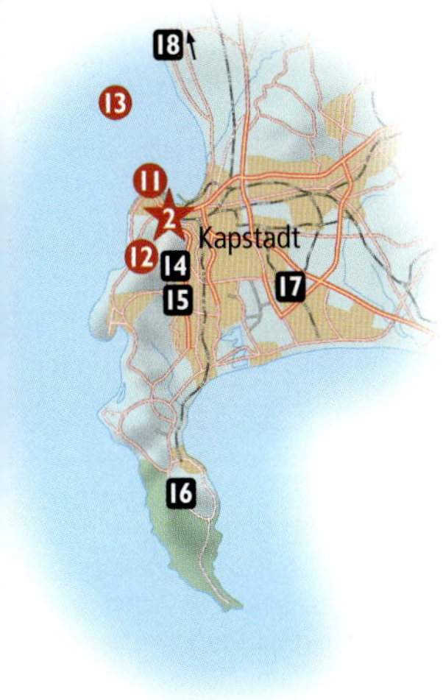

einer geführten Tour, wie sie von den unten genannten Unternehmen angeboten werden. In der Regel starten diese bei Kapstadts **District Six Museum** (➤ 50), dann geht es weiter an der Schnellstraße N2 entlang zu den Cape Flats. Ab hier erstrecken sich die Townships weiter nach Osten.

204 B3

Cape Capers
021 448 31 17; www.tourcapers.co.za

African Eagle
021 464 42 66; www.daytours.co.za

Cape Rainbow
021 551 54 65; www.caperainbow.com

18 West Coast

Zwei Autostunden von Kapstadt entfernt breiten sich im September und Oktober in den Tälern und Naturreservaten an der Westküste farbenprächtige Teppiche einheimischer Blumen aus. Den Großteil des Jahres bestimmen Büsche das Bild der Steppe, doch im Frühjahr blühen mehr als 1000 Pflanzenarten. In **Darling**, 72 km nördlich von Kapstadt, findet im September immer ein Blumenfestival statt. Noch etwas weiter in nördlicher Richtung, 125 km von Kapstadt entfernt, wurde das Gebiet an der Langebaan-Lagune mit vier vorgelagerten Inselchen zum **West Coast National Park** erklärt. Wegen seiner einzigartigen Vogelwelt ist das etwa 300 km² große Gebiet von internationaler Bedeutung. Die Vegetation ist spärlich, aber im Frühjahr, zwischen August und Oktober, verwandelt sich auch dieses karge Land in ein Blütenmeer.

204 A4

Darling Touristeninformation
Pastorie Street 022 492 33 61; www.darlingtourism.co.za

West Coast National Park
204 A4 022 772 21 44; www.sanparks.org
April–Aug. 7–18, Sept.–März 7–19 Uhr
120 Rand

Kitesurfer am Strand in der Lagune von Langebaan (West Coast National Park)

Wohin zum ... Übernachten?

Preise
für ein Doppelzimmer pro Nacht:
R = unter 1500 Rand **RR** = 1500–2500 Rand **RRR** = über 2500 Rand

The Backpack and Africa Travel Centre R

Kapstadts dienstältestes und edelstes Backpacker Hostel liegt in drei hübschen zusammenhängenden Häusern aus dem 19. Jh. mit tollem Blick auf den Table Mountain. Unbedingt im Voraus buchen.
206 A2
74 New Church Street
021 423 45 30; www.backpackers.co.za

Cape Grace RRR

Dieses elegante 5-Sterne-Hotel bietet eine Toplage an der V&A Waterfront, große luxuriöse Räume in modernem afrikanischem Look und das tolle Restaurant Onewaterfront. Die Bascule Whisky Bar ist einer Schiffskombüse nachempfunden und soll die größte Whiskeyauswahl auf der Südhalbkugel haben.
206 B4 **V&A Waterfront, West Quay Road** **021 410 71 00; www.capegrace.com**

Cape Heritage RR

Der atmosphärische Heritage Square beherbergt neben Weinbars und Restaurants in sanierten Häusern des 18. Jh.s auch eine Schmiede und dieses 4-Sterne-Boutique-Hotel mit 15 geschmackvoll eingerichteten Zimmern. Am Eingang wächst der angeblich älteste Weinstock Südafrikas.
206 B3 **90 Bree Street**
021 424 46 46; www.capeheritage.co.za

Daddy Longlegs R

Wer ein Künstlerhotel sucht, wird am Ende einer steilen Holztreppe bei den 13 Zimmern dieses restaurierten Hauses von 1903 mitten auf der Long Street fündig. Jeder Raum wurde von einem anderen Künstler Kapstadts gestaltet. Die Bäder sind winzig, die Einrichtung ist eher spartanisch, aber alles hat durchaus Stil.
206 B2 **263 Long Street**
021 422 30 74; www.daddylonglegs.co.za

Mount Nelson RRR

Kapstadts berühmtes Kolonialhotel aus viktorianischer Zeit wurde 1899 gebaut und prunkt mit weitläufigen Außenanlagen und einer palmengesäumten Auffahrt. Die Zimmer sind auf vier verschiedene Flügel aufgeteilt, alle in einem anderen Stil gehalten und mit eigenem Garten. Geboten wird ein Fitnessstudio, zwei Pools, Tennisplätze und zwei exzellente Restaurants. In einer kleinen Küche können bis zu zehn Personen den Küchenchefs auf die Finger sehen. Zum üppigen Fünfuhrtee gibt's Snacks auf der Terrasse.
206 A1 **76 Orange Street, Gardens**
021 483 10 00; www.mountnelson.co.za

De Waterkant RR

Wählen Sie aus über 60 Ferienwohnungen und Cottages zur Selbstversorgung für 2–6 Gäste oder den beiden schicken, aber intimen Pensionen Charles House und De Waterkant House. Alle liegen im historischen Viertel Waterkant aus dem 18. Jh. Sie sind individuell eingerichtet und viele bieten Dachterrassen mit tollem Blick, Pools oder schöne Innenhöfe.
206 B3 **1 Loader Street**
021 437 97 06; www.dewaterkant.com

Wohin zum ... Essen und Trinken?

Preise
für ein Zwei-Gänge-Menü ohne Getränke:
R = unter 100 Rand **RR** = 100–200 Rand **RRR** = über 200 Rand

Baia RRR

Das beste Meeresfrüchte-Restaurant der Waterfront mit breiter Veranda und mondäner Cocktailbar. Die Speisekarte kitzelt den Gaumen mit frischen Schalentieren aus Mosambik, fangfrischem Hummer, Austern von der Westküste oder norwegischem Lachs. Fleischfans wählen aus dem Gourmetangebot an Grillfleisch- und Geflügelgerichten. An den mit Sturmlaternen sanft erleuchteten Tischen lässt es sich gut verweilen.
206 C5 Victoria Wharf, V&A Waterfront 021 421 09 35; www.baiarestaurant.co.za tägl. 12–15, 19–23 Uhr

Beluga RRR

Das Beluga befindet sich in der Foundry, dem 100 Jahre alten Backsteingebäude einer einstigen Gießerei. Die großzügig portionierten Speisen des bistroartigen Restaurants offerieren würzige Aromen und interessante Zutaten. Zu den Spezialitäten zählen zarte Lammhaxe, belgischer Schokotrüffelkuchen und Sushi. In der offenen Küche kann man den Köchen bei der Arbeit zusehen. Zudem gibt es eine schicke Cocktailbar und ein Café für Snacks im Innenhof.
206 B4 Prestwich Street, Green Point 021 418 29 48; www.beluga.co.za Mo–Fr 11–23, Sa–So 16–23 Uhr

Buena Vista Social Cafe RR

Ein fröhliches, kubanisch angehauchtes Lokal an der V&A Waterfront. Latino-Musik und eine Speisekarte mit heißen und kalten Tapas, Nachos und ungewöhnlichen Hauptspeisen wie Lammbratenscheiben und Paprika in würzig-cremiger kubanischer Rum-Salsa.
206 B4 15 Alfred House, Portswood Road 021 418 24 67; www.buenavista.co.za tägl. 11–14 Uhr

Bukhara RRR

Hochklassiges, elegantes Restaurant mit nordindischer Küche. Schön speist man auf der Veranda. Einen Versuch wert: Tandoori-Garnelen, luftiges Naan und köstliche Kichererbsengerichte für Vegetarier. Im Grand West Casino gibt es einen Ableger des Bukhara.
206 B2 33 Church Street 021 424 00 00; www.bukhara.com Mo–So 12–15, 18–23 Uhr

Café Mozart R

Das Café Mozart, gleich bei der Long Street, bietet ein köstliches Bauernfrühstück mit leckeren frisch gepressten Säften. Das Café liegt in einem hohen, schmalen Gebäude zwischen Antikläden und Kunstgalerien. Man kann draußen sitzen. Mittags gibt es täglich Specials sowie sündhaft gute Desserts. Probieren Sie die hausgemachten Suppen, z. B. scharfe Kürbissuppe oder Stachelbeerbrühe mit Knoblauchbrötchen.
206 B2 37 Church Street 021 424 37 74; www.themozart.co.za Mo–Fr 8–15, Sa 9–15 Uhr

Chef Pon's Asian Kitchen RR

Koch Pon betreibt ein geschäftiges Lokal mit einer umfangreichen Karte bezahlbarer chinesischer und thailändischer Gerichte. Bestnoten verdienen die scharf-saure Garnelensuppe *tom yum kung*, die knusprig gebratene Ente und die Sichuan-Garnelen. Die einfachen Speisen erreichen in großen, duftenden Portionen schnell Ihren Tisch. Eine vorherige Reservierung empfiehlt sich, da das Restaurant sehr angesagt ist.

206 B1 12 Mill Street, Gardens
021 4 65 58 46; www.chefpons.co.za
Mo–Sa 17–22.30, So 18–22 Uhr

The Codfather RRR

Der Ort für Meeresfrüchte- und Fischfans. Es gibt keine Karte, man sucht sich einen Fisch, Muscheln, Garnelen, Langusten, Hummer oder portugiesische Sardinen aus und lässt sie nach eigenen Wünschen zubereiten. Serviert werden sie mit gedünstetem Gemüse und allerlei Saucen. Probieren Sie namibische Austern oder Sushi mit Kaviar. Die Bedienung berät gern und freundlich.

204 B3
37 The Drive, Camps Bay
021 438 07 82; www.codfather.co.za
tägl. 12–23 Uhr

Giovanni's R

Der beste Feinkostladen der Stadt bietet reichlich Auswahl an italienischem Schinken, Käse und in Italien hergestellter Pasta. Die Regale biegen sich unter hochwertigen Olivenölen, Balsamessig, eingelegtem Gemüse, Dörrobst und Nüssen, *foie gras*, Trüffeln, frischem Brot und Pasteten. An der Theke werden frisch zubereitete Gerichte und Sandwiches (Preis nach Gewicht) zum Verzehr vor Ort oder zum Mitnehmen angeboten.

westlich 206 A4
103 Main Road, Green Point
021 434 68 93
tägl. 7.30–21 Uhr

Goldrestaurant RRR

Ein Trommelwirbel begrüßt die Gäste, während des Dinners finden Tanzvorführungen statt. Vielleicht ein bisschen zu touristisch, aber das vielgängige Menü mit Speisen aus aller Herren Länder Afrikas entschädigt voll. Bis zu dreizehn Einzelgerichte kommen auf den Tisch, und alles schmeckt überaus köstlich.

206 B4
15 Bennett Street Tel. 021 421 46 53; www.goldrestaurant.co.za
tägl. 10–23 Uhr

Millers Thumb RR

Inhaber und Chefkoch Solly lässt sich in der Küche einiges einfallen, und seine Frau Jane stellt aus diesen Einfällen eine Karte zusammen, bei der einem schon beim Lesen das Wasser im Munde zusammenläuft. Und die Karte hält, was sie verspricht. In diesem Restaurantklassiker Kapstadts sollten Sie kreolische Gerichte versuchen. Ebenso empfehlenswert sind Specials wie scharf angebratener Thunfisch oder die Spezialität des Hauses, *yaki soba* – ein köstlicher Mix aus Huhn, Garnelen, gedünstetem Gemüse und frischem Ingwer in Austern- und Sojasauce.

206 A1
10b Kloofnek Road, Tamberskloof
021 424 38 38; www.millersthumb.co.za
Di–Fr 12.30–14.30, Mo–Sa 18.30–22.30 Uhr

Newport Market and Deli R

Am Tresen haben Sie einen schönen Blick aufs Meer. Der helle und luftige Delikatessladen beim Mouille Point nahe des Leuchtturms ist ideal fürs Mittagessen oder einen Snack. Kaffee, Smoothies, ausgezeichnete Sandwiches, Salate und einige warme Gerichte stehen zur Wahl. Eine der festen Größen ist der Bagel mit geräuchertem Lachs und Sahnefrischkäse, aber auch der Cajun-Chicken-Wrap oder die Linsen-Gerste-Suppe sind köstlich.

westlich 206 A5
47 Beach Road, Mouille Point
021 439 15 38; www.newportdeli.co.za
tägl. 6.30–22, im Winter nur bis 21 Uhr

Wohin zum … Einkaufen?

GESCHÄFTE

In den kolossalen Einkaufszentren findet man neben den üblichen südafrikanische Kettengeschäften auch kleine eigenständige Läden, Restaurants, Cafés und Kinos. Bedingt durch die einzigartige Lage, den Hafen und die gepflegten historischen Gebäude ist die **V&A Waterfront** (Portswood Ridge, Tel. 021 4087600; www.waterfront.co.za) das beliebteste unter ihnen. Hier gibt es Kleidung, Schmuck, afrikanische Kuriositäten, Geschenke, Bücher und in den überdachten Märkten des Red Shed und Blue Shed (Kunst-)Handwerk.

Der imposante **Canal Walk** an der Schnellstraße N1 in der Nähe von Milnerton, etwa 10 km nördlich der Stadt (Tel. 021 5299600; www.canalwalk.co.za), ist als Teil des **Century-City-**Komplexes eines der größten Einkaufszentren der südlichen Hemisphäre. Mehr als 400 Geschäfte, Restaurants, Fast-Food-Läden und Kinos warten hier auf Kunden und Gäste. Gleich nebenan liegt der Ratanga-Junction-Vergnügungspark mit etlichen Fahrgeschäften.

Cavendish Square (Main Road, Claremont, Tel. 021 6575620; www.cavendish.co.za) ist ein kleineres Einkaufsparadies mit zahlreichen eleganten Läden, die sich eher an die gut situierte Kundschaft der Mittelklasse aus den südlichen Vororten richtet. Einige tolle Boutiquen lohnen sich insbesondere für Modebewusste.

Auf der **Adderley Street** im City Centre sind alle großen Ketten vertreten. Hinzu kommen das **Golden Acre Centre** (goldenacre.mobi) und die **St. George's Mall**, die Fußgängerzone aus roten Backsteinen zwischen der Castle und der Adderley Street, säumen die führenden Modeboutiquen und ab und an auch kleine Stände mit afrikanischen Kunstgegenständen. Parallel zur St. George's Mall verläuft Kapstadts vielseitigste Straße, die **Long Street**, die, je näher man dem Table Mountain kommt, umso skurriler und unkonventioneller gerät. Hier locken Antikshops (u. a. die Fundgrube **Long Street Antiques Arcade**, www.the antiquearcade.co.za), Buchläden mit neuen und gebrauchten Büchern, modische Boutiquen wie **Mali South** (90 Long Street, Tel. 021 4249587), das Kleidung aus westafrikanischen Stoffen anbietet, Kunsthandwerksläden wie der hervorragende **Tribal Trends** (72–74 Long Street, Tel. 021 4238008) und der einzigartige **African Music Store** (234 Long Street, Tel. 021 4260857; www.africanmusicstore.co.za), der CDs mit Musik vom Kap bis Kairo verkauft. Etwas weiter weg liegen die für ihre Antik- und Tandläden bekannten **Kalk Bay** und **Simon's Town.**

MÄRKTE

Ein Markt für afrikanische Kuriositäten, Schmuck und Kleidung wird am **Greenmarket Square** (zwischen St. George's Mall und Long Street, Mo–Sa, 9–16 Uhr) abgehalten.

Der dreigeschossige **Pan African Market** (76 Long Street, Tel. 021 4264478, www.panafricanmarket.com; Mo–Fr 9–17, Sa 9–15 Uhr) bietet ein buntes Angebot vom ganzen Kontinent. Sie können sich hier auch Afrozöpfe flechten lassen und afrikanisch essen.

Souvenirs kauft man am besten sonntags auf dem **Green Point Market** (www.greenpointfleamarket.co.za; 8.30–17 Uhr). Hunderte Stände bieten vor dem Stadion in Green Point Holzschnitzereien, Stoffe, Folkloreschmuck und südafrikanische Handwerkskunst.

Eine Marktreihe besteht aus Imbissbuden. In der **Hout Bay**, etwas weiter weg, gibt es einen Handwerksmarkt (www.bayharbour.co.za; Fr 17–12, Sa/So 9.30–16 Uhr).

Wohin zum ... Ausgehen?

KINO

Kinokomplexe finden Sie in den Einkaufszentren. Am stimmungsvollsten ist das **Labia** (68 Orange Street, Gardens, Tel. 021 4245927, www.labia.co.za). Gezeigt wird eher Arthouse als Mainstream – unabhängige Filmemacher und einige ausländische Produktionen.

THEATER UND KONZERTE

Das Cape Town Philharmonic Orchestra, Oper-, Ballett- sowie Musicalensembles treten im **Artscape** (DF Malan Street, Foreshore, Tel. 021 4109800; www.artscape.co.za) oder dem **Baxter Theatre** (Main Road, Rondebosch, Tel. 021 6857880; www.baxter.co.za) auf: In beiden befinden sich mehrere Bühnen. Comedy und Varieté gibt das **Theatre on the Bay** (1a Link Street, Camps Bay, Tel. 021 4383301; www.theatreonthebay.co.za) zum besten. In **The Fugard** (Ecke Harrington und Caledon Street, District Six, Tel. 021 4614554, www.thefugard.com), benannt nach dem berühmten politischen Bühnenautor Athol Fugard, werden verschiedene lokale Produktionen aufgeführt.

Im Sommer finden Sonnenuntergangskonzerte am Sonntagabend im **Kirstenbosch National Botanical Garden** statt. Programminfos oder Tickets bekommen Sie in einem Büro von Computicket in den Einkaufszentren oder auf www.computicket.co.za.

NACHTLEBEN

Die schicken Bars der Victoria Road in der Camps Bay sind die angesagtesten Locations für Cocktails und Sundowner (Drinks bei Sonnenuntergang). »Leute gucken« kann man im **Blues** (Shop 9, The Promenade, Tel. 021 4382040; www.blues.co.za) oder im **Café Caprice** (37 Victoria Road, Tel. 021 4388315; www.cafecaprice.co.za) besonders gut.

Am oberen Ende der Somerset Road in Green Point liegen mehrere Schwulenbars. Hier und in der Gegend um die Long Street finden Sie zudem verschiedene trendige Nachtclubs wie die **Mercury Live & Lounge** (43 De Villiers Street, Tel. 021 465 2106, www.mercuryl.co.za), die seit Jahren als einer der besten Spots für Jam-Sessions gilt und immer gerammelt voll ist. Den **Mahogany Room** (79 Buitenkant St., Tel. 0766 792697; www.facebook.com/MahoganyRoom) loben ebenfalls viele Jazzfans; er ist, wie es sich gehört, klein und intim und lässt auch Nachwuchstalente auf die Bühne. **The Assembly** (61 Harrington Street, Tel. 021 4657286, www.theassembly.co.za, nur Fr und Sa) im District Six versammelt die Partywütigen zu einem wilden Musikmix aller Stile, von Rock und Jazz bis zu Disco und Pop.

Am oberen Ende der Long Street liegen ebenfalls zahlreiche Pubs und Cafés, darunter das **Cape to Cuba** (227 Long Street, Tel. 021 4242330, www.capetocuba.com) im lateinamerikanischen Stil mit Zigarrenbar und Balkon mit Blick auf die Long Street im Obergeschoss. Im **Grand West Casino** (1 Vanguard Drive, Goodwood, Tel. 021 5057777; www.suninter national.com) gibt es verschiedene Nachtclubs und eine riesige Spielhalle.

Die Südküste

Kleine Erlebnisse

Wein satt

Rund um **Stellenboschs** (➤ 73) Dorp Street ist die Weinverkostung am frühen Abend am schönsten.

Wasserfreuden

In gelben Einmann-Schlauchbooten geht's adrenalinkickend durch die Schlucht des **Storms River** im Tsitsikamma-Park (➤ 71).

Bester Blick

In Port Elizabeth (➤ 77) sehen Sie nach 204 Stufen und einer kleinen Spende vom 52 m hohen **Campanile** mal so richtig auf die Stadt hinunter.

Erste Orientierung

Nach Kapstadt gehört die dramatische Südküste des Landes, die sich die gesamte Länge der West- und Ostkap-Provinzen entlangzieht, zu den meistbesuchten Regionen in Südafrika. Die Bandbreite unterschiedlicher Landschaften reicht von Urwäldern und weiten Sandstränden bis hin zu idyllischen Weinbergen und hübschen Kleinstädten.

Die Schnellstraße N2 sowie alternativ die Route 62 (► 179ff) durchqueren die Region von West nach Ost. Das Gebiet hält für Reisende viele Attraktionen und Freizeitangebote bereit und ist touristisch gut erschlossen. Der erste Stopp sollten die landschaftlich schönen Winelands sein, die sich von den Tälern bei Stellenbosch bis zum Breede River erstrecken. Südöstlich von Kapstadt kann man an der Whale Coast in der Saison Buckel- und Südliche Glattwale im Atlantik sehen. Anschließend zieht sich die berühmte Garden Route vorbei an Naturreservaten und durch üppige Küstenwälder bis nach Port Elizabeth. Sehenswert sind zudem der Addo Elephant National Park sowie nordöstlich von East London die zerklüftete Wild Coast mit ihren einsamen Stränden und abgelegenen Seebädern.

TOP 10

3 Garden Route ➤ 70

Nicht verpassen!

19 Winelands ➤ 73
20 Whale Coast ➤ 75
21 Port Elizabeth ➤ 77
22 Addo Elephant National Park ➤ 78
23 Wild Coast ➤ 80

Nach Lust und Laune!

24 Bontebok National Park ➤ 82
25 Knysna Elephant Park ➤ 82
26 Monkeyland & Birds of Eden ➤ 83
27 Grahamstown ➤ 83
28 Hogsback & Amatola Mountains ➤ 83

Weingüter nahe Stellenbosch im Herzen der Winelands

In sieben Tagen

Dieser Routenvorschlag zeigt Ihnen, wie Sie einige der interessantesten Sehenswürdigkeiten der Südküste an sieben Tagen besichtigen können. Die jeweiligen Highlights werden auf den nächsten Seiten näher beschrieben.

Erster Tag

Von Kapstadt aus fahren Sie nach Franschhoek, wo die exzellenten Restaurants an der Hauptstraße mit Mittagessen aufwarten. Verbringen Sie den Nachmittag mit der Erkundung der ⑲ **Winelands** (► 73f). Übernachten Sie in einem Landherrenhaus, und essen Sie im Moyo (► 85) auf dem Weingut Spier zu Abend.

Zweiter Tag

Folgen Sie der ⑳ **Whale Coast** (► 75f) nach Hermanus, und machen Sie unterwegs in Betty's Bay halt, um die Pinguine zu sehen. Verbringen Sie den Nachmittag und Abend in Hermanus. Zwischen

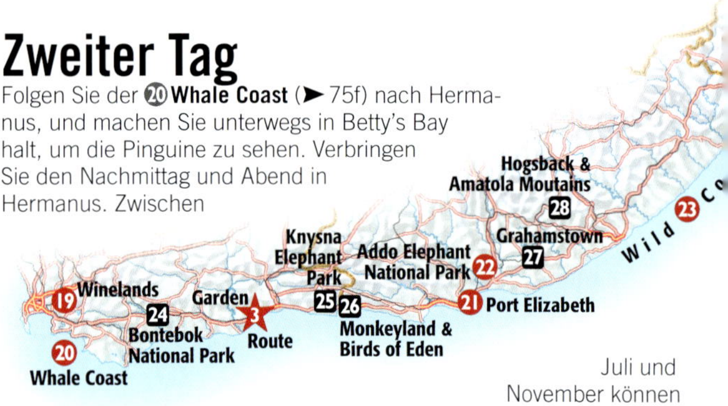

Juli und November können Sie von den Klippen bei Hermanus Wale beobachten, die hier ihre Jungen zur Welt bringen. Genießen Sie am Abend in Bientang's Cave (► 86) ein köstliches Meeresfrüchtegericht mit Blick auf den Ozean.

Dritter Tag

Auf der N2 geht es zur ★3 **Garden Route** (► 70ff), mit einem Zwischenstopp zum Mittagessen im stimmungsvollen Old Gaol Coffee Shop (8a Voortrek Street, Tel. 028 5143847, www.oldgaolrestaurant.co.za) in Swellendam. Machen Sie sich am Nachmittag auf in den Küstensort **Mossel Bay** und besuchen Sie das Bartolomeu Dias Museum. Essen und übernachten Sie in der Hafenstadt im African Oceans Manor (► 84) oder im günstigeren Point Hotel (► 84).

Vierter Tag

Machen Sie am Morgen einen Ausflug zum Strand oder eine Wanderung durch die **Wilderness Section** des **Garden Route National Park** (rechts;

➤ 71). Fahren Sie dann weiter nach **Knysna** (➤ 71) und verbringen den Nachmittag mit einer Bootstour auf der Lagune, oder überqueren Sie den Damm für einen Besuch von Thesen Island. Bleiben Sie am Abend in Knysna, und essen Sie in einem der eleganten Restaurants entlang der Knysna Waterfront.

Fünfter Tag

Besuchen Sie morgens den 25 **Knysna Elephant Park** (➤ 82) oder buchen Sie eine Tour im 26 **Monkeyland** (➤ 26). Nach dem Mittagessen können Sie im Tsitsikamma National Park die wellenreitenden Delfine beobachten oder von der Bloukrans River Bridge den höchsten Bungeesprung der Welt wagen. Für Übernachtung und Essen bietet sich das Hacklewood Hill Country House (➤ 85) in 21 **Port Elizabeth** (➤ 77) an. Preiswerter kann man im etwas entfernteren 22 **Addo Elephant National Park** (➤ 78f) übernachten.

Sechster Tag

Frühmorgens kann man bei einer Safari im Addo Elephant National Park ganze Herden der grauen Dickhäuter sehen. Die N2 führt Sie zu den Museen und historischen Gebäuden von 27 **Grahamstown** (➤ 83). Das Cock House (10 Market Street, Tel. 046 636 1287; www.cockhouse.co.za), ein denkmalgeschütztes Siedlerhaus aus den 1820er-Jahren, bietet Mittagessen und Übernachtung. Alternativ fahren Sie weiter nach **Cintsa** (➤ 80), der ersten Stadt an der Wild Coast. Das Barefoot Café (www.barefootcafe.co.za) in Cintsa ist für seine lockere Atmosphäre, Burger und die kleinen Fischgerichte bekannt.

Siebter Tag

Die N2 führt über hügelige Wiesen mit farbenfrohen Kraals der 23 **Wild Coast** (➤ 80f) zu Urlaubsorten an der Küste bei Haga-Haga, Morgan's Bay, Qolora Mouth, Qora Mouth, Coffee Bay oder Port St. Johns. Verbringen Sie einen ruhigen Nachmittag mit der Erkundung der einsamen Strände, zerklüfteten Klippen, Höhlen und Schiffswracks. Essen Sie Meeresfrüchte direkt am Strand.

Abenddämmerung in der Nähe des Storms River Mouth an der Garden Route

3 Garden Route

Die Garden Route erschließt die zerklüftete Südküste mit ihren schönen weißen Stränden vor einem üppig grünen Hinterland. Sie gehört zu den wichtigsten Reisezielen des Landes – wer sie nicht befahren hat, hat Südafrika nicht gesehen.

Als »Garden Route« (afrikaans: »Tuinroete«) bezeichnet man ein rund 220 km langes Teilstück der insgesamt etwa 2000 km langen Nationalstraße 2, die meist an der Küste des Indischen Ozeans entlangführt und Kapstadt und Swasiland miteinander verbindet. Der Abschnitt zwischen **Mossel Bay** im Westen und der Mündung des **Storms River** im Osten ist wohl die berühmteste Reiseroute des Landes und vor allem im Dezember und Januar sehr stark frequentiert. Auf der Fahrt sollte man die gebührenpflichtige N2 immer wieder verlassen, um über kleinere Straßen oder Wege versteckte Plätze anzufahren.

Von Mossel Bay nach George

Ein Highlight der Hafenstadt Mossel Bay ist das **Bartholomeu Dias Museum**, ein Muschel- und Schifffahrtsmuseum mit Aquarium. Auf dem Gelände steht der Post Office Tree, in dem Seefahrer früher Briefe im Geäst des Baums hinterließen. Auch heute noch kann man hier Post »einwerfen«, die dann mit einem speziellen Stempel versehen wird. **George**

Eine Brücke über die Mündung des Storms River in der Tsitsikamma-Sektion des Garden Route National Park

HITS FÜR KIDS
Einmal einen Strauß reiten? Oder auf einem Straußenei stehen? Keine Sorge, es geht nicht kaputt! Kinder lieben die **Cango Ostrich Show Farm** (an der Straße zu den Cango Caves nach 14 km, Oudtshoorn, Tel. 044 272 46 23, www.cangoostrich.co.za, tgl. 8–16.30 Uhr, 80 R), wo sie die Babyvögel füttern und beim Schlüpfen zuschauen dürfen.

liegt zwar nicht an der Küste, aber einige Kirchen und der alte Sklavenbaum sind von Interesse. Von George aus in Richtung Norden überquert man den aussichtsreichen Outeniqua-Pass und gelangt nach **Oudtshoorn,** das vor allem für seine vielen **Straußenfarmen** bekannt ist. Hier erfahren Sie alles über die riesigen Vögel und können sie sogar reiten. In den faszinierenden Tropfsteinhöhlen **Cango Caves** gibt es Stalagmiten und Stalaktiten zu bestaunen.

Von Victoria Bay nach Knysna

Etwas südlich von George schmiegt sich die einzelne Häuserreihe des malerischen Dörfchens **Victoria Bay** in eine Bucht mit gesichertem Badestrand. Zum Wandern oder Vögelbeobachten bietet sich die benachbarte **Wilderness Section** des **Garden Route National Park** mit seiner Seenlandschaft und dem Küstenwald an. **Knysna**, inoffizielles Zentrum der Garden Route, ist das nächste Ziel. Die Stadt liegt an der gleichnamigen Lagune und wird durch die Knysna Heads, ein zum Featherbed Nature Reserve gehörendes Felsenportal, vorm Meer geschützt. Hier findet man ein schickes Hafenviertel mit Shops und Restaurants, kann Bootsausflüge machen, Urwälder besichtigen und leckere Austern auf Thesen Island essen, gegenüber dem Hafen von Knysna.

Von Plettenberg nach Storms River

Ein Stück weiter ziehen sich an der Küste die Strände des Seebades **Plettenberg Bay** entlang, mit den Bergen der Halbinsel im Hintergrund. Im **Robberg Peninsula Nature Reserve** 6 km südlich lässt es sich auf den Felsklippen der Halbinsel gut wandern, während sich der **Keurbooms River** für eine Boots- oder Kanutour eignet. Unbedingt lohnenswert ist ein Abstecher von der N2 zum idyllisch am Strand bei einer Lagune gelegenen, von Wäldern umgebenen Dörfchen **Nature's Valley**. Zurück auf der N2, überqueren Sie die **Bloukrans River Bridge**, wo Mutige den höchsten Bungeesprung der Welt (216 m) wagen können. Kurz danach blicken Sie von der **Storms River Bridge** in die Schlucht, anschließend gibt es in der **Tsitsikamma Section** des **Garden Route National Park** Gelegenheit zum Wandern. Von der Hängebrücke zwischen den Felsen sind Delfine und Kap-Fingerotter zu erspähen.

BAEDEKER TIPP

- Die Garden Route im Netz: www.gardenroute.co.za; www.gardenroute.de
- Von Kapstadt nach Mossel Bay sind es auf der N2 etwas weniger als 400 km. Ungefähr auf halber Strecke bietet sich das historische Städtchen **Swellendam**, eine der ältesten Siedlungen des Landes, für einen Zwischenstopp an.
- **Storms River Adventures** (Storms River Village, Tel. 042 281 18 36; www.stormsriver.com) organisiert viele sportliche Aktivitäten im Tsitsikamma, etwa geführte Wanderungen, Mountainbiking, Abseilen, auf Reifen einen Fluss hinuntersausen, Schnorcheln, Tauchen und die einzigartige »canopy tour« – bei der Sie an Stahlseilen durch den Wald zwischen in den Baumwipfeln angebrachten Plattformen gleiten.
- Der **Otter Trail** ist Südafrikas berühmteste Wanderroute. In westlicher Richtung führt er durch die Tsitsikamma Section des Garden Route National Park. In der Regel ist er Monate im Voraus ausgebucht, aber den ersten Abschnitt des Trails können die Besucher auf einer eintägigen Rundwanderung vom Storms River Mouth Restcamp erwandern. Dabei stehen die Chancen gut, dass Sie Ottern, kleine Antilopen und einheimische Vögel wie den schillernden Knysna loerie zu Gesicht bekommen. Wenn Sie den gesamten Trail erwandern möchten, wählen Sie für Buchungsdetails 012 426 51 11, oder gehen Sie auf www.sanparks.org.

KLEINE PAUSE

Entlang der Garden Route kann man überall gut essen. Ein Muss sind Austern mit Champagner bei **Quay Four** mit Blick auf die Knysna Heads. Das Lokal züchtet die Austern selbst (Thesen Island, Tel. 044 382 42 04; www.quay4knysna.co.za, tägl. 7.30–spät, RR).

Mossel Bay Tourism
197 D1 Ecke Market und Church Streets 044 691 22 02; www.visitmosselbay.co.za
Mo–Fr 8–18, Sa 9–16, So 9–14 Uhr

Bartholomeu Dias Museum
197 D1 Market Street, Mossel Bay 044 691 10 67; www.diasmuseum.co.za
Mo–Fr 9–16.45, Sa–So 9 bis 15.45 Uhr 20 R

Cango Caves
197 D2 R328 nahe Oudtshoorn 044 272 74 10; www.cango-caves.co.za Führungen: tägl. 9–16 Uhr, jede Stunde 80 R

Garden Route National Park (Wilderness Section)
197 D2 044 877 11 97; www.sanparks.org tägl. 7–18 Uhr 100 R

Knysna Tourism
197 D1
40 Main Street
044 382 55 10 ; visitknysna.co.za
Mo–Fr 8–17, Sa 8.30–13 Uhr

Plettenberg Bay Tourism
197 E1 Main Street
044 533 40 65; www.plettenberg bay.co.za
Mo–Fr 9–17, Sa 9–13 Uhr

Bloukrans Bungee Jump
197 E2 40 km östlich der Plettenberg Bay an der N2
042 281 14 58; www.faceadrenalin.com tägl. 9–17 Uhr
800 R

Garden Route National Park (Tsitsikamma Section)
197 E2 042 281 16 07; www.sanparks.org tägl. 6–22 Uhr
80 R

19 Winelands

Gut drainierte, eher karge Böden, sonnige, warme Sommer und kühle Winter sind die Basis für eine exzellente Qualität der hiesigen Tropfen: Überall in der Kapregion stehen vor der Kulisse schroffer Bergketten Reben, so weit das Auge reicht. Dazwischen leuchten weiße Gutshäuser im kapholländischen Stil. Die Hügel wellen sich bis zum Horizont und klangvolle Namen wie La Dauphine oder La Provence verweisen auf die französischen Siedler, die neben den Niederländern den Weinbau ins Kapland brachten.

Mehr als ein Dutzend gut ausgeschilderter »Weinstraßen« verbinden die für die Öffentlichkeit zugänglichen Güter: Karten bekommen Sie in den Touristeninformationen. Die Mehrzahl der Weingüter liegt in idyllischer Landschaft, die Degustation findet in schönen, weiß getünchten Gutshäusern oder stimmungsvollen kühlen Kellern direkt in den Weinbergen statt. Einige Güter bieten auch Portwein, Brandy oder Käse an. Die kleinen Orte der Region lohnen schon allein wegen ihrer schön restaurierten kapholländischen, georgianischen oder viktorianischen Architektur sowie hübschen Kunsthandwerksläden und Galerien einen Besuch.

Regionale Weingüter

Stellenbosch existiert seit 1679 und ist nach Kapstadt die zweitälteste Stadt in Südafrika. In der Dorp Street gibt es viele historische Gebäude, von denen einige restauriert und im Stil ihrer Entstehungszeit eingerichtet wurden. Sie können heute besichtigt werden.

Gesegnetes Land: rund um das Weingut Zorgvliet im malerischen Banhoek-Tal bei Stellenbosch

Über **Paarl** (Perle) ragen drei riesige Granitfelsen auf, die nach dem Regen wie Perlen glänzen – so kam die Stadt zu ihrem Namen. Gegründet wurde sie bereits im Jahr 1720; die 11 km lange Hauptstraße säumen etliche historische Gebäude. Das Weingut Laborie beherbergt heute KWV Cellars, den mit 22 ha größten Weinkeller der Welt. **Franschhoek** wurde im Jahr 1688 von Hugenotten gegründet. Heute trägt Franschhoek den Beinamen »Südafrikas Gourmet-Hauptstadt«, weil man hier so viele exzellente Restaurants zur Auswahl hat. Im Franschhoek Valley liegen einige der schönsten Güter des ganzen Kaps.

KLEINE PAUSE

Die meisten Weingüter betreiben erstklassige Restaurants, und einige packen Körbe für ein Picknick zwischen den Reben (R–RRR).

Ntsiki Biyela vom Weingut Stellekaya wurde bereits als Winzerin des Jahres ausgezeichnet

204 C3

Stellenbosch Touristeninformation
36 Market Street ☎ 021 883 35 84; www.stellenboschtourism.co.za
Mo–Fr 8–18, Sa 9–17, So 10–16 Uhr

Paarl Touristeninformation
216 Main Road ☎ 021 872 48 42; www.paarlonline.com Mo–Fr 8 bis 17, Sa/So 10–13 Uhr

Franschhoek Touristeninformation
62 Huguenot Road ☎ 021 876 28 61; www.franschhoek.org.za Mo–Fr 8–17, Sa 9–17, So 9–16 Uhr

BAEDEKER TIPP

- Sehr beliebt (und sicherer, als mit dem eigenen Auto zu fahren) sind die geführten **Wein-Tagestouren**, die in Kapstadt starten. Die meisten Güter haben Mo–Sa 9–17 Uhr, immer mehr auch So geöffnet.
- Neben Weinproben bietet das Weingut **Spier** (an der R310 südlich von Stellenbosch, Tel. 021 809 11 00; www.spier.co.za) ein Greifvogelzentrum, eine Gepardenaufzucht, eine Open-Air-Bühne für Konzerte im Sommer, einen Golfplatz, ein Hotel und ausgezeichnete Restaurants wie das Moyo (► 85).
- Die **Fairview Winery** (Suid Agter Paarl Road, Tel. 021 863 24 50; www.fairview.co.za) bietet auch Ziegenkäse, und man kann den einzigartigen »Ziegenturm« bewundern, in dem die Ziegen des Guts leben. Die frankophile Namensgebung mancher Weine – »Goats do Roam« (Côtes du Rhône) und »Bored Doe« (Bordeaux) – steht für den augenzwinkernden Humor der Gutsbesitzer.
- Im **Drakenstein Lion Park** (Old Paarl Road, Paarl, Tel. 021 863 32 90; www.lionrescue.org.za, 9.30–16.30 Uhr, 50 R) haben Löwen ein Zuhause gefunden, die in der Wildnis nicht überleben würden. Die Fütterung (Mo, Mi und Fr 16 Uhr) lässt Kinderaugen riesengroß werden. Im angeschlossenen Chimp Haven leben Schimpansen, die nach der Schließung eines Zoos hierhergebracht wurden.

20 Whale Coast

Auf ihrem Weg von der Antarktis ziehen von Juli bis November Wale an der Küste Südafrikas vorbei. Zwischen der False Bay und Kap Agulhas kann man sie gut beobachten.

Folgen Sie von Kapstadt der N2 nach Somerset West, dann der R44 und anschließend der R43 entlang der Felsenküste. Auf dieser Strecke haben Sie mehrmals einen spektakulären Blick auf die Berge oder das Meer. Bei einem Halt in der **Gordon's Bay** können Sie zudem den breiten Sandstrand genießen und in der **Betty's Bay** am Stoney Point eine Brillenpinguin-Kolonie besuchen.

Fishermans Cottage in Hermanus: frisch aus dem Meer und frisch auf den Tisch

Hermanus ...

... schmiegt sich in die geschützte Walker Bay, deren warmes Wasser Weibchen des Südlichen Glattwals anlockt, die hier ihre Jungen auf die Welt bringen und säugen. Von den Pfaden auf den Klippen aus kann man oft die Walmütter mit ihren Kälbern beobachten. Am alten Hafen der Stadt wurden Fischerhütten und -boote restauriert; etwas weiter südlich laden schöne Strände zum Verweilen ein.

Von Stanford zum Cape Agulhas

Ein Stück die Küste entlang liegt das viktorianisch geprägte Dorf **Stanford** am

KLEINE WALKUNDE

Zwischen Juni und Ende November hält sich in der Walker Bay der bis zu 18 m lange **Südliche Glattwal** (auch Südkaper, Southern right whale, *Eubalaena australis*) auf, um zu kalben – in August und September kommen in flachen, geschützten Buchten die 6 m langen Babys zur Welt – und sich zu paaren. Zu erkennen ist er an den hornigen Schwielen im Kopfbereich und an der V-förmigen Blasfontäne. In der Walker Bay und vor der Westküste kann man den bis zu 14 m langen und 20 t schweren **Bryde-Wal** (Brydes whale, *Balaenoptera edeni*) aus der Familie der **Furchenwale** antreffen. Ebenfalls ein Furchenwal ist der bis 15 m lange **Buckelwal** (humpback whale, *Megaptera novaeangliae*) mit langen, meist an der Unterseite weißen Flippern. Auch der auf die Südhalbkugel beschränkte, bis zu 6 m lange **Zwergglattwal** (Pygmy right whale, *Caperea marginata*) taucht vor Südafrika auf. Diese Arten gehören alle zur Unterordnung der **Bartenwale** *(Mysticeti)*, die ihre Nahrung mit Barten aus dem Wasser filtern. Auch die zweite Unterordnung, die **Zahnwale** *(Odontoceti)*, ist an der südafrikanischen Küste vertreten: darunter der **Layard-Wal**, der **Chinesische Weiße Delfin**, der **True-Wal**, der **Dunkle Delfin**, der **Heaviside-Delfin**, der **Gewöhnliche Delfin**, der **Große Tümmler**. Der spektakulärste Zahnwal ist der **Schwertwal** oder **Orca** *(Orcinus orca)*, der auch andere Wale angreift und von den Walfängern wegen seiner Jagdtechnik auch als »Killerwal« diffamiert wurde.

pittoresken Klein River, ebenso der geschäftige Fischerort **Gansbaai**. Auf **Dyer Island** vor der Küste brüten Brillenpinguine und **Geyser Island** bevölkert eine Pelzrobben-Kolonie. Beide sind eine willkommene Beute für hungrige Weiße Haie, die das als Shark Alley (»Haigasse«) bekannte Stück zwischen den beiden Inseln emsig durchpflügen. Bei einer Bootsfahrt um die Inseln kann man Wale beobachten.

Weiter östlich liegt am Ende der R319 der **Agulhas National Park**, dessen Spitze **Kap Agulhas** den südlichsten Punkt Südafrikas markiert.

Augen auf! An der Whale Coast gibt es immer viel zu sehen

KLEINE PAUSE

Falls sich in der Walker Bay Wale aufhalten, schnappen Sie sich in Bientang's Cave unterhalb des Marine Drive in Hermanus einen Tisch auf den Felsen neben dem Meer. Noch näher ran geht kaum – es sei denn per Boot.

197 D1

Hermanus Touristeninformation
205 D2 Old Station building, Mitchell Street 028 312 26 29; www.hermanustourism.info Mo–Fr 8–18, Sa–So 9–15 Uhr

Dyer Island Cruises
205 D1 Kleinbaai Harbour 082 801 80 14; www.dyer-island-cruises.co.za 900 R

Bei Hermanus fallen die Klippen so steil in den Ozean ab, dass man den Walen fast den Rücken kraulen kann

BAEDEKER TIPP

- Im September findet in Hermanus das **Whale Festival** statt.
- In der Saison gibt es in Hermanus einen **Walrufer**, der auf den Klippen nach Walen Ausschau hält und bei Sichtungen ein Signal mit dem Horn bläst.
- Halten Sie nach **Wasserfontänen** Ausschau, die zustande kommen, wenn Wale die Luft aus den Lungen durch ihr Blasloch ausstoßen. Schauen Sie außerdem nach Walen, die aus den Wellen hervorbrechen, mit der Schwanzflosse aufs Wasser schlagen oder sich aus dem Wasser aufrichten.
- Ob Sie nach der **Bootsfahrt** hinaus in die Bucht nun alleine in den haisicheren Käfig steigen oder mit ihren Kids – Spannenderes als **Shark Cage Diving** (Gaansbaai, Tel. 082 5596858, www.sharkcagediving.co.za, 1350 R) ist schwer vorstellbar

21 Port Elizabeth

Port Elizabeth, meist kurz »PE« genannt, ist die größte Küstenstadt zwischen Kapstadt und Durban. Zusammen mit Uitenhage, Despatch und Coega bildet es die Nelson-Mandela-Metropolregion, das Industrie- und Handelszentrum der Provinz Ostkap.

Im »Detroit Südafrikas« ist der Automobilbau der bedeutendste Wirtschaftszweig. Kulturell kann PE mit den anderen Großstädten des Landes durchaus mithalten. Studenten sorgen für eine lebhafte Kneipen- und Barszene. Die Stadt ist auch ein beliebtes Ferienziel mit langen Stränden.

KLEINE PAUSE

Bei **Die Walskipper** (► 86) in der Jeffrey's Bay gibt es Calamari direkt am Strand.

197 F2

Unten: Das Rathaus von Port Elizabeth

Nelson Mandela Bay Touristeninformation
Donkin Lighthouse, Belmont Terrace ☎ 041 582 25 75;
www.nmbt.co.za Mo–Fr 8–16.30, Sa–So 9.30–15.30 Uhr

BAEDEKER TIPP

- Immer wieder finden in Jeffrey's Bay **Meisterschaften** statt, bei denen man **Weltklassesurfern** zusehen kann (Infos und Veranstaltungskalender unter www.surfingsouthafrica.co.za).
- Mit 27 m ist der Leuchtturm von Cape St. Francis der höchste Leuchtturm Südafrikas (Tel. 042 294 00 76; www.stfrancistourism.co.za).
- Die **Holmeleigh Farm** (Colleen Glen, Tel. 041 379 29 01, www.holmeleighfarmyard.co.za, Di–So 9–16 Uhr, 20 R) ist strikt dem Kinderspaß verpflichtet. Hüpfburgen, Streichelzoo (die Schäfchen sind sooo süß!), Abenteuerspielplatz mit einem alten Doppeldeckerbus, eine Kuh melken – es gibt viel zu entdecken!

22 Addo Elephant National Park

Als der drittgrößte Nationalpark Südafrikas im Jahr 1931 in der Region des Sunday River Valley am Ostkap eingerichtet wurde, lebten hier nur elf Elefanten. Heute ist das rund 1800 km² große Gelände, das mittelfristig noch um ein 1200 km² großes Marineschutzgebiet erweitert werden soll, die Heimat von über 600 Elefanten sowie vieler weiterer Tiere.

Stolz verweist man im Park darauf, dass dieser der einzige der Welt sei, in dem die »Big Seven« besichtigt werden könnten, zu denen neben den Big Five auf dem Festland noch der Weiße Hai und der Wal (hier: der Südliche Glattwal oder Südkaper, *Eubalaena australis*) im Meer vor der Küste gehören. Im Mittelpunkt des Interesses der meisten Besucher aber steht nach wie vor das ursprünglich eingerichtete Elefantengebiet, in dem niedrige Kletterpflanzen, Wasserlöcher und ein 75 km langes Straßennetz gute Sicht auf die Dickhäuter ermöglichen. Sie können den Elefantenbereich an einem Tag besuchen, aber auch in einem der schönen schlichten Chalets übernachten, die direkt am viel genutzten Pfad zum Wasserloch vor dem Rezeptionsgebäude liegen. Der Anblick der grauen Riesen ist wirklich beeindruckend.

Elefanten an einem Wasserloch im rund 70 km nordöstlich von Port Elizabeth gelegenen Addo Elephant National Park

BAEDEKER TIPP

- Achten Sie auf den einheimischen Mistkäfer *Circellium bacchus*. Diese Käfer rollen den Mist von Elefanten (einer produziert immerhin schon bis zu 60 kg täglich) zu Kügelchen und düngen so die Erde.
- Die beste Zeit für einen Besuch sind die Monate **Januar und Februar**, wenn die Kühe ihre Jungen auf die Welt bringen.
- In den Addo Park dürfen keine **Zitrusfrüchte** mitgebracht werden, denn die Dickhäuter sind mittlerweile beinahe süchtig danach.

Umgebungsziele

Von Port Elizabeth aus bietet sich auch der Besuch einiger weiterer in der Umgebung des Addo Elephant National Park gelegener privater Wildreservate an. So steht auch das **Shamwari Game Reserve** für eine Erfolgsgeschichte in Sachen Tierrettung am Ostkap: Rund 250 km² Buschland wurden hier wieder mit Tieren besiedelt, die in dieser Region schon seit dem 19. Jh. als ausgerottet galten: Dazu gehören Spitzmaulnashörner, Elefanten, Kapbüffel, Löwen, Wildhunde und Antilopen. Für die Übernachtung stehen sieben Luxuslodges zur Wahl. Im **Amakhala Game Reserve** sind Spitzmaulnashörner, Giraffen, Kapbüffel, Gnus und Zebras zu Hause. Auch hier gibt es mehrere edle Lodges. Alternativ bieten sich eine Tagessafari oder eine Bootstour auf dem Sundays River an. Das angrenzende, 220 km² große **Kwandwe Game Reserve** bietet vier exklusive 5-Sterne-Wildnislodges. Im **Lalibela Game Reserve** warten fünf Game Lodges auf Übernachtungsgäste. Das Wildreservat ist sehr familienorientiert und bietet auch auf Kinder ausgerichtete Safaris.

KLEINE PAUSE

Sie können im einfachen Restaurant des Addo essen oder auf Ihrer Gartenterrasse grillen, während Elefanten vorbeispazieren.

---

197 F2

Addo Elephant National Park
An der R335, 72 km nordöstlich von Port Elizabeth 042 233 86 00; www.sanparks.org tägl. 7–19 Uhr 200 R

Shamwari Game Reserve
72 km östlich von Port Elizabeth 041 509 30 00; www.shamwari.com keine Tagesbesucher

Amakhala Game Reserve
63 km östlich von Port Elizabeth 046 636 27 50; www.amakhala.co.za Mai–Aug. tägl. 11–18, sonst 12–18 Uhr 980 R

Kwandwe Game Reserve
An der R67, 160 km nordöstlich von Port Elizabeth 046 603 34 00; www.kwandwereserve.com keine Tagesbesucher

Lalibela Game Reserve
64 km östlich von Port Elizabeth 041 581 81 70; www.lalibela.net keine Tagesbesucher

23 Wild Coast

Die dramatische Küstenlandschaft im ehemaligen Homeland des Xhosa-Volkes, früher als Transkei bekannt, wird ihrem Namen Wild Coast mehr als gerecht. Sie erstreckt sich über 280 km von East London nach Port Edward in KwaZulu-Natal und wird von einsamen Stränden mit vereinzelten Schiffswracks, felsigen Klippen und grünem Weideland geprägt. Kaskaden stürzen direkt ins Meer, Delfine tummeln sich im Wasser, und die Menschen leben noch in ihren traditionell kreisförmig angelegten Siedlungen *(kraals)*.

Verweilen Sie nicht zu lange in der düsteren Industrieansiedlung East London, auch wenn die Stadt tolle Surfstrände zu bieten hat. Folgen Sie stattdessen der N2 nach Nordosten zu den Orten an der Küste. Nicht weit hinter East London kann man bereits im **Inkwenkwezi Game Reserve** auf Safari gehen, um Elefanten, Giraffen, Zebras, Nashörner und Antilopen zu sehen. Das Urlaubergebiet **Cintsa** wartet mit tollen waldbestandenen Dünen und Lagunen auf, während sich die einsamen Hotels in den schönen Buchten bei **Haga-Haga, Morgan's Bay, Kei Mouth, Qolora Mouth, Nxaxo Mouth, Mazeppa Bay** und **Qora Mouth** vor allem zum Fischen, Muschelnsammeln und Wandern auf den Klippen oder entlang schier endloser, meist menschenleerer Strände anbieten. In der **Coffee Bay** – die ihren Namen einem in den 1860er-Jahren auf Grund gelaufenen Schiff, das Kaffeebohnen geladen hatte, verdankt – ist das »Hole in the Wall« sehenswert: Riesige Wellen brechen sich dort durch die erosionsbedingte Lücke in einem Felsen. Etwas nördlicher liegt **Port St. Johns** in einem üppigen, hügeligen, dunstverhangenen Wald, in dem einige Naturreservate kleinere Säugetiere beheimaten.

Nelson Mandela Museum

Landeinwärts, zurück auf der N2, sollten Sie in **Umtata (Mthatha)**, der Hauptstadt der früheren Transkei, haltmachen, um das **Nelson Mandela Museum** zu besuchen.

»Strandleben« in Cintsa: Bis heute geht es an der noch sehr ursprünglichen Wild Coast meist eher ruhig zu

BAEDEKER TIPP

- Mehrtägige **Touren** abseits der üblichen Touristenpfade zu Fuß, mit dem Fahrrad, zu Pferd oder im Kanu entlang der Wild Coast bieten African Heartland Journeys in Cintsa (www.ahj.co.za), Active Escapes (www.active-escapes.co.za) oder Wild Coast Hikes (www.wildcoasthikes.com) an.
- Aus dem **Wild Waves Water Park** (Main Bizana Road 5 km von Port Edward im Resort Wild Coast Sun, Tel. 039 305 48 00, tgl. 9–17 Uhr, 120 R) werden Sie Ihre Kinder kaum mehr herausbekommen, so attraktiv ist hier das Angebot an Action und Spaß.

Oben: eine Buntbockantilope *(Damaliscus pygargus)* im Inkwenkwezi Game Reserve

Es ist in zwei Bereiche gegliedert: Der Hauptteil in Umtatas einstigem Parlament dokumentiert Nelson Mandelas »Langen Weg zur Freiheit« (so der Titel seiner Autobiografie). Der andere Teil liegt in **Qunu,** 32 km westlich von Umtata, wo Mandela aufwuchs und zur Schule ging; hier kann man auch übernachten.

KLEINE PAUSE

Verpassen Sie sonntags nicht das Mittagsbuffet im reetgedeckten Restaurant des **Inkwenkwezi Game Reserve** (12 bis 16 Uhr, RR).

---

198 C2 – 199 D3

Inkwenkwezi Game Reserve
33 km nordöstlich von East London 043 734 32 34; www.inkwenkwezi.com 150–500 R für eine Safari

Nelson Mandela Museum
198 C3 Nelson Mandela Drive und Owen Street, Mthatha 047 532 51 10; www.nelsonmandelamuseum.org.za tägl. 9–16 Uhr frei

Nach Lust und Laune!

Die noch weitgehend unberührten Amatola Mountains sind ein hervorragendes Wanderziel

24 Bontebok National Park

Der ursprüngliche Lebensraum der Buntbockantilope (Abb. ➤ 81), war die 56 km breite Ebene zwischen dem Fluss Bot im Westen und der Mossel Bay im Osten. Bis Ende des 18. Jh.s weideten dort große Herden, die im 19. Jh. bis auf 17 Exemplare schrumpften. Der nur etwa 37 km² große Park (Eingang 7 km südöstlich von Swellendam) wurde zum Schutz dieser Tiere angelegt. Ein ausgezeichneter Ort, um sie zu beobachten, ist der Lang Elsieskraal, ein ehemaliges Lager der indigenen Khoikhoi. Im Park leben auch Rehbockantilopen, Bergzebras, Zwergantilopen und Kronenducker sowie um 200 Vogelarten. Die über 470 Pflanzenarten entfalten im Frühling eine herrliche Blütenpracht. Man kann das faszinierende Wildleben vom eigenen Auto aus beobachten; außerdem gibt es drei kurze Wanderwege.

196 C1 ✉ nahe der N2, 6 km südlich von Swellendam ☎ 028 514 27 35; www.sanparks.org Okt.–April tägl. 7–19; Mai–Sept. 7–18 Uhr 80 R

25 Knysna Elephant Park

Besonders für Kinder ist es eine tolle Erfahrung, einen Elefanten einmal hautnah zu erleben. Im winzigen Knysna Elephant Park leben zwölf zahme Dickhäuter, die man auf einstündigen Touren aus der Nähe bestaunen, anfassen und füttern kann. Die Guides geizen nicht mit interessanten Infos über Elefanten, die man auch spazieren führen und sogar reiten darf. Der Park verfügt über eine Lodge mit sechs Zimmern direkt am *boma* (Gehege), in dem die Elefanten die Nacht verbringen. Hier zählt man dann zum Einschlafen keine Schäfchen, sondern Elefanten.

197 E1 ✉ von Knysna 20 km in östlicher Richtung auf der N2 ☎ 044 532 77 32; www.knysnaelephantpark.co.za tägl. 8.30

bis 16.30 Uhr; Führungen stündlich zur halben Stunde 230 R

26 Monkeyland & Birds of Eden

Das **Monkeyland** gibt Primaten aus aller Welt ein neues Zuhause – die meisten wurden aus Käfighaltung gerettet. Man kann sich per Führung durch den üppig grünen tropischen Wald auf den Weg machen, um die Affen durch die Bäume schwingen zu sehen. Oder man betritt die 118 m hohe Hängebrücke, die über ein tiefes Tal führt und faszinierende Einblicke in das Leben der Tiere in den Baumkronen gibt. Gleich nebenan überspannt die Netzkuppel des **Birds-of-Eden-Parks** eine Fläche von 2,3 ha. Von den Brettersteigen zwischen den Bäumen aus kann man Aras, Papageien, Nashorn- und Nektarvögel sowie Kakadus beobachten. Hin und wieder lässt die Bewässerungsanlage ein täuschend echtes Gewitter mit Donner niedergehen.

197 E2 nahe der N2, 16 km östlich von Plettenberg Bay 044 534 89 06; www.monkeyland.co.za, www.birdsofeden.co.za tägl. 8–17 Uhr 160 R

HITS FÜR KIDS

Die **Wilgewandel Holiday Farm** (R328, 26 km nördlich von Oudtshoorn, Tel. 044 272 08 78, www.wilgewandel.co.za, Eintritt frei, Attraktionen werden einzeln gezahlt) ist ein Kinderparadies mit Tretautos und Streichelzoo für die Kleinen, Ropeslides, Trampolinen, Kamelritten, Eselkarren und einem Familiengolfplatz, wo das putt-putt nicht ganz so ernst genommen wird (ist ja auch ein Minigolfplatz).

27 Grahamstown

Neben dem dominierenden Bau der Rhodes University, eine der besten des Landes, findet man in Grahamstown noch weitere historische Gebäude aus dem frühen 19. Jh., als immer mehr britische Siedler sich hier niederließen. Viele davon säumen die High Street und den Church Square. Bei einem Spaziergang zu den Museen, Kirchen, Denkmälern und Bibliotheken (Stadtplan bei der Touristeninformation erhältlich) wähnt man sich fast noch immer wie im Vereinigten Königreich. Jedes Jahr im Juli wird Grahamstown zum Schauplatz des National Arts Festival, des mit rund 50 000 Besuchern größten seiner Art in Südafrika.

198 B2 63 High Street 046 622 32 41, www.grahamstown.co.za Mo–Fr 8.30–17, Sa 9–13 Uhr

28 Hogsback & Amatola Mountains

Etwa eine Autostunde nördlich von Grahamstown liegt mitten in den Amatola-Bergen das reizende Dorf Hogsback. Dessen Name (»Schweinerücken«) leitet sich von einem der umliegenden Berge ab, dessen Form offenbar dazu inspirierte. In dieser schönen Gegend lässt es sich idyllisch über Hügel, durch Kiefernwälder und vorbei an dunstverhangenen Wasserfällen wandern. Hogsback selbst ist ein verschlafenes Örtchen, an dessen mit Eichen gesäumter Hauptstraße sich Gartenlokale und Handwerkerläden aneinanderreihen. Die Hütten verfügen über gepflegte Gärten voller Blüten sowie Brombeer- und Stachelbeersträucher. In den Läden können Sie hausgemachte Marmelade und herzhafte Suppen probieren. Für Wanderfreunde gibt es hier ein Buch mit regionalen Tourvorschlägen.

198 B2

Hogsback Touristeninformation

Main Road 045 962 12 45; www.hogsback.com Mo–Sa 10–16, So 9–15 Uhr

Wohin zum ... Übernachten?

Preise
für ein Doppelzimmer pro Nacht:
R = unter 1500 Rand **RR** = 1500–2500 Rand **RRR** = über 2500 Rand

WINELANDS

Grande Roche RRR
Das kapholländische Herrenhaus liegt inmitten von Rebstöcken und ist eines der stimmungsvollsten Hotels im Weinland. Die Zimmer sind mit schönen Terrassen und großzügigen Doppelduschen ausgestattet. Weitere Einrichtungen sind ein palmengesäumter Pool, Tennisplätze, ein Spa, das schicke Restaurant Bosman's und ein zeitgemäßes Bistro mit moderner Kunst.
204 C3 Plantasie Street, Paarl 021 407 10 00; www.granderoche.co.za

D'Ouwe Werf RR
An der eichengesäumten Church Street im historischen Zentrum von Stellenbosch liegt D'Ouwe Werf, 1802 eröffnet und Südafrikas ältestes Wirtshaus. Es hat sich eine elegante Alte-Welt-Atmosphäre mit Möbeln der Epoche bewahrt. Das Haus wird schon seit Jahrzehnten von derselben Familie geführt und bietet 38 Zimmer in einer einladenden Atmosphäre. Der Kaffeegarten im Hof und das Restaurant 1802 servieren traditionelle Kap-Küche zu angemessenen Preisen.
204 C3 30 Church Street, Stellenbosch 021 887 46 08; www.ouwewerf.com

WHALE COAST

The Marine RRR
Das »Marine« bietet Luxus pur mit Blick über die Walker Bay. Die Räume sind aufwendig mit Marmorbädern und Kronleuchtern veredelt. Im weitläufigen Garten lockt ein beheizter Pool, es gibt zwei Restaurants und ein Spa. Last but not least: Der Gezeitenpool von Hermanus liegt direkt vor der Haustür – mit etwas Glück schwimmt hier in nur 100 m Entfernung ein Wal an Ihnen vorbei.
205 D2 Marine Drive, Hermanus 028 313 10 00; www.marine-hermanus.co.za

GARDEN ROUTE

African Ocean Manor RR–RRR
Das Herrenhaus mit nur neun Zimmern und Suiten am Strand bietet seinen Gästen einen fantastischen Blick auf den Ozean. Schwimmbad und eine *braai*-Einrichtung stehen zur Verfügung, das Frühstück ist exzellent.
197 D1 Bouwer Crescent, Mossel Bay 044 695 18 46; africanoceans.co.za

The Point Hotel R
Von diesem herrlich auf den Felsen mit Blick über den Ozean gelegenen Hotel können Sie in der Saison Wale beobachten. 48 modern eingerichtete Zimmer mit viel Komfort. Lighthouse Restaurant direkt unter dem Leuchtturm St. Blaize.
197 D1 Point Road, Mossel Bay 044 691 35 12; www.pointhotel.co.za

Moontide Guest Lodge R
Am Rand des Wilderness National Park liegt dieses intime Gästehaus. Die Zimmer befinden sich in reetgedeckten, liebevoll mit afrikanischer Kunst eingerichteten Cottages. Wer mal etwas anderes sucht, der sollte im umgebauten Boots- oder im Baumhaus nächtigen.

Tagsüber wandert man im Park oder rudert in die friedliche Lagune hinaus.
197 D2 Southside Lane, Wilderness
044 877 03 61; www.moontide.co.za

Phantom Forest Eco-Reserve RRR
In den Baumwipfeln über der Knysna Lagoon findet man hier schöne Suiten mit Außenduschen, großen Badewannen für zwei Personen und marokkanisch inspiriertes Innendesign. Auf einer Holzterrasse warten ein Pool und ein Jacuzzi auf Gäste. Die Esstische stehen mitten zwischen den Bäumen. Eines der führenden Ökohotels auf dem ganzen Kontinent.
197 D1 7 km westlich von Knysna
044 386 00 46; www.phantomforest.com

PORT ELIZABETH

Hacklewood Hill Country House RRR
Hacklewood Hill ist ein viktorianisches Herrenhaus im Vorort Walmer, dekoriert mit Antiquitäten und Gemälden und umgeben von schönen Gärten im englischen Stil. Die acht perfekt gestalteten Zimmer versprechen einen romantischen Aufenthalt. Außerdem gibt es ein ausgezeichnetes Restaurant mit einer beeindruckenden Auswahl an Jahrgangsweinen.
197 F2
152 Prospect Road, Port Elizabeth
041 581 13 00; www.hacklewood.co.za

WILD COAST

Buccaneers Backpackers R
Das abgeschiedene Hostel direkt am Strand macht einen eher rustikalen Eindruck. Zur Wahl stehen gemütliche Mehrbett- und Doppelzimmer, Selbstversorgerhütten oder Campingplateaus unter den Bäumen. Das Hostel organisiert Touren an der Wild Coast entlang und vermietet Sportausrüstungen. Es gibt eine Bar und ein Restaurant.
198 C2 Cintsa
043 734 30 12; www.cintsa.com

Wohin zum ... Essen und Trinken?

Preise
für ein Zwei-Gänge-Menü ohne Getränke:
R = unter 100 Rand **RR** = 100–200 Rand **RRR** = über 200 Rand

WINELANDS

Moyo RRR
Ein Besuch dieses Restaurants auf dem Weingut Spier mit seiner Kombination aus modernem Dekor und traditioneller afrikanischer Kultur ist ein Muss. Das Lokal liegt im Freien und ist mit Wasserfällen, Laternen und funkelnden Lichtern in den Bäumen schön gestaltet – reservieren Sie einen Tisch im Baumhaus. Das ausladende afrikanische Buffet bietet Meeresfrüchte und traditionelle Gerichte aus ganz Afrika. Musiker kommen an den Tisch, Frauen bemalen Ihr Gesicht mit afrikanischen Mustern, »wishy-washy«-Damen waschen Ihnen singend die Hände. Ein fast magisches Erlebnis!
204 B3 Spier Estate, auf der R310 südlich von Stellenbosch 021 809 11 33; www.moyo.co.za tägl. 12 Uhr bis spätnachts

Reuben's RRR
Gourmets aus Kapstadt fahren am Wochenende die 45 Minuten nach

Franschhoek, um hier zu Mittag zu essen. Im Winter wärmt das natursteinfarbene Gebäude ein Holzfeuer, im Sommer stehen die Tische im Freien. Die Gerichte sind erfrischend einfach – einfach gut!
204 C3 19 Huguenot Street, Franschhoek 021 876 37 72; www.reubens.co.za tägl. 12–15, 19–21 Uhr

WHALE COAST

Bientang's Cave RR

Am Fuß einer steilen Treppe hinab von der Klippe bei Hermanus liegt dieses Restaurant zum Teil in einer Grotte, der andere Teil befindet sich auf dem Felsplateau direkt am Meer – der perfekte Aussichtspunkt, um Wale zu beobachten.
205 D2 Below Marine Drive, Hermanus 028 312 34 54; www.bientangscave.com tägl. 12–16 Uhr (je nach Wetterlage), Dinner nach Voranmeldung

Mogg's Country Cookhouse RR

Nur eine kurze Fahrt von Hermanus entfernt, serviert dieses einladende Familienrestaurant eine so herzhafte wie fantasievolle Auswahl guter Landgerichte. Reservierung empfohlen.
205 D2 Hemel-en-Aarde Road, Hermanus 028 312 43 21; www.moggscookhouse.com Mi–So 12.30–14.30 Uhr, Abendessen nach Vereinbarung

GARDEN ROUTE

34° South RR

Ein sehr lockeres, entspanntes Lokal mit einer Holzterrasse direkt am Ufer der Knysna-Lagune. Stellen Sie sich Ihr Essen aus den Leckerbissen des Feinkostladens selbst zusammen, oder wählen Sie aus der umfangreichen Karte. Zu den Specials gehören Meeresfrüchte-Paella, Cajun-Strauß oder scharf angebratener Thunfisch. Der Shop bietet Kochbücher und Wein.
197 D1 Knysna Quays, Knysna 044 382 73 31; www.34south.biz tägl. 8.30–23.30 Uhr

Café Gannet RRR

Ausgezeichnete Fischküche gibt es im modern gestylten, »Café Gannet« genannten Restaurant des Protea Hotels, von dessen Terrasse der Blick über die Bucht und die Outeniqua Berge streicht. In dem direkt neben dem Dias Museum gelegenen Haus bedient ein zuvorkommendes und freundliches Personal. Die Kellner schlagen auch Tagesgerichte vor, die nicht auf der Karte gelistet sind. Man frage nach dem Tagesfang oder bestelle z. B. die Fischkasserolle. Klar, dass auch Austern gereicht werden, für Sushifans steht ebenfalls einiges im Menü; für Fleischfans z. B. Strauß.
197 D1 Old Post Tree Square, Mossel Bay 044 691 37 38; www.oldposttree.co.za tägl. 12–15 und 19–22 Uhr

PORT ELIZABETH UND UMGEBUNG

Die Walskipper RR

Das einfache Wellblechdach, Sonnenschutzsegel und Geschirr aus emailliertem Blech machen dieses schlichte Restaurant am Strand zum idealen Ort, um barfuß im Sand zu sitzen und den Meerblick zu genießen. Die Speisen sind einfach, aber lecker – zu vernünftigen Preisen gibt es jede Menge Meeresfrüchte und Fleisch.
197 F1 Marina Martinique, Jeffrey's Bay 042 292 00 05; www.walskipper.co.za tägl. 12–22 Uhr

EAST LONDON

Grazia RR

Die Tische auf der Terrasse sind bereits am frühen Abend nicht nur wegen des Ozeanblickes schnell besetzt – im modern gestalteten und gefliesten Saal ist es nicht gerade leise. Doch die Crossover-Küche mit italienischem Einschlag ist ausgezeichnet – von Wild bis Meeresgetier findet sich fast alles.
198 C2 Upper Esplanade 043 722 20 09; www.graziafinefood.co.za tägl. 11.30–15 und 18.30–22.30 Uhr

Wohin zum ... Einkaufen?

WINELANDS

Der interessanteste Laden in Stellenbosch ist **Oom Samie se Winkel** oder Uncle Samie's Shop (84 Dorp Street, Tel. 021 887 07 97), ein uriger Gemischtwarenladen, der sich seit seiner Eröffnung vor 150 Jahren kaum verändert hat. Die meisten anderen Geschäfte der Stadt liegen zentral zwischen Merriman Avenue, Bird und Dorp Street. Das größte Einkaufszentrum der Region liegt nur 15 Min. entfernt, die **Somerset Mall** (Tel. 021 852 71 14/5; www.somerset-mall.co.za) an der N2 in Somerset West. Ein Muss ist der großartige **Eight to Go Deli**-Laden auf dem Weingut Spier südlich von Stellenbosch (➤ 73), randvoll mit afrikanischen, meist vor Ort gefertigten Produkten.

Die Angestellten im **Huguenot Fine Chocolates** (62 Huguenot Street, Tel. 021 876 40 96; www.huguenotchocolates.com) in Franschhoek sind der Schokoladenherstellung kundig, und der Laden produziert leckerste Pralinés für den süßen Hunger. In der Dorfmitte gibt es zudem ein ganzes Aufgebot an Kunstläden und Galerien wie der **Bordeaux Street Gallery** (Tel. 083 361 55 53), in der einheimische Künstler ausstellen. Ebenfalls einen Besuch wert ist das **Franschhoek Live Craft Center** (Huguenot Road, Tel. 021 876 40 29), in dem man lokalen Kreativen bei der Herstellung von Kunsthandwerk zusehen und die Stücke anschließend auch kaufen kann. Für Weinliebhaber bietet das **La Cotte Inn** (Main Road, Tel. 021 876 37 75, www.lacotte.co.za) eine überwältigende Auswahl von Kapweinen ergänzt von einer breiten Palette lokaler und importierter Käsesorten. In Paarl liegen an der Main Street schöne Deko-, Antik- und Geschenkeläden.

WHALE COAST

In Hermanus gibt es eine abwechslungsreiche Auswahl an Geschäften und Kunstgalerien an Stellen, wo man sie gar nicht vermuten würde. Jedes Wochenende findet der **Fisherman's Village Craft Market** (8.30–15 Uhr) am Lemm's Corner statt. An den Ständen mit Antiquitäten und Kunsthandwerk herrscht buntes Treiben, da findet sicher jeder ein Souvenir. Die üblichen Läden großer Ketten findet man im **Gateway Centre**.

GARDEN ROUTE

In den Städten an der Garden Route erwartet Sie von Badebekleidung bis zu afrikanischem Modeschmuck eine breite Auswahl. **The Garden Route Mall** (Tel. 044 887 00 44; www.gardenroutemall.co.za) ist das größte Einkaufszentrum der Region und liegt sehr günstig an der N2 direkt an der Abzweigung nach George. Hier können Sie nach Herzenslust in 125 Shops stöbern.

Knysna ist berühmt für seine Künstler und Kunsthandwerker. Überall in der Stadt gibt es Galerien, und sogar am Straßenrand werden an Ständen geschnitzte Holzfiguren und Trommeln angeboten. Der **Knysna African Arts & Craft Market** befindet sich an der Ecke von George Rex Street und Vigilance Drive, entlang des Ufers reihen sich viele Geschäfte. Knysna ist außerdem für Möbel bekannt, die aus den örtlichen Holzarten angefertigt werden. Im **Timber Village** (Tel. 044 382 56 49; www.timbervillage.co.za), im Welbedacht Valley 3 km von Knysna entfernt, arbeitet eine Gemeinschaft von Holzkünstlern.

In Plettenberg Bay heißt die große Mall **Melville's Corner**, nicht verpassen sollten Sie **Old Nick Village** an der N2 (Tel. 044 533 13 95; www.oldnickvillage.co.za): Galerien, Ateliers, ein Museum über die Webkunst und ein Restaurant in einem üppigen Garten.

PORT ELIZABETH UND UMGEBUNG

Im Surfermekka Jeffrey's Bay haben sich Fabrik-Outlets der internationalen Surfmarken **Billabong** (2a Da Gama Road, Tel. 042 200 26 40) und **Quiksilver** (24 Da Gama Road, Tel. 042 293 22 03) angesiedelt.

Port Elizabeth ist riesig – seine Malls sind es auch; **Boardwalk Casino and Entertainment World** (www.suninternational.com) in Summerstrand ist die beliebteste.

WILD COAST

Über 200 Läden sind in der **Hemingways Mall** in East London untergebracht. Im Hauptort der Wild Coast stellen Kunsthandwerker der Region um Mthatha im Eastern Cape Arts and Craft Hub (51 Vlunindlela Heights, Tel. 047 531 36 82) ihre Erzeugnisse aus. Dazu gehört auch ein Fashion Design Center, das traditionelle Mode mit modernen Einflüssen kombiniert und in der Region produzieren lässt.

Wohin zum ... Ausgehen?

MUSIK, THEATER UND FESTIVALS

Stellenboschs **Dorp Street Theatre** (Tel. 021 889 91 58; www.facebook.com/DorpstraatRestaurantTeater) bringt Stücke auf Afrikaans und einheimische Sänger auf die Bühne, während sich das **Stellenbosch International Chamber Music Festival** (Tel. 021 808 24 99; www.sicmf.co.za) im September auf Kunstausstellungen und Kammermusik konzentriert.. Das **Whale Festival** (Tel. 028 313 09 28; www.whalefestival.co.za) zieht ebenfalls im September Theater-, Musik- und Tanzgruppen nach Hermanus. Das **Barnyard Theatre** in Mossel Bay (Tel. 044 698 10 22; www.barn yardtheatre.co.za) heißt »Scheunenhof« und führt seine Stücke auch in einem solchen auf einer Farm, 3 km vor der Stadt, auf. Beim zehntägigen **Oyster Festival** (www.oysterfestival.co.za) in Knysna gibt es im Juli Kabarett, Theater und Musik; im Mai wird fünf Tage lang der schwule **Pink Loerie Mardi Gras** (www.pinkloerie.co.za) gefeiert. In Port Elizabeth gibt es einige Livebühnen, im Februar das **Shakespearian Festival** (Tel. 044 382 03 86; www.peoh.co.za) und an Ostern das viertägige **Nelson Mandela Bay Splash Festival** (www.nmbt.co.za). Wer im Juli Südafrika bereist, sollte das zehntägige **National Arts Festival** (www.nafest.co.za) in Grahamstown nicht verpassen.

NACHTLEBEN

Auf dem Land ist das Nachtleben überschaubar, aber die Städte haben durchaus etwas zu bieten. Die Clubs in Stellenbosch sind allerdings wegen der sich ständig wandelnden studentischen Szene recht kurzlebig. **Tollies** (Bird Street, Tel. 021 883 23 04) ist bei Studenten wegen der Grunge-Bands und des billigen Biers beliebt. In Mossel Bay gibt es das **Garden Route Casino** (www.gardenroutecasino.co.za), und Knysna hat ein lebhaftes Nachtleben mit mehr als 50 Kneipen und Restaurants wie die beliebte **Zanzibar Cocktail Lounge** (Main Road, Tel. 044 382 03 86; www.zanzibarknysna.com). Port Elizabeths nächtliches Herz schlägt rund um die Uhr am **Boardwalk Casino and Entertainment World** (Tel. 041 507 77 77, www.suninternational.com).

KwaZulu-Natal

Kleine Erlebnisse

Curry-Brötchen

Die besten *bunny chows* (lecker mit Curry gefüllte Brötchen) verkaufen die kleinen Läden rund um den Victoria Street Market in **Durban** (➤ 100ff).

Wie es einmal war

In **Himeville** (➤ 97) beim Sani Pass befindet sich eines der schönsten Museen des Landes; die Museumsführer erzählen außerordentlich engagiert und spannend.

Am höchsten Punkt

Ein eintägiger Gipfelsturm rund um den **Sani Pass** (➤ 97) eröffnet Ihnen ungeahnte Aussichten auf sich selbst und die Welt.

Erste Orientierung

Die Provinz KwaZulu-Natal hat einiges zu bieten: tropisches Klima, lange Sandstrände, eine noch weitgehend unberührte Wildnis und wunderschöne Berge. Darüber hinaus gibt es hier mehr Wildreservate als in jeder anderen Provinz Südafrikas. Auch wegen des natürlichen Wasserangebotes leben hier 21 Prozent der Bevölkerung, in der Mehrheit gehören sie zu den Zulu. Mit der Schaffung dieser Provinz wurde das alte Zulu-Königreich ausgedehnt und konsolidiert. Der Großraum Durban bildet den Bevölkerungs-, Wirtschafts- und Verwaltungsmittelpunkt. Er ist auch das Zentrum der asiatischen Bevölkerung Südafrikas (ca. 80 Prozent).

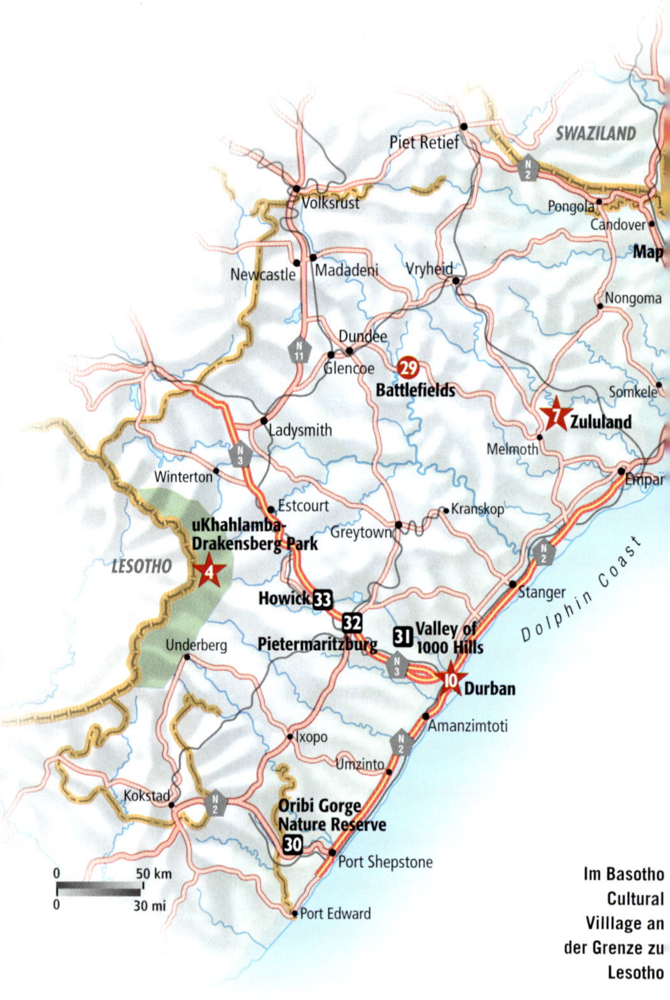

Im Basotho Cultural Villlage an der Grenze zu Lesotho

Erste Orientierung

Die rund 10 Mio. Zulu bilden die größte schwarze Volksgruppe Südafrikas. Anfang des 19. Jh.s führte sie ihr König Shaka in einen Kriegszug, bei dem weite Teile des südlichen Afrika erobert, Völker unterworfen und teils auch vertrieben oder ausgelöscht wurden. Politische Gegenspieler der Zulus sind die Xhosa. Die Animositäten gingen so weit, dass Zuluführer Buthelezi 1994 einen Bürgerkrieg riskierte, um die Regierung des Xhosa-dominierten ANC zu verhindern. Erst als es Nelson Mandela gelang, Buthelezi in die Regierung einzubinden, fanden die Unruhen ein Ende. Heute sind die meisten Zulu Mitglieder der Inkatha Freedom Partei (IFP), einer – auch anderen Ethnien offenstehenden – Oppositionspartei, die zuletzt bei den Wahlen 2014 2,4 Prozent der Stimmen und damit zehn Sitze im südafrikanischen Parlament erhielt.

In Durban und an der Südküste reihen sich die Urlauberhotels eng aneinander, aber die Natur an der Nordküste ist noch weitgehend unberührt und wird größtenteils in Parks oder Reservaten geschützt. Am bedeutendsten ist der iSimangaliso Wetland Park (früher Greater St. Lucia Wetland Park), der heute wegen seiner außergewöhnlichen Artenvielfalt zum UNESCO-Welterbe zählt.

Im Landesinneren verläuft die N3 durch das teils archaisch wirkende Ackerland der Natal Midlands von Durban in nördlicher Richtung nach Johannesburg. Im Südwesten ragen entlang der Grenze zu Lesotho die Berggipfel im uKhahlamba-Drakensberg Park bis zu 3000 m in die Höhe. Die grünen Hügel und historischen Städte im Nordwesten, die im 19. Jh. Schauplatz der blutigen Schlachten zwischen Zulu, Briten und Buren waren, liegen heute friedlich da. Letztere (von afrikaans »Boere«, wörtlich: Bauern) sind die früher auch »Kapholländer« oder »Weißafrikaner« genannten Nachkommen der seit Mitte des 17. Jh.s in Südafrika eingewanderten Siedler. Diese stellen bis heute einen wichtigen Teil der weißen, sich ihre Sitten, Sprache (Afrikaans) und die Traditionen der niederländisch-reformierten Kirche bewahrenden weißen Minderheit.

TOP 10

- 4 uKhahlamba-Drakensberg Park ➤ 94
- 7 Zululand & Maputaland ➤ 98
- 10 Durban ➤ 100

Nicht verpassen!

- 29 Battlefields ➤ 104

Nach Lust und Laune!

- 30 Oribi Gorge Nature Reserve ➤ 106
- 31 Valley of 1000 Hills ➤ 106
- 32 Pietermaritzburg ➤ 106
- 33 Howick ➤ 107

In sieben Tagen

Dieser Routenvorschlag zeigt Ihnen, wie Sie einige der interessantesten Sehenswürdigkeiten in der Provinz KwaZulu-Natal an sieben Tagen besichtigen können. Die jeweiligen Highlights werden auf den nächsten Seiten näher beschrieben.

Erster Tag

Starten Sie den Tag mit einem Spaziergang am Strand von 10 **Durban** (► 100ff), um sich die Strandschönheiten und Surfer anzuschauen, oder machen Sie eine Fahrt mit einer bunten Rikscha. Im **Umgeni River Bird Park** (► 101) kann man den Vögeln bei einer Freiflug-Show zusehen. Alternativ bietet sich eine Tour ins 31 **Valley of 1000 Hills** (► 106) an. Lassen Sie sich ein authentisch zubereitetes indisches Curry munden, und verbringen Sie den Abend in den schicken Bars von Morningside oder Berea.

Zweiter Tag

Durch Zuckerrohrplantagen geht es nach Norden ins 7 **Zululand** (► 98). Ein Zwischenstopp im **Shakaland** (► 98) verspricht einen Snack und Einblicke ins Leben der Zulu. Im **Hluhluwe-iMfolozi Game Reserve** (► 98) kann man den späten Nachmittag für eine Safari nutzen. Verbringen Sie die Nacht im Reservat, und genießen Sie den weiten Blick von der Veranda und der Bar im Hluhluwe's Hilltop Camp.

Dritter Tag

Machen Sie sich bei einer frühmorgendlichen Safarifahrt auf die Suche nach Nashörnern und anderen tierischen Bewohnern des afrikanischen

Kontinents. Fahren Sie nachmittags nach **St. Lucia** (➤93), um die idyllische Küste bei Cape Vidal zu erleben, oder fahren Sie mit dem Boot hinaus auf den See St. Lucia. Die Nacht kann man in einer ruhigen Lodge in der Nähe des Dorfes Hluhluwe oder am Westufer des Lake St. Lucia verbringen.

Vierter Tag

Fahren Sie weiter nach Norden zum weniger bekannten Mkhuze-Park oder einem entlegenen Reservat im nördlichen 7 **Maputaland** (➤98f). Im Mkhuze kann man zweistündige begleitete Safariwanderungen unternehmen, oder man richtet sich in einem Versteck bei einem Wasserloch ein. Im Mondschein lassen sich bei den Strandhütten Schildkröten beobachten.

Fünfter Tag

Nun geht es nach Osten in die Natal Midlands und das Gebiet der 29 **Battlefields** (➤104f) bei Dundee. Besichtigen Sie **Isandlwana** (➤104) und die anderen ehemaligen Schlachtfelder sowie das Museum. Für die Nacht sollte man ein Hotel oder eine Lodge wählen, in dem es einen Guide gibt, der Ihnen die Geschichte der Schlachten vermitteln kann.

Sechster Tag

Angesichts der Felsenformationen im Royal Natal National Park im 4 **uKhahlamba-Drakensberg Park** (Abb. links; ➤95) werden Sie sprachlos sein. Übernachten Sie in einem der luxuriösen Berghotels, oder fahren Sie nachmittags weiter ins Didima Camp beim Cathedral Peak. Genießen Sie beim Abendessen das spektakuläre Bergpanorama.

Siebter Tag

Heute folgt ein Besuch im **San Rock Art Interpretive Centre** (➤96) beim Didima Camp. Fahren Sie weiter in die Urlaubsorte der südlichen Drakensberge oder auf der N3 zurück nach Durban. Ein Zwischenstopp lohnt bei den Wasserfällen von 33 **Howick** (➤107) oder in der Stadt 32 **Pietermaritzburg** (➤106). Wieder an der Küste, locken Meeresfrüchte in Durbans **New Café Fish** (➤109), wo Sie auch das Treiben im Hafen beobachten können.

4 uKhahlamba-Drakensberg Park

Auf einer Länge von mehr als 1000 km bilden die Drakensberge den Übergang vom südafrikanischen Binnenhochland zur Ostküste. Ihr nördlicher Teil, die Transvaal-Drakensberge, stehen als »Blyde River Canyon Nature Reserve« unter Naturschutz; die südliche Region heißt »Natal-Drakensberge« und fasziniert mit imposanten, über 3000 m hohen Bergriesen und verschwiegenen Seen, die seit dem Jahr 2000 zum UNESCO-Welterbe zählen.

Der Name »Drachenberge« (afrikaans: Drakensberg) entstand, als einer der frühen Siedler behauptete, er habe einen Drachen über die nebelverhangenen Gipfel fliegen sehen. Das Gebiet teilt sich in drei Bereiche: den Royal Natal National Park im Norden, das zentrale Bergland (Champagne Castle, Cathedral Peak, Giant Castle) und das südliche Bergland (Loteni Nature Reserve, Kamberg Nature Reserve, Mzimkulwana Nature Reserve). Der übergeordnete Begriff für die zwölf Naturreservate mit fast 2500 km² Gesamtfläche ist uKhahlamba-Drakensberg Park. Der Zuluname uKhahlamba bedeutet sinngemäß »Festungswall aus Speeren« – eine treffendere Bezeichnung für die fast senkrecht aufragenden Steilhänge. In der Regel verfügt jedes der hier vereinten Naturreservate auch über ein vom Parkmanagement **KZN Wildlife** betreutes Camp; man kann aber ebenso in exklusiveren Hotels in der Umgebung übernachten. Es gibt mehrere Zugänge zum Park. Die meisten Gäste reisen auf der N3 an, die Johannesburg und Durban verbindet und von der viele Straßen nach Westen in die Berge führen.

IN HÖCHSTFORM:
Cathedral Peak
3004 m
Champagne Castle
3377 m
Cathkin Peak
3149 m
Giant's Castle
3314 m
Mont-aux-Sources
3282 m

Dörfliches Leben in den Drakensbergen, etwa 40 km westlich von Winterton

Die Felsformation Devil's Tooth gehört zum spektakulären Amphitheatre im nördlichen Bergland des Parkgeländes

Northern Berg

Eines der schönsten Areale im nördlichen Bergland ist der **Royal Natal National Park**, in dem sich das berühmte Amphitheatre befindet – eine 5 km lange und 1000 m hohe Steilwand, eingerahmt von zwei Bergen. Die Fluten der imposanten Tugela Falls, des zweithöchsten Wasserfalls der Welt, stürzen hier in mehreren Stufen 947 m den Fels hinab. Am Parkplatz des Mahai-Camps beginnt ein schöner Wanderweg zum Kamm des **Amphitheatre** mit spektakulären Aussichten. Für den Hin- und Rückweg, der Sie über zwei Eisenleitern und zur Spitze der **Tugela Falls** führt, benötigen Sie in der Regel etwa fünf Stunden. Es ist der leichteste Wanderweg, der Sie innerhalb eines Tages auf den Gipfel der Drakensberg-Randstufe führt.

DIE FELSZEICHNUNGEN DER SAN

Die auch »Buschmänner« genannten San (▶ 32f) streiften schon Tausende von Jahren durch die Drakensberge, ehe die Buren und Zulu im 19. Jh. hier eintrafen. Ein faszinierendes Erbe ihrer Kultur sind ihre grandiosen Felsbilder – Gravuren, Ritzungen und Malereien –, die sie in Höhlen sowie unter Felsüberhängen hinterließen. Viele von ihnen stammen aus den letzten 300 Jahren, überlagern aber bis zu 4000 Jahre alte Pigmentschichten. Sie entstanden an Orten, die zu bestimmten Jahreszeiten als rituelle Stätten dienten. Die Beimischung von Antilopenblut zu den durch das Vermengen natürlicher Materialien wie Pflanzensäfte, Ton und verbranntes Holz gewonnenen Farben verweist auf den spirituellen Charakter vieler Darstellungen; man vermutet, dass der auch »Eland« genannten Elenantilope *(Taurotragus oryx)*, dem am häufigsten auf den Bildern vertretene Tier, eine mythologische Bedeutung zukam. Mehr als 35 000 solcher Felsbilder sind im ganzen uKhahlamba-Drakensberg Park dokumentiert.

Central Berg

Die Felsbilder der San zeigen meist Menschen und Tiere

Winterton ist Ausgangspunkt für die im zentralen Bergland gelegene **Mlambonja Wilderness Area**. Die Gipfel bieten anspruchsvolle Wanderwege, und zudem ist dies der ideale Ort, um mehr über die San-Felsmalereien zu erfahren. Im **San Rock Art Interpretive Centre** beim Didima-Camp wurde eine Höhle rekonstruiert, in der einige der faszinierenden Zeichnungen in einer audiovisuellen Show und in Schaukästen präsentiert werden.

Das Champagne Valley an der weiter nach Süden in die **Mdedelelo Wilderness Area** und nach **Monk's Cowl** führenden Straße bietet viele Luxusunterkünfte. Hier befinden sich das **Central Drakensberg Information Centre** und das exklusive Internat mit dem weltberühmten **Drakensberg Boy's Choir** – dieser Knabenchor singt im Semester einmal die Woche für Besucher.

Nottingham Road ist die Pforte zur **Mkhomazi Wilderness Area,** von wo aus man jenseits der Grenze zu Lesotho Afrikas zweithöchsten Berg, den 3482 m hohen **Thabana-Ntlenyana**, klar erkennen kann. Im Vorgebirge des **Kamberg Nature Reserve** ist das Forellenangeln beliebter Zeitvertreib. Hier bietet ein weiteres **San Rock Art Interpretive Centre** eine Führung zu einigen Felszeichnungen.

Kristallklar: ein Wasserfall in den Ausläufern der Drakensberge

Southern Berg

Den Übergang ins südliche Bergland markieren **Underberg** und **Himeville** mit einem der schönsten Landesmuseen Südafrikas. Der **Sani Pass**, zu dem sich die Straße durch ein schmales v-förmiges Tal zwischen hoch aufragenden Gipfeln hinaufwindet, ist die einzige Straße im Osten, die nach Lesotho führt – buchen Sie eine organisierte Tagestour (Tel. 033 701 1064; www.sanipasstours.co.za) mit einem Geländewagen, oder wandern Sie zu Fuß. Auf dem Pass liegt ein Dorf der Basotho, die Besucher in der Regel recht freundlich empfangen.

KLEINE PAUSE

»Tee mit Aussicht« gibt's auf dem Sani Pass in der **Sani Mountain Lodge** (Tel. 078 634 7496, www.sanimountain.co.za, R–RR).

---

203 D1

KZN Wildlife
033 845 10 00; www.kznwildlife.com

Didima San Rock Art Interpretive Centre
Didima Camp 036 488 80 25; www.didima.info tägl. 7–19 Uhr 50 R

Central Drakensberg Information Centre
Thokozisa Centre, R600 036 488 12 07; www.cdic.co.za tägl. 9–17 Uhr

Drakensberg Boys' Choir
R600 036 468 10 12; www.dbchoir.co.za Konzerte während des Semesters mittwochs 15.30 Uhr

Kamberg San Rock Art Interpretive Centre
Kamberg Nature Reserve 033 267 72 51 Führungen tägl. 8.30, 11 und 13.30 Uhr 30 R

BAEDEKER TIPP

- Die meisten Gäste übernachten in den Camps des KZN Wildlife und unternehmen Tagestouren; es gibt Hunderte von **Wanderwegen**. Abenteuerlustigere können auch mehrtägige Wanderungen machen und unterwegs in Hütten oder Höhlen nächtigen. Wer Englisch spricht, kann sich bei KZN Wildlife die Broschüre »It's Tough at the Top – Hiking Safely« mit Tipps zum Gebirgswandern holen.
- Wenn Sie nahe der Grenze zu Lesotho oder komplett hinauf zum Sani Pass wandern oder fahren möchten, müssen Sie Ihren **Reisepass** mitnehmen.
- Begeisterte Birdwatcher sollten bei KZN Wildlife eine Tour zum **Lämmergeier-Versteck** bei Giant's Castle buchen (Tel. 036 353 37 18): Dort kann man die an abgelegenen steilen Felswänden lebenden, sehr seltenen Raubvögel beobachten.

7 Zululand & Maputaland

Die Urlaubsgebiete an der Nordküste von KwaZulu-Natal gehen in Feuchtbiotope, Lagunen, Wälder und einsame Strände über, wo man Schildkröten, Delfinen, Haien und sogar Krokodilen begegnen kann.

Oben: eine natürliche Begegnung im iSimangaliso Wetland Park; unten: Anglerfreuden bei St. Lucia

Das Tor zum Kernland der Zulu ist die etwa 150 km nördlich von Durban gelegene Stadt **Eshowe**. Etwa 15 km weiter nördlich von Eshowe zweigt von der R 66 eine Straße zum 4 km entfernten, nach dem legendären Zulukönig Shaka benannten **Shakaland** ab: ein Freilichtmuseum der Zulukultur mit folkloristischen Vorführungen. Ein Stück weiter nördlich liegt der bereits im Jahr 1895 als ältester Nationalpark Südafrikas gegründete **Hluhluwe-iMfolozi National Park**, in dem einst die letzten, vom Aussterben bedrohten Exemplare des Breitmaulnashorns lebten. Inzwischen leben hier wieder etwa 1600 Breitmaul- und 400 Spitzmaulnashörner neben den Big Five und vielen weiteren Tieren.

Ein Mosaik aus Wald, Savanne, Dünen, Mangroven sowie Süß- und Salzwasser-Lebensräumen steht im zum Welterbe der UNESCO gehörenden **iSimangaliso Wetland Park** unter Schutz. Das Feuchtgebiet erstreckt sich über einen Küstenstreifen vom Meeresarm des Flusses St. Lucia nach Norden – einer der wenigen Orte, wo Flusspferde, Krokodile und Bullenhaie sich die Gewässer teilen. Das Dorf **St. Lucia** liegt an der Mündung des St.-Lucia-Kanals ins Meer und ist ein idealer Ausgangspunkt für Wanderungen um den See, Bootstouren oder eine Autofahrt zum 40 km entfernten prächtigen Strand und den Gezeitentümpeln bei Cape Vidal. Mit etwas Glück erspähen Sie dabei Riedböcke, Kudus oder Zebras. Wer Tierbeobachtungen nicht dem Zufall überlassen möchte, macht sich im **Mkhuze Game Reserve** auf die Suche nach Nashörnern, Elefanten und der berühmten Vogelvielfalt. Das Reservat liegt im Westteil des Feuchtbiotops.

Die nördliche Region des iSimangaliso Wetland Park, ein dünner Küstenstreifen, der vom nördlichsten Punkt des Feuchtgebiets rund 100 km bis zur mosambikanischen Grenze verläuft, wird **Maputaland** genannt. Bekannteste Attraktion ist die Sodwana Bay: Hier locken die südlichsten Korallenriffe Afrikas Wale, Haie und Schildkröten an. Noch weiter nördlich befindet sich die idyllische Kosi Bay mit ihren Mangrovensümpfen, Dünen, Feuchtbiotopen sowie einer enormen Vielfalt an Vögeln und anderen Tieren; darunter auch viele Flusspferde und Krokodile.

Westlich von Kosi Bay liegt die **Lubombo Transfrontier Conservation Area**, ein grenzübergreifendes, das Ndumo Game Reserve und den Tembe Elephant Park in Südafrika über den Futi Corridor mit dem Maputo Special Reserve in Mosambik verbindendes Schutzgebiet. Als Heimat einer der letzten frei lebenden Elefantenpopulationen Südafrikas wurden in Tembe umfassende Wiederansiedlungsprogramme realisiert – heute leben die Big Five hier und eine besonders artenreiche Vogelwelt.

KLEINE PAUSE

Das Restaurant im **Elephant Lake Hotel** (Tel. 035 590 1001; www.elephantlakestlucia.co.za, RR) von St Lucia ist ideal für ein Essen oder einen Drink mit Blick auf die Flussmündung und liegt in Hörweite der grunzenden Nilpferde.

---

203 E2 (Zululand); 203 F2 (Maputaland) ☏ Informationen zu den Parks: www.kznwildlife.com ⌚ Okt.–März tägl. 5–19 Uhr; April–Sept. 6–18 Uhr

Shakaland

203 E1 (Eshowe) ✉ R66, nahe Eshowe ☏ 035 460 09 12; www.shakaland.com ⌚ tägl. 11–14 Uhr 420 R (inkl. Lunch)

Hluhluwe-iMfolozi National Park

203 F2 ✉ 280 km nördlich von Durban ☏ 035 562 08 48; www.kznwildlife.com ⌚ Nov.–Feb. tägl. 5–19 Uhr; März–Okt. 6–18 Uhr 110 R

iSimangaliso Wetland Park

203 F2 ✉ 245 km nördlich von Durban ☏ 035 590 16 33; www.isimangaliso.com ⌚ Zeiten variieren je nach Parksektion 30 R

Mkhuze Game Reserve

203 F2 ✉ 335 km nördlich von Durban ☏ 033 845 10 00; www.kznwildlife.com ⌚ Okt.–März tägl. 5–19 Uhr; April–Sept. 6–18 Uhr 48 R

Lubombo Transfrontier Conservation Area

203 F2 ✉ verlassen Sie bei Jozini die N2, und folgen Sie der Beschilderung ☏ 035 572 15 60; www.peaceparks.org ⌚ Okt.–März tägl. 5–19 Uhr; April bis Sept. 6–18 Uhr 40 R

BAEDEKER TIPP

- Das Kernland der Zulu können Sie gut selbst mit dem Auto erkunden, aber nördlich der Sodwana Bay und östlich der N2 sollten Sie von Lodges organisierte Fahrten in Anspruch nehmen.
- Die preiswerten Selbstversorger-Unterkünfte in den Parks sind zu empfehlen.
- Die **Sodwana Bay** im iSimangaliso Wetland Park ist mit ihren Sandstränden, Dünen und Felsen hervorragend für einen Familienstrandtag geeignet; unbedingt Schnorchel und Flossen mitnehmen – der Fischreichtum ist legendär, und vielleicht sieht man ja auch die eine oder andere Ninja Turtle.

10 Durban

Nach Johannesburg und Kapstadt ist Durban die drittgrößte Stadt Südafrikas: eine moderne, lebhafte und bunte Metropole mit afrikanischen und asiatischen Zügen, subtropischem Klima, stylischen Cafés, schicken Restaurants und guten Einkaufsmöglichkeiten in gepflegten Vorstädten – und vor allem mit kilometerlangen Sandstränden am warmen Indischen Ozean.

Am Weihnachtsfeiertag 1497 entdeckte Vasco da Gama die hiesige Bucht, die er »Port Natal« nannte. Aber erst im Jahr 1823 ließen sich hier einige britische Händler nieder und gründeten eine Siedlung, die sich rasch zum Umschlagplatz vor allem für den Handel mit Elfenbein entwickelte. 1835 erfolgte die Stadtgründung; benannt wurde sie nach dem damaligen Kapgouverneur Sir Benjamin D'Urban. In den 1860er-Jahren wuchs die Stadt rasch durch den Strom indischer Immigranten, denen die Briten Arbeit auf den hiesigen Zuckerrohrplantagen anboten. Heute ist Durban Teil der Metropolregion Thekwini und Heimat der größten indischen Gemeinschaft Afrikas. Mit der **Juma Masjid Mosque** steht hier die größte Moschee der Südhalbkugel. Um die Victoria, Queen und Grey Street haben sich viele indische Händler angesiedelt, und auf dem **Victoria Street Market** sind indische Gewürze und Snacks zu haben. Im neobarocken Bau der City Hall (Rathaus) befindet sich heute das **Natural Science Museum**. In der **Durban Art Gallery** kann man eine erstklassige Sammlung europäischer Gemälde und afrikanischer Kunst bewundern.

Aufwendig verziert: die Da Gama Clock aus dem 19. Jh. am Victoria Embankment

Westlich der Innenstadt beleuchtet das **KwaMuhle Museum** – untergebracht im ehemaligen Gebäude des Department of Native Affairs während der Apartheid – die Mechanismen der Unterdrückung der schwarzen Bevölkerung Durbans im 20. Jh. An der Hafenseite der Stadt steht am Victoria Embankment die anläss-

I like Durban: Strandleben zu Füßen der City

In der Innenstadt von Durban erheben sich moderne Wolkenkratzer über kolonialen Bauten

lich des 400. Jahrestags der Sichtung der Bucht durch den portugiesischen Seefahrer errichtete **Da Gama Clock**. Ein Stück weiter liegt die Shoppingmeile **Wilson's Wharf** bei der **Yacht Mole**, wo man Schiffe ein- und auslaufen sehen, den Hafenbetrieb beobachten und frischen Fisch kaufen kann.

Die Golden Mile: Durbans Strandpromenade

An der Marine Parade (zwischen Snell Parade und Erskine Parade) liegen viele Hotel- und Appartementhochhäuser, Restaurants und Bars. An mehreren Plätzen warten prächtig herausgeputzte Rikschafahrer auf zahlungskräftige Kundschaft (ca. 20 R pro Person für eine 5-minütige Fahrt; Fotografieren kostet extra). Für Schwimmer und Surfer gibt es, wie für Sonnenbadende, abgetrennte Bereiche am breiten Sandstrand. Rettungsschwimmer achten ganzjährig auf das Geschehen; Hainetze schützen vor unliebsamen Beegegnungen. Unterbrochen wird das Strandleben von mehreren Molen, die bei Anglern hoch im Kurs stehen. Etliche Attraktionen säumen die gepflasterte Promenade – von Wasserrutschen und Planschbecken mit Salzwasser bis hin zu Schlangenparks und Vergnügungszentren. In der **uShaka Marine World** gibt es große Aquarien, ein Delfin- und ein Seehund-Becken. Am Battery Beach locken zahlreiche Restaurants, ein Multiplex, die Strandpromenade und die Rutschen der Waterworld der **Suncoast Casino and Entertainment World**.

Attraktionen außerhalb der Stadt

Am Umgeni River in Durbans Norden ist der **Umgeni River Bird Park** das Zuhause einer bemerkenswerten Sammlung von mehr als 800 Vögeln, die man von den Wegen aus gut beobachten kann. Höhepunkt ist die Show, in der größere Raubvögel, Kraniche, Störche und Eulen in freiem Flug von der Bühne über die Köpfe des Publikums hinwegschweben, während ein Guide die Vogelarten vorstellt.

In den **Botanical Gardens** in Berea kann man suptropische Pflanzen, Orchideen und eine Sammlung von

Vom Royal Natal Yachtclub hat man einen schönen Blick auf die nächtlich illuminierte Silhouette des modernen Großstadtdschungels von Durban

Palmfarnen sehen. Es gibt ein schönes Café, hübsche Flecken für Picknicks, und die Japanischen Gärten bezaubern mit Teichen und orientalischen Designs. Auch der Badeort **Umhlanga Rocks** verspricht Kurzweil: In **Gateway**, einer der größten Malls der Südhalbkugel, kann man sich in Hunderten von Geschäften verlieren. Alternativ lohnt ein Besuch beim **KwaZulu-Natal Sharks Board**, das sich um die mehr als über 400 Hainetze an den 50 Stränden KwaZulu-Natals kümmert. Im Infozentrum erfährt man mehr über die Raubfische, auch eine Tour mit der Crew hinaus zur Wartung der Netze ist möglich.

South of Durban

Südlich von Durban ziehen sich Urlaubsorte und Wohnmobilparks die Küste entlang. Die bei Tauchern wie Sandtigerhaien beliebte **Aliwal Shoal** und das Wrack des 1884 gesunkenen Dampfers »Nebo« liegen 5 km vor der Küste Umkomaas. Weiter südlich wechseln sich zwischen **Scottburgh** und **Port Edward** bebaute Küste und Bananen- und Eukalyptusplantagen ab. Tauchen, Surfen, Jetskifahren oder Sonnen: Hier haben Sie die Qual der Wahl. **Margate** gehört zu den exklusiveren Badeorten und ist bei Johannesburgern sehr beliebt. Die Palmenstrände von **Port Edward** bilden die Grenze zur Wild Coast in der Ostkap-Provinz; der Übergang vom kommerzbestimmten Süden ins ländliche einstige Homeland ist ein starker Kontrast.

KLEINE PAUSE

In der Innenstadt kann man im Café des **BAT (Bartle Arts Trust) Centre** am Victoria Embankment gut entspannen: Genießen Sie den schönen Hafenblick, Livemusik, und stöbern Sie in den Kunsthandwerksläden (Tel. 031 3320451, www.batcentre.co.za, R).

203 E3

Tourist Junction
90 Florida St. 031 3226164; www.durbanexperience.co.za
Mo–Fr 8–16.30, Sa–So 9–13 Uhr

Natural Science Museum
City Hall, 234 Anton Lembede Street 031 3112256 Mo–Sa 8.30–16, So 11–16 Uhr frei

Durban Art Gallery
City Hall, 234 Anton Lembede Street 031 3112264 Mo–Sa 8.30 bis 16, So 11–16 Uhr frei

KwaMuhle Museum
130 Ordnance Road 031 3112237; www.durban-history.co.za Mo–Fr 8.30–16, Sa–So 11–16 Uhr frei

uShaka Marine World
Beachfront 031 3288000; www.ushakamarineworld.co.za tägl. 9–17 Uhr 140 R

Suncoast Casino und Entertainment World
Marine Parade 031 3283000; www.suncoastcasino.co.za

Umgeni River Bird Park
490 Riverside Road, Durban North 031 5794600; www.umgeniriverbirdpark.co.za tägl. 9–17 Uhr, Freiflug-Show 11 und 14 Uhr 40 R

Botanical Gardens
Sydenham Road, Berea 031 3224021; www.durbanbotanicgardens.org.za tägl. 7.30–17.15 Uhr frei

KwaZulu-Natal Sharks Board
Herrwood Drive 031 5660400; www.shark.co.za Mo–Fr 8 bis 16 Uhr 45 R

BAEDEKER TIPP

- Die **Touristeninformation** hat eine große Bandbreite von Stadtführungen im Programm – Sie sollten einen Tag im Voraus buchen.
- Versuchen Sie Durbans Spezialität ***bunny chow*** – ein Stück Brot, das in der Mitte ausgehöhlt und mit einem Currygericht gefüllt ist.
- Für Surfer ist der **Baz Bus** praktisch. Er fährt die gesamte Südküste entlang und hält an den Hostels, die Surfbretter vermieten.
- Im **Giba Gorge Bike Park** (110 Stockville Road, Westmead, an der N3 Richtung Pietermaritzburg, Tel. 031 7691527, www.gibagorge.co.za, tägl. 7–17 Uhr, 40 R) kann sich die ganze Familie auf Biketrails unterschiedlichen Schwierigkeitsgrades begeben, Abenteuerlustige prüfen sich auf dem BMX Track. Natürlich kann man Räder leihen, und einen Campingplatz gibt es auch.

29 Battlefields

In den Midlands, der Hügellandschaft zwischen den Drakensbergen und der Natalküste am Indischen Ozean, liegt Dundee, das Zentrum des Kohlebergbaus in KwaZulu-Natal. In der weiteren Umgebung lieferten sich im 19. Jh. Buren und Zulu (1838), Briten und Zulu (1879) sowie Briten und Buren (1899–1902) blutige Schlachten.

Mehr als 70 Jahre lang dauerten die kriegerischen Auseinandersetzungen. 14 historische Städte wie **Ladysmith** und das oben erwähnte **Dundee**, einige informative Museen sowie mehr als 50 Battlefields (Schlachtfelder) lassen sich am besten mit dem eigenen Auto erkunden.

DER GROSSE TRECK

Voortrekker (afrikaans: »Vorausziehende«) nennt man jene etwa 10 000 Buren, die ab 1835 in einem »Großen Treck« nach Norden zogen und dort die Burenrepubliken Natal, Oranje-Freistaat und Transvaal gründeten. Als überzeugte Calvinisten meinten die Buren, durch Landnahme und Unterwerfung der Schwarzen ein gottgefälliges Werk zu tun. Schon als Großbritannien 1806 die Kapkolonie besetzte und die Sklaverei verbot, zogen viele Buren in bislang noch nicht von Weißen besiedelte Regionen nördlich des Oranje und in das Gebiet der Zulu, mit denen es zu blutigen Gefechten kam.

Blood River

Die Schlacht am Blood River, in der 460 Buren 15000 Zulu besiegten, zählt zu den schlimmsten des Krieges zwischen Zulu und Buren. Die 64 bronzenen Wagen des **Blood River Monument**, das 1971 im Gedenken an den Sieg der Buren erbaut wurde, sind dem Lager der Voortrekker am Tag der berühmten Schlacht nachempfunden. Auch die Nachbauten dreier Geschütze, die sich als so effektiv gegen die anrückenden Zulu erwiesen hatten, sind ausgestellt. Am gegenüberliegenden Flussufer zeigt das 1998 erbaute **Ncome Museum** den Konflikt aus Zuluperspektive.

Isandlwana

1879 wurden die Briten bei **Isandlwana** von den Zulu vernichtend geschlagen. Weiße Steinhaufen markieren am Fuß des einsamen Berges die Stelle, an der britische Soldaten begraben wurden. Ein Pfad führt Sie zu den verschiedenen Gedenkstätten, darunter die im Stil einer bronzenen »Ehrenkette« *(isiQu)* gestaltete der Zulu.

BAEDEKER TIPP

- Die wichtigsten Kampfschauplätze Blood River, Isandlwana, Rorke's Drift und Talana Hill sind alle von der **R68 zwischen Dundee und Ulundi** zu erreichen.
- Wer sich noch mehr für die geschichtlichen Hintergründe der Schlachtfelder interessiert, sollte eine Führung buchen. **Endumeni Tourism** (Victoria Street, Dundee, Tel. 034 2122121; www.tourdundee.co.za) vermittelt Ihnen einen persönlichen Guide, der Sie in Ihrem Auto begleitet, oder eine Unterkunft in einer Lodge, deren geschichtskundige Fremdenführer Battlefield-Touren unternehmen.

Erinnerungen an eine kriegerische Zeit: eine von vier Kanonen vor dem Siege Museum in Ladysmith

Rorke's Drift

Ein winziges Museum stellt in der Mission von **Rorke's Drift,** wo 4000 Zulu 1879 eine kleine Garrison der Briten angriffen, Fotos und Erinnerungsstücke vom Krieg aus.

Talana Hill

Im Burenkrieg 1899 wurden die Briten am Talana Hill bei Dundee von den Buren attackiert, woraufhin sie sich nach Ladysmith zurückzogen, wo sie 118 Tage lang belagert wurden. Das heutige **Talana Hill Museum** liegt in einem 8 ha großen Park mit 17 Gebäuden (planen Sie für die Besichtigung einen halben Tag ein). Im Hauptteil widmet man sich der Geschichte der Schlachten, während die kleineren Häuser über Glas-, Perlenverarbeitung und die frühen Kohlebergwerke der Region informieren. Das **Siege Museum** in Ladysmith stellt eine vielfältige Sammlung an Kriegsgegenständen aus und betreibt einen Buchladen.

KLEINE PAUSE

Gönnen Sie sich ein Tässchen Tee im **Miners Rest Restaurant des** Talana-Hill-Museums, der in der Wellblechhütte eines Minenarbeiterhauses aus dem Jahr 1914 untergebracht ist.

Ncome Museum
203 D1 48 km von Dundee in Richtung Vryheid 034 271 81 21; www.ncomemuseum.co.za tägl. 8–16.30 frei

Isandlwana
203 E2 80 km südöstlich von Dundee 034 271 81 65 Mo–Fr 8–16 Uhr, Sa–So 9–16 Uhr 30 R

Rorke's Drift Museum
203 E2 42 km südöstlich von Dundee, über eine Straße mit Isandlwana 15 km in Richtung Osten verbunden 034 642 16 87 tägl. 9–16 Uhr 20 R

Talana Hill Museum
203 D2 R33, Dundee 034 212 26 54; www.talana.co.za Mo–Fr 8–16.30, Sa–So 9–16.30 Uhr 25 R

Siege Museum
203 D2 Murchison Street, Ladysmith 036 637 29 92; www.ladysmith.kzn.org Mo–Fr 9–16 Uhr, Sa 9–13 Uhr 11 R

Nach Lust und Laune!

Blick über das »Hügelmeer« des Valley of 1000 Hills

30 Oribi Gorge Nature Reserve

Der Umzimkulwana River hat sich 400 m tief in die orangeroten Sandsteinfelsen der Oribischlucht gegraben. Spektakulär geformte Klippen ragen über einem von Bäumen, Blumen und Farnen gesäumten Tal auf. Gleich mehrere Wasserfälle stürzen in die Stromschnellen, Becken und Sandbänke des Flusses hinab. Es gibt gut markierte Wander- und Mountainbike-Wege mit Picknickplätzen – auch Reiten und Wildwasserrafting sind im Angebot. Abenteuerlustige gleiten an einem Kabelseil 120 m über die Schlucht, seilen sich ab oder schwingen sich im Bogen 100 m weit in die Schlucht an den Lehr's Falls vorbei.

199 D3 nahe der N2, 21 km von Port Shepstone entfernt 039 679 16 44; www.kznwildlife.com tägl. 6.30–19.30 Uhr 10 R

Wild 5 Adventures Wild Swing/Bungee
082 566 74 24, www.wild5adventures.co.za

31 Valley of 1000 Hills

Etwa 35 km nördlich von Durban erstreckt sich entlang der R103 das »Tal der 1000 Hügel«, wo sich Hunderte flache Hügel bis zum Umgeni River und seiner Mündung ziehen. Der Blick auf das mit Siedlungen gesprenkelte »Hügelmeer« und die Möglichkeit, mehr über die Zulukultur zu erfahren, lohnen den Weg. Die Schilder der »1000 Hills Experience« bringen Sie zu den schönsten Ausblicken, Souvenirläden und Cafés. Im **PheZulu Safari Park** erklärt Ihnen ein Guide in einem rekonstruierten Zuludorf mit Bienenstockhäusern den Glauben und die Bräuche des Volkes, dann folgt eine Tanzshow. Zudem gibt es einen Reptilienpark, ein Restaurant und einen Kuriositätenshop.

199 E4

PheZulu Safari Park
5 Old Main Road, Botha's Hill
031 777 10 00; www.phezulusafaripark.co.za
tägl. 8.30–16.30 Uhr; Tanzvorführungen: 10, 11.30, 14 und 15.30 Uhr 90 R

32 Pietermaritzburg

Old England in Afrika – als einstiger Hauptort der Kolonie Natal erinnert

DIE SCHÖNSTEN STRÄNDE

KwaZulu-Natal hat mehr Strände mit dem Ökosiegel Blue Flag als jede andere Provinz in Südafrika:

- Addington Beach, Durban
- Bay of Plenty Beach, Durban
- Lucien Beach, Südküste
- Ramsgate Main Beach, Südküste
- San Lameer Beach, Südküste
- South Beach, Durban
- Umhlanga Rocks Main Beach, Durban

Dramatisch: die 95 m hohen Howick Falls

HITS FÜR KIDS
Im **1000 Hills Bird Park** (1 Clemet Stott Road, Assagay, Tel. 031 7656090, birdpark.co.za, Di–So 9–15.30, 65 R) leben seltene Vogelarten aus ganz Afrika. Bunt ist es, manchmal sehr laut und ganz schön aufregend, an einem 150 m langen Seil durch die Vogelwelt zu fliegen – »free as a bird«.

Pietermaritzburg mit seinen schönen viktorianischen Backsteinbauten noch heute an eine britische Provinzstadt – wäre da nicht das intensive afrikanische Straßenleben. Mit seiner großen, lebhaften indischen Gemeinde scheint aber auch Asien zum Greifen nahe. Interessant sind die Parlamentsgebäude aus dem Jahr 1887 mit ihren hoch aufragenden Säulen und Kupferkuppeln sowie das 1900 erbaute Rathaus, das ganz aus roten Backsteinen besteht und mit Buntglas ausgestattet ist. In der Church Street erinnert eine Statue an Gandhi, der im April 1893 als Anwalt nach Südafrika gereist war, um einen Rechtsstreit zu lösen. Bei Pietermaritzburg wurde er gezwungen, das Weißen vorbehaltene Abteil der Erste Klasse zu verlassen, für das er ein gültiges Ticket hatte: ein Ereignis, das seine spätere Laufbahn als gewaltloser Widerstandskämpfer durchaus prägen sollte. Das Voortrekker/Msunduzi Museum ist in einer ehemaligen Mädchenschule aus dem Jahr 1905 untergebracht.

199 D4 177 Chief Albert Luthuli Street 033 345 13 48; www.pmbtourism.co.za; Mo–Fr 8–17,Sa 8–13 Uhr

Voortrekker/Msunduzi Museum
351 Langalibalele Street 033 394 68 34; www.voortrekkermuseum.co.za Mo–Fr 9 bis 16, Sa 9–13 Uhr 15 R

33 Howick

Das kleine, bescheidene Provinzstädtchen Howick, 18 km nördlich von Pietermaritzburg, kennt man aus zwei Gründen: zum einen wegen der schönen Howick Falls und zum anderen weil auf einer friedlichen Landstraße vor der Stadt 1962 der damals bekannteste politische Häftling der Welt verhaftet wurde: Nelson Mandela. Die Polizei hatte einen Tipp bekommen und hielt den Wagen Mandelas an, der sich als schwarzer Chauffeur eines weißen Freundes verkleidet hatte. Heute markiert ein Denkmal den Ort des Geschehens. Bei den Howick Falls nahe dem Stadtzentrum stürzt der Umgeni River effektvoll 95 m tief in eine Schlucht.

199 D4 obere Kante des Wasserfalls tägl. 9.30–16 Uhr

Midlands Meander Association
033 330 81 95; www.midlandsmeander.co.za

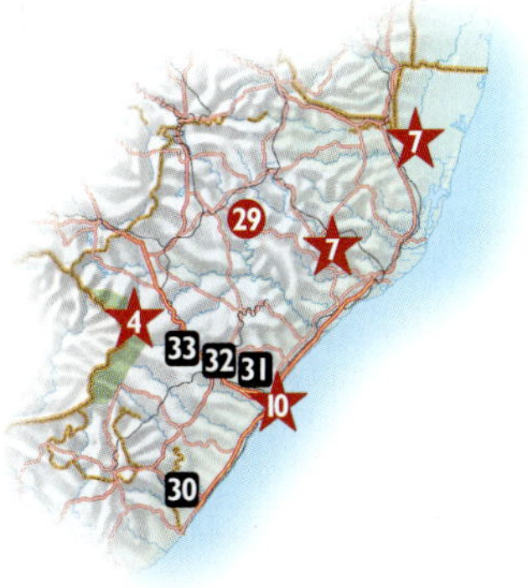

Wohin zum ... Übernachten?

Preise
für ein Doppelzimmer pro Nacht:
R = unter 1500 Rand **RR** = 1500–2500 Rand **RRR** = über 2500 Rand

DURBAN

Concierge Hotel RR
Das Boutique Hotel liegt etwas versteckt im Straßengewirr des Viertels und hat zwölf hypermodern eingerichtete Zimmer, einige mit einer Terrasse. Der kleine Garten inmitten der betriebsamen Metropole ist eine Oase der Ruhe, das dazugehörige Freedom Cafe serviert diverse Burger. Das Hotel gilt mit seinem Design – und weil es auch noch als Kunstgalerie funktioniert – als coolster Ort der Stadt.
203 E1 37–43 St. Mary's Avenue, Morningside, Durban 031 309 44 53; www.the-concierge.co.za

Quarters RR
Stilvolles Boutique-Hotel im eleganten Durbaner Vorort Morningside, auf vier restaurierte viktorianische Villen verteilt mit hübsch eingezäunten Veranden, schattigen Plätzchen in den Innenhöfen und Gärten voller tropischer Palmen. 23 Zimmer, jedes mit individueller Note in modern-gemütlichem Design. Tagsüber bietet sich die Brasserie in Toplage inmitten der Restaurantmeile für eine Mahlzeit an.
203 E1 101 Florida Road, Morningside 031 303 52 46; www.quarters.co.za

ZULULAND & MAPUTALAND

Ghost Mountain Inn R–RR
Der preiswerte 4-Sterne-Landgasthof mit zwangloser Atmosphäre im kleinen Örtchen Mkuze, 20 Autominuten vom einzigen Gate zum uMkhuze Game Reserve entfernt, ist ideal für einen Zwischenstopp auf der Durchreise ins Maputaland. Gartenanlage, Pool, Spa, zwei Kneipen, ein Restaurant.
203 F2 Mkhuze, nahe der N2 035 573 10 25; www.ghostmountaininn.co.za

Hilltop Camp R–RR
Das größte der vom Parkmanagement KZN Wildlife betriebenen Game Reserves im Hluhluwe-Imfolozi, in toller Lage mit fantastischen Ausblicken über den Busch. Die Selbstversorger-Chalets sind schlicht, aber komfortabel; mit Restaurant, Pool und Bar.
203 F2 im nördlichen Teil des Hluhluwe-Parks 033 845 10 00; www.kznwildlife.com

Kosi Forest Lodge RRR
Eingebettet in einen schattigen, immergrünen Feuchtwald mit Blick auf den Lake Shengeza liegt eine der schönsten Unterkünfte in ganz KwaZulu-Natal. 16 luxuriöse, im Wald verteilte Suiten; das Dach besteht aus einer Holz- und Segeltuchkonstruktion. Gebadet wird im Freien, das attraktive Freizeitangebot umfasst Kanufahren, Angeln und Schnorcheln.
203 F2 Kosi Bay Nature Reserve 035 474 14 73; www.zulunet.co.za

Makakatana Bay Lodge RRR
Eine der wenigen privat geführten Lodges im iSimangaliso Wetland Park. Sehr luxuriös, idyllisch gelegen. Sechs Suiten, mit eigener Holzveranda und Außendusche, durch Holzstege miteinander verbunden.
203 F2 nahe der Charters Creek Road 035 550 41 89; www.makakatana.co.za

BATTLEFIELDS

Isandlwana Lodge RR
Diese zweistöckige, strohgedeckte Lodge wurde auf jenem Felsen erbaut, auf dem der Anführer der Zulu stand, als er die Schlacht von Isandlwana startete. 12 Zimmer mit Balkon, Pool, Bar, Restaurant.
203 E2 80 km südöstlich von Dundee 034 271 83 01; www.isandlwana.co.za

MIDLANDS UND UKHAHLAMBA-DRAKENSBERG

The Cavern RR
An den Royal Natal National Park angrenzend, wohnen Sie hier in komfortablen reetgedeckten Hütten in üppigen Gärten. Tolle Bergkulisse, super Preis-Leistungs-Verhältnis mit täglich drei Mahlzeiten.
203 D2 nahe der R74 036 438 62 70 oder 083 701 57 24; www.cavern.co.za

Fordoun RRR
Das alte Farmgehöft mit luxuriösen Zimmern liegt zwischen dem zentralen Bergland der uKhahlamba-Drakensberge und Howick. Ein liebevoll eingerichtetes Restaurant sorgt für wohlige Atmosphäre, zudem gibt es ein breites Wellness- und Beautyangebot.
203 D1 Nottingham Road 033 266 62 17; www.fordoun.co.za

Wohin zum ... Essen und Trinken?

Preise
für ein Zwei-Gänge-Menü ohne Getränke:
R = unter 100 Rand **RR** = 100–200 Rand **RRR** = über 200 Rand

DURBAN

Indian Connection RR
Durban ist für seine authentische indische Küche berühmt, wie man sie so in Europa selten findet. Das umgebaute Haus bietet einen Mix aus nord- und südindischen Gerichten. Beim Kindermenü wird mit scharfen Gewürzen sparsamer umgegangen.
203 E1 485 Windermere Road, Morningside 031 312 14 40; www.indian-connection.co.za tägl. 11–15, 17.30–22.30 Uhr

Green Mango RR–RRR
Kleines, exzellentes Fischrestaurant mit Barcharakter im Avonmore Center. Es serviert japanische und Thai-Küche, sehr gute Sushi, aber auch Ente à la thai. Die sehr scharfen Fischcurrys sind ebenfalls zu empfehlen.
203 E1 9th Avenue, Avonmore Center, Morningside 031 312 70 54; www.thegreenmango.co.za tägl. 12–14.30, 18–21.30 Uhr

Kashmir RR
Elegantes Lokal mit Terrasse und einer Rose auf jedem Tisch, Blick über das Meer, indische Küche hauptsächlich aus dem Norden des Landes, die Currys gelten mit als die besten Durbans und das Brot ist frisch gebacken (das Naan mit Knoblauch ist ein Gedicht); sowohl Qualität als auch Präsentation sind herausragend.
203 E1 11 McCausland Crescent, Umhalanga Rock 031 5 61 74 86; www.kashmir-restaurant.co.za tägl. 12–15, 18–22 Uhr

New Café Fish RR–RRR
Traumhaft gelegen und von Luxusjachten umgeben, widmet sich die Küche in erster Linie fangfrischem

Fisch und Meeresfrüchten. Als Entree bieten sich Thai-Fischkuchen oder Austern an, zum Hauptgang Fisch des Tages oder Fischplatte. Im oberen Geschoss gibt es eine Cocktailbar.

203 E1 Yacht Mole, Victoria Embankment 031 305 50 62; www.cafefish.co.za tägl. 12–15, 18.30–22 Uhr

Roma Revolving Restaurant RR

Die einmalige Sicht aus dem 32. Stock auf Durbans Hafen macht das etwas altbackene Interieur allemal wett, zudem dreht sich das Restaurant in einer Stunde einmal um die eigene Achse. Hier kocht man noch nach alter Schule – Krabbencocktail oder -pastete, gefolgt von Steak, Pasta und sündhaft guten Leckereien vom Dessertwagen. Aber auch originellere A-la-carte-Menüs werden aufgetischt.

203 E1 Victoria Embankment 031 368 22 75; www.roma.co.za Mo–Sa 18–22, Fr/Sa auch 12–14.30 Uhr

MIDLANDS UND UKHAHLAMBA-DRAKENSBERG

Bingelela Contemporary Classic Restaurant RR

Bingelela liegt versteckt in einem schattigen Wäldchen zwischen dem Royal National Park und der kleinen Stadt Bergville und ist wahrscheinlich das beste Lokal in Northern Berg. In einer riesigen strohgedeckten Anlage mit Swimmingpool serviert es fantasievolle Gerichte mit Schwerpunkt Steak und Forellen sowie eine Auswahl leckerer Pizzen aus dem Holzofen.

203 D1 R74 ungefähr 4 km nördlich von Bergville 036 448 13 36; www.bingelela.co.za Mo–Sa 7–22, So 7–15 Uhr

Moorcroft Manor RR

In ruhiger Lage an einem Stausee mit tollem Bergpanorama gelegen, bietet dieses Lokal eine lockere Atmosphäre auf schattiger Terrasse. Beginnen Sie den Tag mit dem Buffetfrühstück, genießen Sie mittags Lachs an Camembertsalat oder eine kalte Vesperplatte, abends gegrillte Seezunge, knusprige Ente oder frische Forelle.

203 D1 Sani Road, Himeville 033 702 19 67; www.moorcroft.co.za tägl. 7.30–21 Uhr

Rosehurst R

Reizendes Café in einem viktorianischen, roten Backsteinhaus mit rachtvollem, herrlich duftendem Rosengarten. Sonnige Plätze auf der Terrasse laden zum Frühstück mit Rührei, selbst gebackenem Brot, Teegebäck, Konfitüre und cremigem Cappuccino ein, mittags verwöhnen mediterranes Schmorgemüse, Quiches und Salate.

203 D1 239 Boom Street, Pietermaritzburg 033 394 38 33 Mo–Fr 8.30–16.30, Sa 8.30–13.30 Uhr

Yellowwood Café R

Das in einem alten Bauernhaus aus den 1870er-Jahren untergebrachte Yellowwood schafft mit polierten Holzböden, Kamin und Bogenfenstern eine anheimelnde Atmosphäre, der Garten eröffnet tolle Ausblicke auf die Howick Falls. Die ländlich-abwechslungsreiche Küche des Restaurants bietet ganze Mahlzeiten wie Lammschenkel oder Ochsenschwanz, das Café hat leichtere Gerichte sowie Tee und Kuchen im Angebot.

203 D1 Shafton Road, Howick 033 330 24 61 Di–Sa 9.30–22, So 9.30 bis 16.30 Uhr

Wohin zum ... Einkaufen?

DURBAN

Die **Gateway Mall** (M12, Umhlanga Rocks, Tel. 031 514 05 00; www.gatewayworld.co.za) soll mit über

300 Geschäften, 60 (Schnell-)Restaurants und zahlreichen Freizeiteinrichtungen eine der größten Einrichtung ihrer Art auf der gesamten Südhalbkugel sein. Klar, dass hier neben lokalen Produkten auch alle großen Markenartikler vertreten sind.

Der **Pavilion** (N3, Westville, Tel. 031 2759800; www.thepav.co.za) ist ein riesiger Einkaufsmarkt und vor allem bei indischen Familien sehr beliebt.

Das **Musgrave Centre** (115 Musgrave Road, Berea, Tel. 031 2015129; www.musgravecentre.com) wartet mit Edelboutiquen sowie einem Sonntagsmarkt für Kunsthandwerk und Kuriositäten auf dem Parkplatz auf.

Im Herzen der Stadt kann man im **Workshop** (99 Samora Machel Street, Tel. 031 3049894; www.theworkshopcentre.co.za) in Dutzenden Geschäften günstig einkaufen und an Imbissbuden indische Snacks kosten. Untergebracht ist das Shoppingcenter in einem restaurierten Industriegebäude von 1860, in dem früher Eisenbahnen repariert wurden. Wie die meisten Einkaufsriesen hat auch dieser ein Multiplex, das die neuesten Mainstreamfilme zeigt.

Im Valley of 1000 Hills außerhalb des Stadtzentrums gibt es viele (Kunst-)Handwerksläden und Einrichtungshäuser.

Durban wartet mit etlichen Märkten auf, der bedeutendste ist der **Victoria Street Market** (155 Victoria Street, Tel. 031 3064021; www.indianmarket.co.za). Auf dem indischen Markt herrscht reges Treiben und die Düfte von Räucherstäbchen, Currys und Gewürzen vermischen sich mit den Gerüchen vom Fischmarkt nebenan. Die Stände bieten Saris, Messingware und Modeschmuck.

Beim **Warwick Triangle,** gleich neben dem Victoria Street Market, befindet sich der **Muti Market**, den man besser mit einem verlässlichen Guide besuchen sollte, um nicht übers Ohr gehauen oder eine allzu leichte Beute für Taschendiebe zu werden. Das berücksichtigt, kann es durchaus ein Erlebnis sein, dem Treiben zuzusehen, bei dem traditionelle Heiler streng riechende Mixturen aus einheimischen Kräutern und Pflanzen, Baumrinden, Schlangenhäuten, Vogelflügeln, Delfinschädeln und Affenpfoten feilbieten.

Afrikanisches Kunsthandwerk und Kurioses finden Sie auf dem **Flohmarkt,** der jeden Sonntag an der Ecke von Old Fort Road and Snell Parade am North Beach stattfindet (9–16 Uhr, Tel. 031 3013200).

Der besonders bei Familien beliebte **Essenwood Craft Markt** im Viertel Berea auf der Essenwood Road wird jeden Samstag abgehalten (9–14 Uhr, Tel. 031 2081264, www.essenwoodmarket.com). Es gibt viel Kunsthandwerk, und Farmer verkaufen frische Produkte, während die Kinder auf dem Spielplatz gleich nebenan immer im Blickwinkel der Eltern sind.

Ein typischer Farmermarkt ist der **Shongweni Market** in Assagay Ecke Alvestone und Kassier Road nordwestlich von Durbans Zentrum (Sa, 6–10.30 Uhr, Tel. 083 7771674, www.shongwenimarket.co.za). An den Ständen werden frische Lebensmittel direkt vom Bauernhof angeboten, köstliche Kuchen, Brot, Marmeladen und vieles andere mehr.

Für zeitgenössische afrikanische Kunst lohnen die **Kunstateliers im BAT Centre** (Victoria Embankment, Tel 031 3320451; www.batcentre.co.za). Werfen Sie einen Blick auf die Perlenarbeiten und den Schmuck der Zulu sowie die Flechtwaren, Holzschnitzereien, Trommeln und Specksteinskulpturen aus Simbabwe.

MIDLANDS UND UKHAHLAMBA-DRAKENSBERG

Viele Städte im Gebiet um die Battlefields und am Fuß der Drakensberge warten mit Kunst und Kunsthandwerk auf. Die berühmteste Route durch diese Landschaft ist **Midlands**

Meander (Tel. 033 330 8195; www.midlandsmeander.co.za), die sich über 80 km über die Landstraßen zwischen Pietermaritzburg und Mooi River erstreckt und zahlreiche Geschäfte und Galerien mit einem großen Spektrum an Kunsthandwerk, Töpfer- und Lederwaren, Möbeln, Schmiedearbeiten, Käse und selbst gebrautem Bier sowie viele gute Restaurants und Unterkünfte bietet.

Einen Besuch wert ist auch das rund 13 km westlich von Winterton im zentralen Bergland an der R600 gelegene **Thokozisa Village** (Tel. 036 488 1207; www.cdic.co.za/thokozisa.htm), wo Sie Souvenirs, Kunst, Delikatessen und Pflanzen in einem Aufwasch erledigen können.

Ebenfalls besuchenswert ist das **Rorke's Drift Arts and Crafts Centre** neben dem Museum auf dem Schlachtfeld, 42 km südöstlich von Dundee (Tel. 031 642 1627; www.centre-rorkesdrift.com), das sich auf handgewebte Wandteppiche, Töpferprodukte und Siebdruck spezialisiert hat.

Wohin zum ... Ausgehen?

KINO UND THEATER

Große Kinokomplexe finden Sie häufig in den Shopping Malls. Allein Durbans **Gateway Mall** hat 18 Kinoleinwände, des Weiteren eine Kletterwand, einen Skatepark und einen künstlich angelegten Wellenpool für Surfer. Zudem beherbergt diese Mall das **Barnyard Theatre** (Tel. 031 566 3045, www.barnyardtheatres.co.za). Das Theaterprunkstück in Durban ist allerdings das **Playhouse** (231 Smith Street, Tel. 031 369 9555; www.playhousecompany.com) – hier können Sie auch eine Führung hinter die Kulissen mitmachen. Weitere Theater bieten von Jazzmusik bis Laienstücke einfach alles, dazu gehören das **BAT Centre** (Victoria Embankment, Tel. 031 332 0451; www.batcentre.co.za) und das **Catalina Theatre** (Wilson's Wharf, Victoria Embankment, Tel. 031 309 7945; www.catalinatheatre.co.za). Im **Rhumbelow Theatre** (Cunningham Avenue, Umbilo, Tel. 031 205 7602; www.rhumbelow.za.net) finden Varietéveranstaltungen statt; es gibt auch eine Bar, und vor der Show kann gepicknickt werden.

NACHTLEBEN

Durbans glitzernde Casinowelt bietet viele Unterhaltungsmöglichkeiten. Das **Sibaya Casino** (1 Sibaya Road, Umhlanga, Tel. 031 580 5000; www.sibaya.co.za) beherbergt ein Theater und eine Showbar. Strand, Promenade, Kino, Wasserrutschen, Restaurants und Bars gibt's im **Suncoast Casino** (Marine Parade, Tel. 031 328 3000; www.suncoastcasino.co.za). Im **Café Vacca Matta** (www.vaccamatta.co.za) des Suncoast Casino kann man prima abtanzen oder in der stylischen Lounge entspannen. Nachts pulsiert die Stadt, und Livemusik gehört dazu. Ausgehfreudige sind in der Florida Road, Morningside, oder Musgrave Road, Berea, gut aufgehoben. Das **Jazzy Rainbow** (93 Smiso Nkwanyana, Morningside, Tel. 031 303 8398) lohnt für seine eleganten Live-Jazzveranstaltungen. Beliebt ist auch **Billy the Bums** (504 Lilian Ngoyi Road, Morningside, Tel. 031 303 1988, www.billythebums.co.za), das Cocktails zu aktueller Tanzmusik serviert. Einen Drink zu Reggae- oder karibischer Musik können Sie im **Cool Runnings** genießen (49 Milne Street, Tel. 084 701 6912). In Pietermaritzburg bietet das **Red Door** (5 Quarry Road, Tel. 082 975 4473; www.facebook.com/thereddoorniteclub) regelmäßig Livemusik.

Johannesburg & Gauteng

Kleine Erlebnisse

Stadtkultur

Freuen Sie sich auf einen Spaziergang durch **Johannesburgs** (➤ 124ff) Stadtteil Newton mit seinen Galerien und Ausstellungen.

Stadtbus

Für eine Fahrt nach **Soweto** (➤ 122f) kann man die hocheffizienten und sicheren Busse der Rea-Vaya-Linien benutzen.

Stadtpark

Lassen Sie sich wie die Einheimischen auf den Denkmalstufen am Church Square **Pretorias** (➤ 119) nieder, und genießen Sie die Mittagspause im Stadtleben.

Erste Orientierung

Gauteng ist zwar die kleinste, aber – einst auf Goldvorkommen errichtet – auch die reichste Provinz Südafrikas. Noch vor wenigen Jahren war Johannesburg ein Hort der Kriminalität; fast alle Geschäfte und Büros verlagerten sich deshalb in die Vororte. Dann begann die Stadtverwaltung, das Zentrum zu restrukturieren und sicherer zu machen. Die ersten Betriebe sind schon zurückgekehrt.

Mit einem Großraum von gut 500 Vorstädten, die sich über 1300 km² erstrecken, ist Johannesburg flächenmäßig die größte, wenn auch nicht die bevölkerungsreichste (etwa 3,2 Mio. Einwohner) Stadt Afrikas. Der N1 Highway und die Eisenbahnlinie Gautrain verbinden Johannesburg mit de Landeshauptstadt Pretoria 50 km weiter nördlich. Johannesburgs City Centre prägen zahlreiche Hochhäuser, die Township Soweto spielte eine wichtige Rolle im Kampf gegen die Apartheid. Die meisten Hotels, Toprestaurants, Einkaufsriesen, funkelnden Vergnügungszentren und hübschen Parks sowie der Johannesburger Zoo liegen in den reizvollen, grünen Vororten im Norden.

TOP 10

Nicht verpassen!

Nach Lust und Laune!

Blick über das FNB-Stadion auf die sich am Horizont erhebende Skyline Johannesburgs

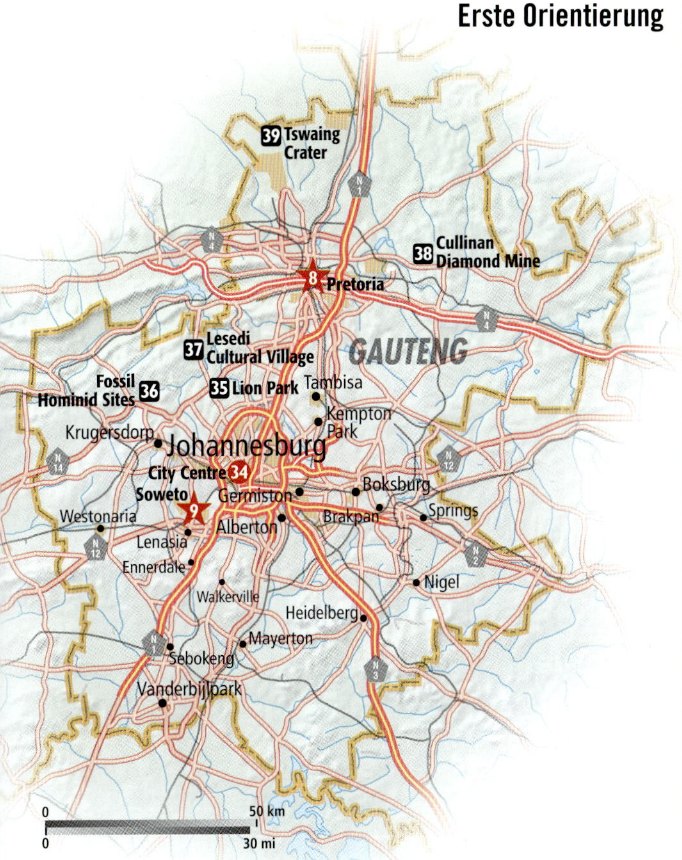
39 Tswaing Crater
38 Cullinan Diamond Mine
8 Pretoria
37 Lesedi Cultural Village
GAUTENG
Fossil Hominid Sites 36
35 Lion Park
Tambisa
Kempton Park
Krugersdorp
Johannesburg
City Centre 34
Soweto
9
Germiston
Boksburg
Westonaria
Alberton
Brakpan
Springs
Lenasia
Ennerdale
Walkerville
Nigel
Heidelberg
Mayerton
Sebokeng
Vanderbijlpark
N1
N4
N14
N12
N2
N3
0
50 km
0
30 mi

In drei Tagen

Dieser Routenvorschlag zeigt Ihnen, wie Sie einige der interessantesten Sehenswürdigkeiten in Johannesburg & Gauteng an drei Tagen besichtigen können. Die jeweiligen Highlights werden auf den nächsten Seiten näher beschrieben.

Erster Tag

Vormittags
Eine geführte Halbtagestour zeigt Ihnen die Sehenswürdigkeiten Johannesburgs im 34 **City Centre** (➤ 124ff) – Newtown, Mary Fitzgerald Square, Museum Africa und Museum of Man and Science. Ein Muss: Carlton Centre mit atemberaubendem Blick über die Stadt.

Mittags
Kosten Sie afrikanische Küche in **Niki's Oasis** (➤ 132), Newton, eigentlich ein Jazzclub; auf die Tische kommen Pap und Poetjekos (Eintopf mit Brei).

Nachmittags
Zu den Attraktionen der **Gold Reef City** (➤ 125) gehören: Goldbarrengießen, Besuch einer Goldmine unter Tage, Gumboot-Tänzer oder Achterbahnfahrten.

Abends
Essen Sie im **Moyo** (➤ 132) in Melrose Arch zu Abend: Johannesburgs exklusivstes Restaurant verteilt sich auf fünf themenorientierte Etagen und bietet ausgezeichnete afrikanische Küche sowie Unterhaltung.

Zweiter Tag

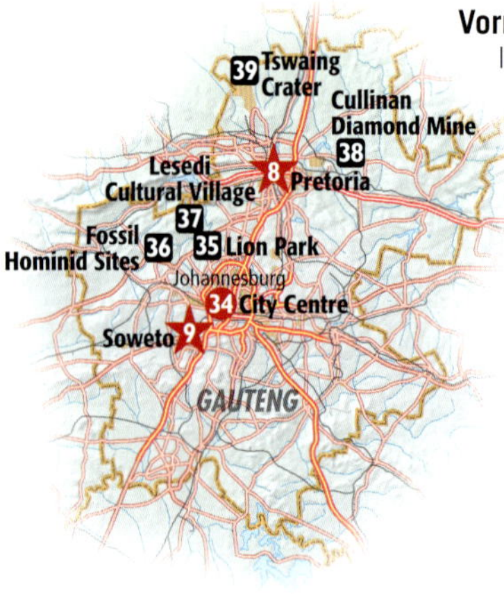

Vormittags
Informieren Sie sich einige Stunden lang über Südafrikas Geschichte des 20. Jh.s im gefeierten **Apartheid Museum** (➤ 126), das die Entstehung der Apartheid und den Aufstieg des schwarzen Bewusstseins und der Opposition dokumentiert. Es zählt zu den besten und provokativsten Museen der Welt, lassen Sie sich also ausreichend Zeit, um ihm gerecht zu werden.

Mittags
Lassen Sie die gewonnenen Eindrücke im **Truth Café** des Museums noch einmal auf sich wirken. Weiterführende Lektüre hält der Museumsshop für Sie bereit.

Nachmittags
Schließen Sie sich für die zweite Tageshälfte einer informativen Stadtführung durch 9 **Soweto** (Abb. rechts; ➤ 122f), die bekannteste Township des Landes, an. Besuchen Sie das ehemaliges Wohnhaus der Mandelas, den Walter Sisulu Square of Independence sowie das Hector Pieterson Museum and Memorial.

Abends
Essen Sie – umgeben von faszinierendem Interieur – in einem der extravaganten **Casinos**. Für Nachtschwärmer sind die Bars von **Melville** genau die richtige Adresse.

Dritter Tag

Vormittags
Erkunden Sie 8 **Pretorias** Sehenswürdigkeiten (➤ 118ff) und erfahren Sie im Voortrekker Monument mehr über Südafrikas Historie.

Mittags
Kehren Sie auf dem Rückweg nach Johannesburg im **Carnivore** ein (69 Drift Boulevard, Muldersdrift, nahe N1, Tel. 011 9506000; www.carnivore.co.za), wo Ihnen jede Menge Fleisch aufgetischt wird.

Nachmittags
Weiter geht's zum 10 km entfernten 35 **Lion Park** (➤ 128). Fahren Sie um die großzügig angelegten Gehege, in denen es Löwenrudel und andere Spezies zu besichtigen gibt. Versäumen Sie am Eingang nicht, ein Raubtierjunges zu streicheln oder eine Giraffe zu füttern.

Abends
Dinieren Sie in einem der Restaurants am atmosphärischen Nelson Mandela Square in Sandton City unter freiem Himmel, während Sie das bunte Treiben auf dem Platz beobachten.

8 Pretoria

Die Hauptstadt Südafrikas schmücken prächtige Jacaranda-Alleen, imposante Regierungsgebäude und historische Sehenswürdigkeiten aus der Voortrekker-Zeit. Ein von einem Grüngürtel begleitetes Siedlungsband entlang der N1 verbindet Pretoria mit dem 50 km südlich gelegenen Johannesburg. Dieses Ballungsgebiet dürfte wohl in den nächsten zehn Jahren zu einer Mega-City verschmelzen.

Nach der Übernahme der Kapkolonie durch die Briten zogen die Buren mit ihren Ochsenkarren ins Landesinnere. Auf der Suche nach neuem Land ließen sich viele in der Region des heutigen Pretoria nieder, wo sie 1854 die erste Kirche bauten, Straßen anlegten und die Siedlung im Jahr 1860 zur offiziellen Hauptstadt der unabhängigen Burenrepublik Transvaal erklärten.

Nach dem Krieg der Briten gegen die Buren fiel die Stadt in die Hände der Engländer und wurde Hauptstadt der 1910 gegründeten Südafrikanischen Union. Kurz darauf entstanden nach Entwürfen des Architekten Sir Herbert Baker in Arcadia, östlich des Zentrums, die eindrucksvollen **Union Buildings**. In diesem rund 275 m langen, auf einem Hügel thronenden Gebäudekomplex, hielt der dort vereidigte Nelson Mandela 1994 seine erste Rede als Präsident der Republik Südafrika. Bei einem Besuch (die Gebäude selbst sind nicht zugänglich) können Sie schön durch die gepflegten Gärten flanieren und den Blick auf die Stadt genießen. Das **Pretoria Art Museum** im Arcadia Park südlich der Union Buildings zeigt Werke südafrikani-

Die Union Buildings, Sitz der südafrikanischen Regierung

In diesem heute als Museum eingerichteten viktorianischen Haus lebte der ehemalige Staatspräsident Paul Kruger in den Jahren 1883 bis 1900

scher Künstler wie Pierneef, F. Oerder und Anton van Wouw sowie eine Sammlung mit alten holländischen und flämischen Gemälden. In der Nähe beginnen die 80 ha großen **National Zoological Gardens**, in denen über 2500 Tiere zu Hause sind. Die beiden Orte verbindet eine Drahtseilbahn. Mit gemieteten Golfmobilen können Sie das Gelände erkunden und an Picknickplätzen entlang der 6 km langen Wanderwege eine Rast machen.

Hauptachse der Stadt ist die 26 km lange Church Street. Unterbrochen wird diese vom **Church Square** – jenem Platz, an dem sich die erste Siedlung entwickelte. Ihn säumen bedeutende Bauten, im Norden der **Justizpalast** und das von Herbert Baker entworfene Gebäude der **South Africa Reserve Bank**, im Süden der im Neorenaissance-Stil gehaltene Republikeinse Raadsaal, der ehemalige Regierungssitz. Im hübschen historischen **Café Riche** (geöffnet von 6.00 Uhr morgens bis Mitternacht) kann man ausgesprochen angenehm Rast machen. Das **Kruger Museum** an der Church Street diente einst dem Präsidenten Paul Kruger als Residenz.

Das **National Museum of Natural History** gegenüber dem Rathaus (Paul Kruger Street) beherbergt eine gute Sammlung präparierter Säugetiere, Amphibien und Fossilien sowie geologische und archäologische Funde, darunter auch die Reste von »Mrs. Ples« – des *Australopithecus robustus* aus den zum Welterbe der UNESCO gehörenden Sterkfontein Caves (► 128). Gegenüber geht es weiter zum **Melrose House**, wo nach Kriegsende 1902 die Buren und Briten den Friedensvertrag von Vereeniging unterzeichneten. Das Haus war während des Krieges (1899–1902) britisches Hauptquartier und zeigt sich heute als elegantes, im viktori-

NEUE IDENTITÄT

Pretoria wurde nach dem Voortrekker-Führer Andries Pretorius (1798–1853) benannt. Die Metropolregion, zu der sie heute gehört, heißt **Tshwane**, was so viel bedeutet wie »wir sind gleich«.

anischen Stil gehaltenes Stadthaus, auf dessen schönem Grundstück gelegentlich Märkte voller Kunsthandwerk und klassische Konzerte veranstaltet werden.

Südlich der Stadt erheben sich zwei überwältigende Bauten: der unübersehbare Betonriese UNISA – größte Universität Südafrikas und weltweit eine der größten Fernuniversitäten – sowie der bedrohlich wirkende Granitgigant des **Voortrekker Monument** auf dem Monument Hill. Erbaut 1949, erinnert es an den Großen Treck und die burischen Kriege in der ersten Hälfte des 19. Jh.s. Das robuste und fensterlose Denkmal erhebt sich von einem 40 km² großen Sockel 40 m gen Himmel. Im Innern beschreibt ein Fries aus 27 Marmorreliefs die Ereignisse des Großen Trecks. Ein Granitkenotaph, auf dem die Worte »Wir für dich, Südafrika« eingemeißelt sind, ist so positioniert, dass alljährlich am 16. Dezember um 12 Uhr mittags das Sonnenlicht durch eine kleine Öffnung im Monument genau diese Inschrift anstrahlt. An jenem besagten Tag 1838 besiegten die Buren in der Schlacht am Blood River (Blutfluss) die Zulu, und unter der Apartheid-Regierung wurde dieser Tag zum gesetzlichen Feiertag, dem Gelöbnistag, erhoben – die Buren hofften, dass ihnen ein Gelöbnis vor Gott den ersehnten Sieg einbringen würde. Der 16. Dezember ist als Feiertag erhalten geblieben, doch wird er heute als Tag der Versöhnung gefeiert.

Schmuckstück: das historische Melrose House mit Blick auf den Burgers Park

KLEINE PAUSE

Im reizenden Teegarten des **Melrose House** können Sie kleine Erfrischungen genießen und danach im Gift Shop Mitbringsel für die zu Hause Gebliebenen einkaufen.

202 C3

Tshwane Tourist Information Centre
Church St., Old Nederlandsche Bank Building
012 358 14 30; www.gopretoria.co.za, www.tshwane.gov.za
Mo–Fr 9–17, Sa 9–13 Uhr

JACARANDA-CITY
Die ersten Jacaranda-Bäume wurden im Jahr 1888 aus Rio de Janeiro importiert. Sie wuchsen und gediehen und verliehen der Stadt, deren Straßen heute etwa 50000 ihrer Art zieren, den Beinamen »Jacaranda-City«. Im Herbst, wenn die blasslila Blüten ihre volle Pracht entfalten, sind sie besonders schön anzusehen.

Oben: eine Jacaranda-Allee in voller Blüte

Pretoria Art Museum
Arcadia Park 012 344 18 07; Di–So 10–17 Uhr 20 R

National Zoological Gardens of South Africa
232 Boom Street 012 328 32 65; www.nzg.ac.za tägl. 8.30 bis 17.30 Uhr 75 R

Kruger Museum
60 WF Nkomo Street 012 326 91 72; www.ditsong.org.za Di–Sa 8.30–16.30, So 11 bis 16.30 Uhr 25 R

National Museum of Natural History
Paul Kruger Street 012 322 76 32; www.ditsong.org.za tägl. 8–16 Uhr 25 R

Melrose House
275 Jacob Maré Street 012 322 28 05; www.melrosehouse.co.za Di–So 10–17 Uhr 8 R

Voortrekker Monument
Eeufees Road 012 326 67 70; www.voortrekkermon.org.za tägl. 8–17 Uhr 50 R

Walskelett vor dem Eingang zum National Museum of Natural History

BAEDEKER TIPP

- Sollten Sie vorhaben, Ihre Reise in einem der Nationalparks des Landes fortzusetzen, empfiehlt es sich, noch in Pretorias Hauptbüro der Wildparkorganisation South African National Parks (SANParks) Reservierungen vorzunehmen (643 Leyds Street, Muckleneuk, Tel. 012 428 91 11; www.sanparks.org, Mo–Fr 7.45–15.45, Sa 8–12.15 Uhr).
- Auf schmaler Spur voran: Mit dem **Diamond Express** (Michaelson Street, Hermanstad, Pretoria, Tel. 012 767 79 13, www.friendsoftherail.com, 175 R) geht es vom Bahnhof Hermanstad mehrmals im Monat unter Dampf zur 50 km entfernten Diamantengräberstadt Cullinan mit einer Menge historischer Gebäude.

9 Soweto

Soweto – der Name ist eine Abkürzung für »South Western Township« – beginnt etwa 15 km südwestlich des Zentrums von Johannesburg. Bekannt wurde diese im Jahr 1976, als Schüler gegen die Einführung von Afrikaans als Unterrichtssprache protestierten und damit eine landesweite Welle des Widerstands auslösten. Die Unruhen wurden gewaltsam niedergeschlagen – das Foto mit dem toten 13-jährigen Hector Pieterson ging damals um die Welt.

Mit geschätzten 1,3 bis 2 Mio. Einwohnern, fast ausschließlich Schwarzen und Farbigen, ist Soweto heute die größte Township Südafrikas – ein endlos erscheinendes Meer von kleinen Schachtelhäuschen mit zwei oder drei Zimmern, Küche und Bad. Weniger privilegiert wohnen viele in einfachen Wellblechhütten. Auf engem Raum sind hier die verschiedenen schwarzen Völker Südafrikas vereint, wobei die Zulu mit etwa 33 Prozent den größten Anteil stellen. Inzwischen sind Zeichen der Veränderung deutlich: Es gibt gepflegte Straßen mit hübschen Häusern und einen Golfplatz, auf dem man mit Begeisterung und großem Können spielt. Zwar wurden Hunderte von Kindergärten und Schulen gebaut, doch sind es viel zu wenige, und das einzige Krankenhaus ist das riesige Chris Hani Baragwanath Hospital (5000 Betten, das größte der Welt). Die Vista University ermöglicht Schwarzen ein Studium. Wie im ganzen Land verschiebt sich die gesellschaftliche Kluft zwischen Weiß und Schwarz zu der zwischen Reich und Arm; die große Mehrheit muss mit ärmlichen Unterkünften auskommen. Über ein geregeltes Einkommen verfügen nur wenige. Arbeitsplätze gibt es in Soweto fast keine, die große Mehrheit der Beschäftigten pendelt nach Johannesburg. Ein Großteil Sowetos wird mit Strom versorgt, einige Straßen sind asphaltiert, doch die Unterversorgung mit sanitärer Infrastruktur (Trinkwasser, Toiletten) ist in weiten Bereichen eklatant.

Soweto ist aus etwa 50 kleineren Siedlungen zu einer riesigen Vorstadt zusammengewachsen

Face to Face

Dennoch avancierte Soweto als ein Symbol der glücklich überwundenen Apartheid zur touristischen Attraktion, die inzwischen auch zahlreiche Jobs schafft. Über 1000 Besucher werden täglich von gut

DER SOWETO-AUFSTAND VON 1976

Hector Pieterson, ein 13 Jahre alter Schüler, war eines der Kinder, die die Polizei beim Aufstand 1976 in Soweto niederschoss. Die Schüler hatten friedlich gegen die Einführung von Afrikaans als vorgeschriebene Lehrsprache demonstriert, als die Polizei das Feuer eröffnete. Das Foto, auf dem ein Helfer Hectors leblosen Körper wegträgt, während seine weinende Schwester neben ihm herläuft, demonstrierte der Welt, dass die Regierung wehrlose Kinder ermordete. Ein Aufschrei ging durch die internationalen Medien, und in Südafrika gewann der Freiheitskampf an Fahrt.

Auch im heutigen Soweto gilt der Satz von Mahatma Gandhi: »Wenn wir wahren Frieden in der Welt erlangen wollen, müssen wir bei den Kindern anfangen.«

organisierten Unternehmen in Bussen durch Soweto gefahren. Pionier war Jimmy Ntintili, der schon 1985 unter dem Namen »Jimmy's Face to Face« durch Soweto führte. Das Programm umfasst meist eine Besichtigung des Museums im **Mandela House** (in derselben Straße wohnt der anglikanische Erzbischof und Friedensnobelpreisträger Desmond Tutu), den Blick auf das Chris Hani Baragwanath Hospital, das **Hector Pieterson Memorial and Museum**, die katholische Kirche Regina Mundi. Wer Soweto näher kennen lernen will, kann in freundlichen Gästehäusern und Privatunterkünften übernachten, vom einfachen B & B bis zum 5-Sterne-Gästehaus mit Pool und Sauna. Allein sollte man sich nicht hierher begeben, weil man sich in diesem Straßengewirr nicht gut zurechtfindet; die Gefahr, Opfer krimineller Übergriffe zu werden, ist gering.

KLEINE PAUSE

Wählen Sie eine Tour inklusive Mittagessen im bekannten **Wandie's Place** (618 Makhalamele Street, Dube, Tel. 011 326 17 00; www.wandies.co.za), das traditionelle herzhafte Township-Gerichte serviert.

---

202 C3

Soweto Tourism
Walter Sisulu Square of Independence, Kliptown
011 342 43 16
Mo–Fr 8–16.30 Uhr

Mandela House
Ngakane Street, Orlando 011 936 77 54; www.mandelahouse.com tägl. 9–16.45 Uhr 60 R

Hector Pieterson Memorial and Museum
Pela Street, Orlando 011 536 06 11 tägl. 10–17 Uhr 25 R

34 City Centre

Johannesburg, für die einheimischen Weißen einfach »Jo'burg«, für die Schwarzen »eGoli« (»Ort des Goldes«), ist eine der größten Städte Afrikas. Auf dem Highveld, dem Hochplateau im Zentrum Südafrikas gelegen, wächst die Metropole mit Pretoria im Norden und den Industriesiedlungen Vanderbijlpark und Vereeniging im Süden zusammen. Gemeinsam bilden sie die Provinz Gauteng, die nur zwei Prozent des Staatsgebiets Südafrikas umfasst, aber 22 Prozent der Gesamtbevölkerung. Trotz der Probleme, die auch nach dem Ende der Apartheid weiterhin existieren – am eindrücklichsten ist das »afrikanische Südafrika« in Johannesburg zu erleben.

Die architektonischen Reize der Metropole halten sich allerdings in Grenzen. Das schachbrettartig angelegte Zentrum, der Central Business District innerhalb der Ringautobahnen M1 und M2 sowie rund um die Commissioner und Market Street, ist vergleichsweise klein und erinnert mit seinen Hochhäusern an US-amerikanische Großstädte. Historische Fassaden und gläserne Wolkenkratzer – nicht wenige davon stehen leer – findet man hier Seite an Seite. Im Stadtteil **Newtown** aber, östlich der M1 rund um den zentralen **Mary Fitzgerald Square**, wurden die Straßen wiederbelebt mit Cafés, Galerien, Flohmärkten und Musikclubs. An der Bree Street, wo früher Obst und Gemüse gehandelt wurden, kann man heute den **Market Theatre Complex** mit drei Bühnen und einem Kunsthandwerksmarkt bewundern. In westlicher Richtung weiter zur M1 stößt man auf das – über die Geschichte der Stadt seit der Entdeckung des Goldes informierende – **Museum Africa**. Sehenswert ist auch das **Worker's Museum** an der Jeppe Street beim **Newtown Park**, dessen Sammlung sich den Wanderarbeitern widmet, die aus unterschiedlichen Teilen Afrikas herbeiströmten, um in den Goldminen zu arbeiten. Östlich des Parks informiert die zur Brauereigruppe South African Breweries gehörende **World of Beer** über den auch in Südafrika gern getrunkenen Gerstensaft und gibt im Glashaus Einblick in dessen Herstellung. Auch eine für Townships typische Hinterzimmerkneipe, »Shebeen« genannt, kann hier als Nachbau besichtigt werden.

An der nahen Diagonal Street liegt das **Museum of Man and Science**. Anders, als der Name vermuten lässt, handelt es sich dabei nicht um ein Museum, sondern um einen Shop, der – von diversen Pflanzen, Kräutern bis hin zu tierischen Körperteilen – allerlei Utensilien an traditionelle afrikanische Heiler verkauft.

Im Norden von Newtown überspannt die an zwei, im Norden 42 m und im Süden 27 m hohen, Pylonen hängende, 284 m lange **Nelson Mandela Bridge** 42 Bahngleise als nicht zu übersehendes Zeichen des Aufbruchs nach dem Ende der Apartheid. Über sie kommt man in den Stadtteil **Braamfontein** mit dem **Constitutional Hill**: Hier fin-

Panoramablick vom Carlton Centre

SAFETY FIRST!
Man sollte überall in Johannesburg vorsichtig sein. Aber wenn man ein paar Regeln beachtet, muss man sich nicht mehr fürchten als in anderen Großstädten der Welt: keine Wertgegenstände mitführen, nicht in einsamen Nebenstraßen parken; es ist sicher hilfreich, wenn man sich von Einheimischen führen lässt. Absolut meiden sollten Besucher ohne Ortskenntnis die wegen ihrer hohen Kriminalitätsrate berüchtigten Stadtviertel Hillbrow und Yeoville.

det man den ehemals berüchtigten Gefängniskomplex **Old Fort**, in dem einst Schwarze in überfüllten und schmutzigen Zellen bei unzureichender Versorgung mit Nahrungsmitteln interniert waren. Die Apartheid machte auch vor dem Gefängnis nicht halt – weiße Gefangene wurden in Doppelzellen untergebracht und erhielten angemessene Mahlzeiten. Heute informiert hier ein Museum über die bekanntesten Insassen wie Nelson Mandela oder

Mahatma Gandhi. Nebenan steht Südafrikas Verfassungsgericht, der **Constitutional Court**. Werfen Sie weiter südlich, am Kopf der Rissik Street, einen Blick auf das **Minors' Monument**: drei riesige mit Stahlhelm und Bohrer ausgestattete Minenarbeiter. Im östlichen Teil der City ragt das mit 223 m höchste Gebäude der Stadt empor. Ein Aufzug befördert Besucher zügig in den 50. Stock des **Carlton Centre**. Das **»Top of Africa«** bietet hier eine fantastische Sicht auf die geschäftige Stadt.

Die **Gold Reef City** im Südwesten Johannesburgs widmet sich naheliegenderweise der Goldgräberzeit. Errichtet wurde sie über dem 3293 m tiefen Schacht Number 14, der von 1897 bis zur Schließung 1971 1,4 Mio. kg Gold zutage förderte. Eine Fahrt in den 220 m tiefen Schacht gibt einen EIndruck von den Bedingungen, denen die Goldgräber in den heißen, stickigen Tunneln ausgesetzt waren. Über dem

Bergwerk hat man die alte Goldgräberstadt rekonstruiert, das Personal ist der Epoche entsprechend gekleidet, und man kann beim Gießen von Goldbarren zusehen. Straßentänzer und 30 Achterbahnen im angrenzenden Erlebnispark sorgen für Action & Fun. Unbedingt sehenswert ist nicht zuletzt das **Apartheid Museum**, vor dem sieben Stelen für die Grundwerte der südafrikanischen Verfassung nach dem Ende der Apartheid stehen: Demokratie, Gleichheit, Versöhnung, Vielfalt, Verantwortung, Respekt und Freiheit.

Rechts: Die Nelson Mandela Bridge ist die größte Schrägseilbrücke in Südafrika

KLEINE PAUSE

Nehmen Sie eine Erfrischung an der Bar oder im **Café** im Top of Africa des **Carlton Centre** (R).

202 C3

Johannesburg Tourism
195 Jan Smuts Avenue, Parktown North 011 214 07 00; www.joburgtourism.com

Museum Africa
121 Bree Street 011 833 56 24
Di–So 9–17 Uhr frei

Workers' Museum
52 Jeppe Street 011 492 06 00
Do–Sa 9–16 Uhr frei

World of Beer
15 President Street 011 836 49 00; www.worldofbeer.co.za
Di–Sa 10–17 Uhr, Führungen zu jeder vollen Stunde 65 R

Museum of Man and Science
14 Diagonal Street
011 836 44 70 Mo–Fr 8–17, Sa 8–13 Uhr frei

Constitutional Hill
1 Kotze Street
011 381 31 00; www.constitutionhill.org.za
Mo bis Fr 9–17, Sa, So 10–15 Uhr
50 R

Top of Africa
Carlton Centre, Fox Street
011 308 28 76 tägl. 8–19 Uhr
15 R

Gold Reef City
Northern Parkway, Ormonde
011 248 68 00; www.goldreefcity.co.za
Di–So 9.30–18 Uhr 165 R

Apartheid Museum
Northern Parkway, Ormonde
011 309 47 00; www.apartheidmuseum.org
Di–So 9–17 Uhr 65 R

BAEDEKER TIPP

- Das Unternehmen Past Experiences (Tel. 011 678 39 05, 083 701 30 46, www.pastexperiences.co.za) nimmt Sie mit auf einen **Stadtspaziergang** durch JoBurg Downtown, vorbei an den Sehenswürdigkeiten und hinein in die Kunstszene der Stadt.
- Sollten Sie nur Zeit für eine Museumsbesichtigung haben, entscheiden Sie sich am besten für das **Apartheid Museum** und nehmen sich drei bis vier Stunden Zeit. Besonders sehenswert sind die – das Leben in den Townships der 1960er-Jahre dokumentierenden – Bilder des südafrikanischen Fotografen Ernest Cole (1940–1990).
- Im **Johannesburg Planetarium** (Yale Road, Bramston, Tel. 011 717 13 90, www.planetarium.co.za, Do–Sa 2–3 Shows tagsüber, 38 R) müssen die Kinder nicht bis in die Puppen wach bleiben, um das Sternenzelt zu bestaunen.

Coca-Cola
Coca-Cola
orte str
NELSON MANDELA BRIDGE
M27
City
Newtown

Nach Lust und Laune!

GEFÜHRTE TAGESTOUREN

Die folgenden Anbieter haben sich auf Tagestouren um Johannesburg und Gauteng spezialisiert:

JMT Tours
Tel. 010 2330073; www.jmttours.co.za

Lords Travel & Tours
Tel. 011 7910746; www.lordstravel.co.za

Themba Day Tours
Tel. 011 4633306; www.sowetotour.co.za

35 Lion Park

Ein beliebtes Ausflugsziel ist der Löwenpark 23 km nördlich von Johannesburg (an der R55), mit Restaurant, Schwimmbad und Grillplätzen. Sie können selbst durch den Park fahren, um aus dem Auto heraus Tiere zu beobachten, oder an einer am Parkplatz startenden Tour teilnehmen.

202 C3 M34, nahe Lanseria Airport
011 691 99 05; www.lion-park.com
tägl. 9–21 Uhr 240 R

36 Fossil Hominid Sites

Etwa 40 km westlich von Johannesburg brachten Dutzende Ausgrabungsstätten, verteilt auf fast 500 km² Fläche, mehr fossile Hominiden zum Vorschein als irgendwo sonst. Deshalb werden sie von der UNESCO als Erbe der Welt geschützt. Zu diesen Ausgrabungsstätten gehören die Höhlen von Sterkfontein, Swartkrans, Kromdraai und Umgebung. 1947 der Schädel eines *Australopithecus africanus* zum Vorschein, des ersten vorwiegend aufrecht gehenden menschlichen Vorfahren, der bereits vor über 3 Mio. Jahren das südliche Afrika und den Ostafrikanischen Graben bevölkerte. Er war durchschnittlich 150 cm groß, wog zwischen 35 und 60 kg und wurde um die 22 Jahre alt. Das Alter des von den Wissenschaftlern »Mrs. Ples« getauften Schädels wird auf 2,6 Mio. Jahre geschätzt; 1997 fand man das fast vollständige Skelett eines weiteren Urzeitmenschen (»Little Foot«), der vor 3,5 Mio. Jahren lebte. Funde wie diese gelten als eine Bestätigung der bereits von Charles Darwin geäußerten Theorie, dass sich der Entwicklungsschritt vom Affen zum Menschen in Afrika vollzogen habe, dass hier also die »Wiege der Menschheit« (www.cradleofhumankind.co.za) stand. Unterhaltsam aufbereitet werden naturwissenschaftliche Erkenntnisse wie diese in **Maropeng**, 10 km nordöstlich von Sterkfontain, in Form einer interaktiven Zeitreise durch die Entwicklungsgeschichte der Welt: Sie beginnt mit einer Bootstour vorbei an Eisbergen, Vulkanen und Nebelschwaden, die Gasbildungen der Erdentstehung demonstrieren sollen, und schlägt

Die Höhlen von Sterkfontein sind eine der bedeutendsten Fundstellen fossiler Hominiden

einen Bogen bis zu neuzeitlich relevanten Themen wie Bevölkerungsentwicklung und Globalisierung. Alle Exponate sind interaktiv angelegt, so können Sie u. a. die Stimmen ausgestorbener Tiere hören oder an einem Display selbst DNA-Bausteine zusammensetzen.

202 C3 Maropeng liegt an der D400 rund 50 km westlich von Johannesburg; Sterkfontein liegt 10 km von der R563 entfernt 014 577 90 00; www.maropeng.co.za tägl. 9–17 Uhr Kombiticket für beide Stätten 215 R

37 Lesedi Cultural Village

Wer sich für das afrikanische Erbe interessiert, der fährt zum Lesedi Cultural Village (an der R512, 12 km nördlich des Flughafens Lanseria), wo Dörfer der Zulu, Xhosa, Pedi und Sotho nachgebaut wurden. Demonstriert werden hier Tanz und Gesang, es gibt ein afrikanisches Mahl, übernachten kann man in komfortablen Hütten, die in Dörfern zusammengefasst sind und jeweils unter einem Thema stehen (Zulu, Xhosa, Ngani, Basotho, Pedi und Ndbele).

202 C3 R512 Richtung Hartbeespoort 012 205 13 94; www.lesedi.com tägl. 7–20.30 Uhr; Führungen 11.30 und 16.30 Uhr 100 R

38 Cullinan Diamond Mine

In der Diamantenmine kam 1905 der größte Rohdiamant, der 3106,75 Karat schwere, auch als »Der große Stern von Afrika« bekannte Cullinan-Diamant zutage. König Edward VII. von England erhielt ihn zu seinem 66. Geburtstag, 1908 wurde er in 105 Teile gespalten – der größte schmückt das Zepter der britischen Kronjuwelen. Die Mine ist bis heute in Betrieb und kann auf 90-minütigen Touren besichtigt werden. Dabei sieht man das riesige Loch, das durch die ursprünglichen Grabungen entstanden ist. Auch fünfstündige unterirdische Touren zur modernen Mine sind möglich.

202 C3 30 km östlich von Pretoria entlang der R513 012 734 26 26; www.cullinandiamonds.co.za Führungen über Tage Mo–Fr 10.30, 14.00, Sa/So 10.30, 12.00, unter Tage Mo–Fr 10.30, Sa. 7.30 Uhr Übertagetour 2 Std. 115 R, Untertagetour 4 Std. 490 R

HITS FÜR KIDS

Kinder verirren sich gerne – doch nur, wenn die Eltern dabei sind. Im **Honeydew Irrgarten** (82 Boland Street, Honeydew, 25 km nordwestl. von Johannesburgs Zentrum, Tel. 073 795 21 74, www.honeydewmazes.co.za, Sa, So 10 bis 17 Uhr, 120 R) hat man richtig zu tun, das Labyrinth zu verlassen (unter 90 Min. wird man es nicht schaffen), je nach Jahreszeit ist es aus unterschiedlichen Materialien errichtet, mal aus Mais, mal aus Ried.

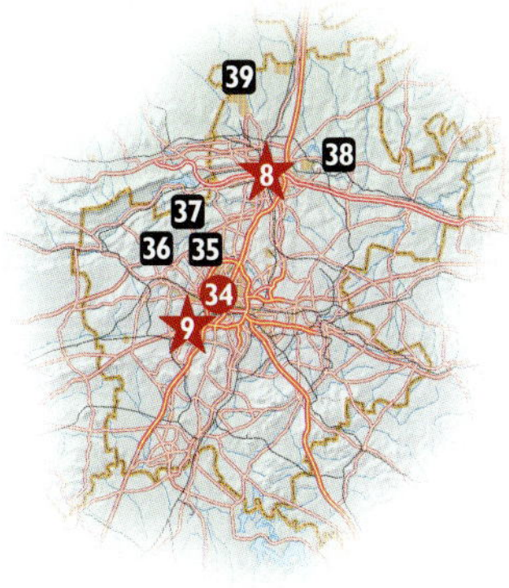

39 Tswaing Crater

Die beeindruckendste landschaftliche Attraktion Gautengs ist der 1,4 km breite, 200 m tiefe, vor etwa 220 000 Jahren durch einen Meteoriteneinschlag entstandene Krater, dessen Setswana-Name Tswaing (»Ort des Salzes«) sich auf den Salzsee am Boden bezieht. Der Krater liegt geschützt in einem kleinen Naturreservat und kann in etwa zwei Stunden zu Fuß umrundet werden.

202 C4 etwa 35 km nördlich von Pretoria an der M35 076 945 59 11; www.ditsong.org.za tägl. 7.30–14 Uhr 20 R

Wohin zum ... Übernachten?

Preise
für ein Doppelzimmer pro Nacht:
R = unter 1500 Rand **RR** = 1500–2500 Rand **RRR** = über 2500 Rand

JOHANNESBURG

54 on Bath Rosebank RRR
Sie wünschen Luxus in zentraler Lage? Dann sind Sie hier richtig. Das früher als »The Grace in Rosebank« firmierende Hotel liegt nahe der Rosebank Mall und verfügt über 73 exklusive Zimmer und 3 Suiten. Die Bäder sind mit Marmor gefliest. Von den oberen Zimmern des neunstöckigen Hauses öffnet sich ein toller Blick auf die City. Fitness-Studio, Bibliothek, reizender Garten im englischen Stil auf dem Dach mit beachtlich langem Pool.
202 C3 54 Bath Avenue, Rosebank
011 344 85 00; www.tsogosunhotels.com

A Room with a View R
Günstiges Gästehaus mit herrlichem Blick auf Melville. Im italienischen Stil errichtet, mit Rundbogenfenstern, Wasserspeiern, unverputzter Backsteinmauer, verfügt es über helle, freundliche Zimmer mit hohen Decken sowie zum Teil auch mit Balkon und Kamin. Die Badezimmer sind mit schwarzem Schiefer ausgelegt. Beheizter Innenpool. Restaurants in Melville sind zu Fuß zu erreichen.
202 C3 1 Tolip Street, Melville 011 482 54 35; www.aroomwithaview.co.za

Backpacker's Ritz R
Dieses beste Backpacker-Hostel mit Doppel- und Mehrbettzimmern in Johannesburg ist in einem großen Herrenhaus untergebracht. Gäste können eine Küche nutzen und den Pool im Garten. Für Freizeitaktivitäten, Ausflüge und Weiterreisemöglichkeiten ist das Reisezentrum ein praktischer Tipp. Nur einen kurzen Fußmarsch entfernt liegt das Einkaufszentrum Hyde Park Corner. Das Ritz organisiert preiswerte Touren mit Fremdenführern aus Soweto.
202 C3 1A North Road, Dunkeld West
011 325 71 25; www.backpackers-ritz.com

De Kuilen Country House R
5-Sterne-Gästehaus mit vier entzückenden Ferienhäuschen im kapholländischen Stil und einer schönen Bed-and-Breakfast-Unterkunft, dem »Tree House« – alle idyllisch in einem großen Garten gelegen. Ein Experte für französische Speisen serviert 4-Gänge-Menüs auf Silber, Kristall und weißem Leinen. Reichhaltiges Weinangebot. Beauty-Behandlungen möglich.
202 C3 30 Glenluce Drive, Sandton
011 462 46 70; www.dekuilen.co.za

Maropeng Boutique Hotel R
Dieses abgelegene, an das Maropeng Visitor Centre angeschlossene Hotel mit 24 Zimmern ist eine ruhige Alternative zu den Unterkünften im lauten Zentrum von Johannesburg. Die großzügigen Zimmer bieten eine schöne Aussicht auf die Bergketten Witwatersrand und Magaliesberg. Es eignet sich besonders gut als Ausgangspunkt für längere Ausflüge zu den Fundstätten fossiler Hominiden (»Wiege der Menschheit«).
202 C3 an der D400 ungefähr 50 km westlich von Johannesburg 014 577 91 00; www.maropeng.co.za

Melrose Arch Hotel RR–RRR
Dieses stilvolle-moderne Hotel liegt im Geschäfts-, Wohn- und Einkaufs-

bezirk Melrose Arch. Die Zimmer schmücken Designermöbel, Flachbildschirm-Fernseher, DVD-Player und tolles Bad (inklusive Badeenten und Kerzen). Getäfelte 24-Stunden-Bibliothek und Spitzenrestaurant mit Bartischen im Pool gehören dazu.
202 C3 1 Melrose Square, Melrose
011 214 66 66; www.africanpridehotels.com

Michelangelo Towers RRR
5-Sterne-Haus in herrlicher Lage mit Blick auf den Nelson Mandela Square: große Zimmer, elegantes Dekor und ein Luxusservice. Hier schlägt man Ihnen abends sogar die Bettdecke auf. Beheizter Innenpool und Spa gehören ebenfalls zum Komfort.
202 C3 8 Maude Street, Sandton
011 245 40 00; www.michelangelotowers.co.za

The Saxon RRR
Idyllisch auf einer gepflegten Grünfläche in der ländlichen Umgebung der nördlichen Vorstädte Johannesburgs gelegen, verfügt diese schicke Bleibe über eine luxuriöse Einrichtung mit langem Pool. Nelson Mandela schrieb hier seine Autobiografie.
202 C3 36 Saxon Road, Sandhurst
011 2 92 60 00; www.saxon.co.za

Ten Bompas RRR
Schickes, freundliches Hotel mit zehn Suiten nahe der Hyde Park Corner Mall. In das moderne Design mischt sich afrikanische Kunst, die Zimmer sind individuell gestaltet. Toprestaurant und besonderer (Zimmer-)Service, der die Gäste auch mit Keksen und Heißgetränken versorgt.
202 C3 10 Bompas Road, Dunkeld West
011 341 02 82; www.tenbompas.com

PRETORIA

Cricklewood Manor RRR
5-Sterne-Hotel im verschlafen wirkenden, schattigen Vorort Waterkloof, nur fünf Autominuten vom Zentrum Pretorias entfernt. Moderner Luxus in eleganter Architektur mit schönen grünen Gärten. Auch ein hervorragendes Restaurant und ein Spa gehören zum Angebot.
202 C3 193 Albert Street, Waterkloof
012 460 82 25; www.cricklewood.co.za

Wohin zum ... Essen und Trinken?

Preise
für ein Zwei-Gänge-Menü ohne Getränke:
R = unter 100 Rand **RR** = 100–200 Rand **RRR** = über 200 Rand

JOHANNESBURG

Browns of Rivonia RR
Ausgezeichnete Küche, beeindruckendes Angebot von 33 000 edlen Tropfen im Weinkeller; im Käseraum können Sie Ihre eigene Käseplatte kreieren. Vielfältige Speisekarte, sündhaft gute Desserts.
202 C3 21 Wessels Road, Rivonia
011 803 75 33; www.browns.co.za
So–Fr 12–15, Mo–Sa 18–22 Uhr

Bukhara RRR
Das Bukhara im Michelangelo Hotel am Nelson Mandela Square ist eine Topadresse für authentische indische Küche. Die Speisen – Tikka Masala, Murgh und köstliche Tandoori-Variationen – werden jeweils frisch zubereitet und schmecken einfach lecker!
202 C3 Nelson Mandela Square, Sandton
011 883 55 55; www.bukhara.com
Mo–Sa 12–15, 18–23, So nur 18–24 Uhr

The Butcher Shop and Grill RR–RRR

Appetit auf ein südafrikanisches Steak, das Ihnen auf der Zunge zergeht? Dann sind Sie hier richtig. An der Fleischtheke wird das Fleisch nach individuellem Wunsch geschnitten und mit verschiedenen Saucen und Gemüsebeilagen angerichtet. Neben Steaks sind auch Lamm, Schwein und Meeresfrüchte im Angebot. Für Vegetarier fällt die Auswahl dürftiger aus.

202 C3 Nelson Mandela Square, Sandton 011 784 86 76; www.thebutchershop.co.za tägl. 12–23 Uhr

Fourno's Bakery R

Frühstück gefällig? Probieren Sie Bagel mit Speck, pochierte Eier und Lachs. Alles kommt frisch aus dem Bäckerofen: Brot, Kuchen, Torten, Quiches, mit Wurst gefüllte Blätterteigröllchen. Zudem gibt es im Feinkostladen ein großes Sortiment zum Mitnehmen.

202 C3 Dunkeld West Centre, Jan Smuts Avenue 011 325 2110; www.fournos.co.za Mo–Fr 7–18, Sa 6–18, So 7–15 Uhr

Moyo RRR

Extravagante Restaurantkette mit Gerichten aus ganz Afrika, ausgezeichneter Weinkarte und Entertainment. Das Personal trägt bunte traditionelle Gewänder, Damen waschen dem Gast die Hände oder tragen ihm ein Henna-Tattoo auf, andere musizieren oder unterhalten mit Zulu- oder Stepptänzen. Das kulinarische Repertoire reicht von marokkanischen Tajine-Gerichten über tunesische Mezze bis zu Currygerichten aus Mosambik und südafrikanischen Fisch- und Meeresfrüchtespeisen. Im Moyo-Shop können Sie Kunsthandwerk erstehen. Reservierung empfohlen – das Moyo ist meist gut besucht.

202 C3 Melrose Square 011 684 14 77; www.moyo.co.za tägl. 12.30–14.30, 18.30–22 Uhr
Außerdem:
Zoo Lake 011 646 00 58

Niki's Oasis RR

Niki Sondlo war die Erste, die das Zentrum wiederentdeckt und hier investiert hat – und das auch noch als Frau! Ihr Jazz-Cafe und -Restaurant ist eine Erfolgsgeschichte, die berühmtesten Musiker treten hier auf, und Niki sagt gerne einige Worte zu deren Porträts an der Wand. Am Freitagabend wird live gespielt, vorher werden Sandwiches, Grillhühnchen, T-Bone-Steaks oder Burger serviert. Die Gäste rekrutieren sich aus der Kunstszene und der hippen Johannesburger Jugend.

202 C3 138 Bree Street, Newtown 011 838 97 33 tägl. 12–24 Uhr

Nuno's Portuguese Restaurant R–RR

Im Herzen des lebhaften Johannesburger Vororts Melville gelegen, der für seine entspannten Bars und Lokale bekannt ist, serviert dieses alteingesessene portugiesische Restaurant Meeresfrüchte und andere typische Gerichte des benachbarten Mosambik sowie eine Auswahl italienischer Hauptspeisen. Zu den Spezialitäten zählen feuriges Hühnchen *piri-piri*, gegrillte Krabben und klassisches portugiesisches Rinder-*trinchado* (mariniertes Rindfleisch in würziger Soße).

202 C3 7th Street, Melville 011 482 69 90 tägl. 8–24 Uhr

PRETORIA

O'Galito RR

Berühmt für sein preisgünstiges Meeresfrüchteangebot mit Sardinen, Shrimps, Hummer und Riesengarnelen-Spießen. Sehr zu empfehlen: Austern mit einer schmackhaften Sauce aus Shrimps, Pilzen, Sherry und Parmesan, Hase in Rotweinsauce oder Ochsenschwanz mit Limabohnen.

202 C3 Woodlands Boulevard, Pretoria East 012 997 41 64; www.ogalito.com tägl. 12–14.30, 18–22 Uhr

Wohin zum ... Einkaufen?

GESCHÄFTE

In den nördlichen Vororten liegt das wohl glanzvollste Einkaufsparadies von Johannesburg, **Sandton City** (Rivonia Road, Sandton, Tel. 011 2176000; www.sandtoncity.com) mit dem angrenzenden **Nelson Mandela Square im Piazza-Stil**. Die ihn säumenden Restaurants schaffen eine reizvolle Atmosphäre.

In der Rosebank Mall (Cradock Road, Tel. 011 7885530; www.themallofrosebank.co.za) gibt es eine Reihe sehenswerter Geschäfte und schöne Aufenthaltsmöglichkeiten. Beachtenswert ist auch der **African Craft Market** mit viel Schmuck, traditioneller Kleidung und Kunsthandwerk. Bei **Maple** findet man Antiquitäten. Eine Post und ein Büro von Computicket für die Buchung von Theateraufführungen oder anderen Events sind ebenfalls unter den über 160 Mietern.

Andere Einkaufszentren sind die weitläufige **Cresta Mall** (Beyers Naude Drive, Northcliff, Tel. 011 6785306; www.crestashoppingcentre.co.za), **Hyde Park Corner** (Jan Smuts Avenue, Hyde Park, Tel. 011 3254340; www.hydeparkshopping.co.za), beliebt für Edelboutiquen und Juwelierläden, oder **Brightwater Commons** (Republic Road, Randburg, Tel. 011 7895052; www.brightwatercommons.co.za) mit Geschäften inmitten ansprechender Grünanlagen mit Kaskaden.

Liebhaber der südafrikanischen Kunst werden in der **Everard Read Gallery** (6 Jellicoe Avenue, Rosebank, Tel. 011 7884805; www.everard-read.co.za), **Kim Sacks Gallery** (153 Jan Smuts Avenue, Parkwood, Tel. 011 4475804) oder der nahe gelegenen **Goodman Gallery** (163 Jan Smuts Avenue, Tel. 011 7881113; www.goodman-gallery.com) fündig.

Für Antiquitäten, Sammlerstücke oder Haushaltswaren eignen sich die Geschäfte an der **Fourth Avenue** in Parkhurst. **Exclusive Books** (www.exclusivebooks.co.za) ist die beste Adresse für Bücher, ihre Filialen sind in allen Einkaufszentren vertreten.

Das frühere Lebensmittelgeschäft **Thrupps** (Thrupps Shopping Centre, Oxford Road, Ilovo, Tel. 011 2680298; www.thrupps.co.za) aus der Goldgräberzeit preist heute ein buntes Feinkostangebot, z. B. französischen Champagner, italienischen Käse, Kaviar und Wachteleier, an.

MÄRKTE

Afrikanische Andenken verkaufen die Händler auf dem sonntags stattfindenden **African Craft Market** (bei der Norwood Mall in Norwood-Viertel). Von Kleidung bis Kunsthandwerk und alles andere nur Erdenkliche (teilweise allerdings in China produziert) ist an den Ständen des **Bruma Lake Flea Markets** (Ecke Ernest Oppenheimer und Marcia Avenue, Bruma) von Dienstag bis Sonntag erhältlich; dazu gibt es Unterhaltung mit Musik und Tanz und Stände mit Essen.

Der **Michael Mount Organic Market** (Bryanston Road, Bryanston, www.bryanstonorganicmarket.co.za) findet am Donnerstag und am Samstag statt. Auf ihm verkaufen die Bauern ihre landwirtschaftlichen Erzeugnisse, viele aus ökologischem Anbau. Auch Souvenirs werden ausgestellt.

Im Maboneng Precinct richten die Bewohner des Viertels im Rahmen eines Nachbarschaftsprojekts jeden Sonntag den **Market on Main** (Ecke Siveright Avenue und Fox Street, marketonmain.co.za) aus: ausgelassene Stimmung mit Partycharakter und gutes Essen sind garantiert.

Ein Sammelsurium von Dingen gibt es beim **Randburg Flea Market** (Di–Fr 10–17.30, Sa, So 10–18 Uhr, www.randburgfleamarket.co.za) bei der Brightwater Commons Mall, den wegen seiner Lage im Grünen Familien besonders schätzen.

Oriental Plaza (Bree Street, Fordsburg, Tel. 011 8386752) ist eine preisgünstige Einkaufsmöglichkeit. Die hiesigen indischen Shops und Stände bieten Bettwäsche, Kleidung, Gewürze und indische Leckereien.

Wohin zum ... Ausgehen?

NACHTLEBEN

Der **Montecasino-Komplex** (William Nicol Drive, Fourways, Tel. 011 5107995; www.montecasino.co.za) bietet neben dem Casino auch Theater, Lounges und Bars (wie das Vintage Varga oder den Cobblestone Pub) sowie Restaurants, einen Flohmarkt an den Wochenenden und einen Vogelpark mit tollen Freiflugshows – **Montecasino Bird Garden** (Tel. 011 5111864).

Casino, Theater, Varieté, Restaurants sowie elegante Lounges und Showbars, in denen Musikgrößen wie Johnny Clegg auftreten, finden Sie im **Emperor's Palace** (64 Jones Street, Kempton Park, Tel. 011 9281000; www.emperorspalace.com). Ein weiterer beliebter Club ist **Back o' the Moon** im **Gold Reef City Casino** (Northern Parkway Drive, Ormonde, Tel. 011 4961423; www.goldreefcity.co.za). Hier finden oft Jazzkonzerte statt. An Fans dieser Musik wendet sich auch das **Bassline** (10 Henry Nxumalo Street, Newtown, Tel. 011 8389145; www.bassline.co.za), das zudem als Plattform für Kwaito- (südafrikanischer Rap) und Hip-Hop-Künstler fungiert. **Katzy's** (Ecke Oxford Road und Biermann Avenue im The Firs/Hyatt Shopping Centre, Tel. 011 8803945, www.katzys.co.za) gilt als einer der besten Jazzclubs Johannesburgs. Nebenbei gibt es über 100 Sorten von Whiskey und gute Cocktails in einer Leder-Holz-Atmosphäre. Die beste Adresse für das Partyvolk ist die Gegend um 7th Avenue in Melville, wo die Bars wie Pilze aus dem Boden sprießen.

Nachtclubs kommen und gehen, aber zu den beliebten Einrichtungen gehören **ESP** (84 Oxford Road, Ferndale, Tel. 011 7924110; www.esp.co.za) und **The Townhall** (66 Carr Street, Newton, Tel. 082 3325772, www.facebook.com/thetownhall), in der das Partyvolk zu Livemusik, House, Electro, Hip-Hop, Indie und Rock bis in die frühen Morgenstunden abtanzt oder einfach nur abhängt. Legendär sind die Street Partys der Townhall. Neueste Infos gibt es auf www.jhblive.co.za oder www.tonight.co.za.

THEATER

Das **Joburg Theatre Complex** (Loveday Street, Braamfontein, Tel. 011 8776800; www.showbusiness.co.za) zeigt auf seinen drei Bühnen Musicals aus aller Welt, Ballett und Oper. Infos oder Tickets erhalten Sie in den Verkaufsstellen von Computicket, die in den meisten Malls vertreten sind, oder online (www.computicket.co.za). Während der Apartheid entstand das **Market Theatre** (Margaret Mcingana Street, Newtown, Tel. 011 8321641; www.markettheatre.co.za) als bedeutender Schauplatz des Protests. Das **Old Mutual Theatre on the Square** (Nelson Mandela Square, Sandton, Tel. 011 8838606; www.theatreonthesquare.co.za) ist eine gute Wahl für Komödien und liegt ideal für ein Abendessen nach der Show. Mehrere Bühnen hat der **Wits University Theatre Complex** (Jorissen Street, Braamfontein, Tel. 011 7171372; www.wits.ac.za/witstheatre).

Mpumalanga & Limpopo

Kleine Erlebnisse

Wie die Goldgräber

Am schönsten wirken die historischen Gebäude von **Pilgrim's Rest** (➤ 142) auf einer Donkey-Cart-Fahrt entlang den Fassaden der Main (und einzigen) Road.

Viktorianische Zeiten

Am Kiosk auf dem Stadtplatz von **Barberton** (➤ 146) serviert man in den Victorian Tea Gardens stilechten 5-Uhr-Tee.

Picknick mit Krokodil

Nkhulu im südlichen **Kruger National Park** (➤ 140f) ist einer der schönsten Plätze für eine Pause; wo sonst kann man beim *braai* Krokodile beobachten?

Erste Orientierung

Limpopo und Mpumalanga, die beiden nordöstlichen Provinzen Südafrikas, sind traditioneller Siedlungsraum der Sepete, Ndebele und Zulu. Hier zeigt sich das Land von seiner ursprünglichen, wilden Seite, und das nicht nur im Kruger National Park. Großartige Naturlandschaften entfalten sich in den Kleinen Drakensbergen mit dem Blyde River Canyon. Für die Erkundung des Nationalparks ist ein eigenes Fahrzeug von großem Vorteil. Alternativ dazu können sich Reisende aber auch organisierten Touren anschließen, die viele Veranstalter und Lodges anbieten.

Gepard im Wildlife Rehabilitation Centre der Moholoholo Lodge in der Nähe von Hoedspruit

Mbombela, der Hauptort der Provinz Mpumalanga, liegt am Crocodile River im subtropischen Lowveld. Als »Drehscheibe« für den Besuch des Kruger National Park ist Mbombela auch per Bus, Bahn und Flugzeug zu erreichen. Hier im Norden erwartet den Reisenden vor allem Natur pur: Südafrikas größtes Wildparadies gleich neben dem auch als »Grand Canyon Südafrikas« gepriesenen Blyde River Canyon. Und die Natur reizt nicht mit Superlativen: Hier die Big Five wie auf dem Präsentierteller, dort bizarre Erosionsskulpturen, Schluchten und Wasserfälle. Polokwane, größte Stadt und Hauptort der Provinz Limpopo, liegt an der von Johannesburg nach Norden führenden N1 und ist eine gute Zwischenstation auf dem Weg zur Safari …

TOP 10

Nicht verpassen!

Nach Lust und Laune!

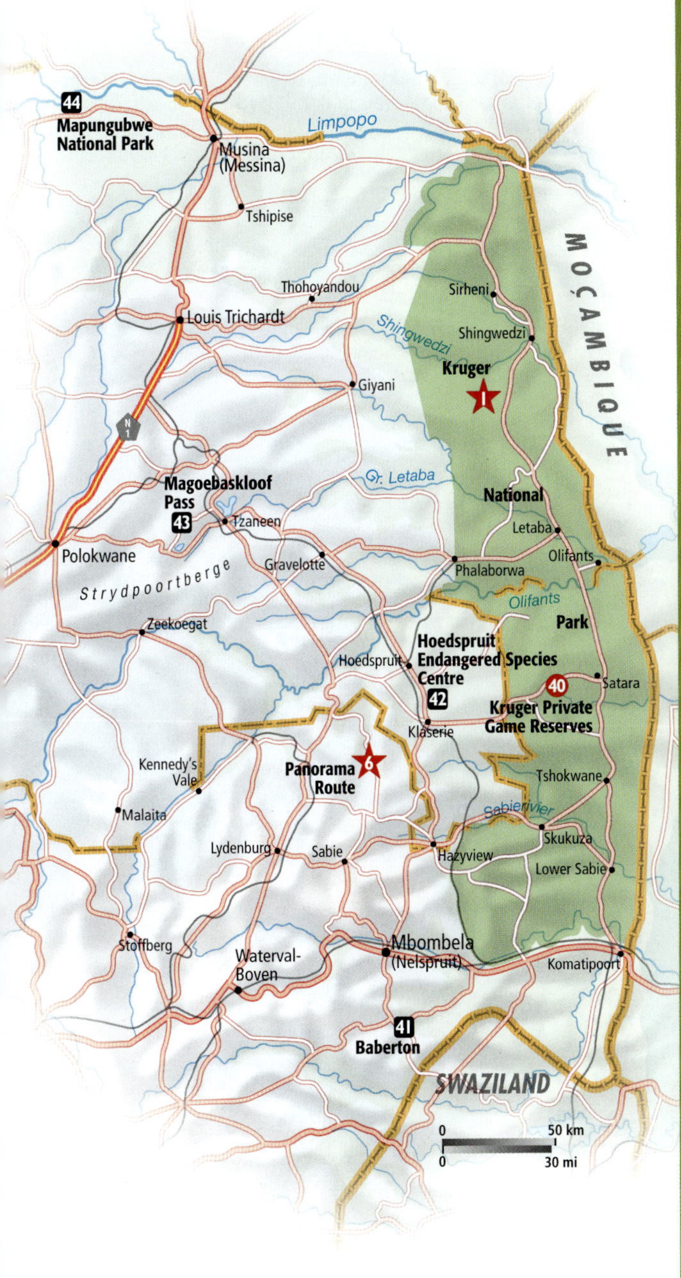

44
Mapungubwe National Park
Limpopo
Musina (Messina)
Tshipise
Thohoyandou
Louis Trichardt
Sirheni
Shingwedzi
Shingwedzi
Kruger
1
MOÇAMBIQUE
Giyani
N1
Magoebaskloof Pass
43
Gr. Letaba
National
Tzaneen
Letaba
Polokwane
Gravelotte
Phalaborwa
Olifants
Strydpoortberge
Olifants
Park
Zeekoegat
Hoedspruit
Hoedspruit Endangered Species Centre
42
40
Satara
Kruger Private Game Reserves
Klaserie
Kennedy's Vale
Panorama Route
6
Tshokwane
Malaita
Sabierivier
Skukuza
Lydenburg
Sabie
Hazyview
Lower Sabie
Stoffberg
Waterval-Boven
Mbombela (Nelspruit)
Komatipoort
41
Baberton
SWAZILAND
0
50 km
0
30 mi

In fünf Tagen

Dieser Routenvorschlag zeigt Ihnen, wie Sie einige der interessantesten Sehenswürdigkeiten in den Provinzen Mpumalanga und Limpopo an fünf Tagen besichtigen können. Die jeweiligen Highlights werden auf den nächsten Seiten näher beschrieben.

Erster Tag

Vormittags
Machen Sie halt in der Provinzhauptstadt **Mbombela**, um sich in der Riverside Mall mit Proviant zu versorgen. Fahren Sie auf der N4 nach Malelane.

Nachmittags
Essen Sie im Restaurant Buhlebethu in der Pestana Kruger Lodge (R570, Malelane, Tel. 013 7902503) mit Blick auf den Krokodilfluss, in dem die Tiere zur Tränke kommen. Weiter geht es auf der N4 bis Crocodile Bridge, dem Südzipfel des 1 **Kruger National Park** (Abb. rechts; ► 140f).

Abends
Verbringen Sie den Spätnachmittag am Sabie River. Oft kann man dort Impala-, Wasserbock- oder Elefantenherden beim Trinken zusehen. Übernachten Sie in einer der Selbstversorger-Unterkünfte in Lower Sabie.

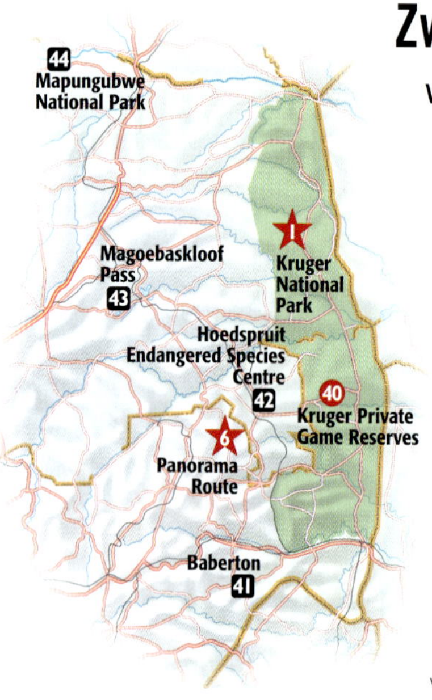

Zweiter Tag

Vormittags
Los geht's mit einer frühmorgendlichen Safari, wenn die Tiere am aktivsten sind, oder gehen Sie mit einem Ranger auf die »Pirsch« (Buchung an der Rezeption).

Nachmittags
Ein Picknick nach der Rückkehr, dann Entspannung am Pool. Nutzen Sie die Fahrt in Krugers größtes Restcamp Skukuza, um nach weiteren Tieren Ausschau zu halten.

Abends
Checken Sie in Ihrem Chalet in Skukuza ein, und genießen Sie ein frühabendliches *braai* unter dem Nachthimmel von Südafrika.

Dritter Tag

Vormittags
Verlassen Sie den Park durch das Paul Kruger oder Phabeni Gate, um die Highlights entlang der malerischen 6 **Panorama Route** (► 142f) sowie die Städte Hazyview und Graskop zu erkunden.

Nachmittags
Essen Sie bei Harrie's Pancakes (Tel. 013 767 1273) in Graskop zu Mittag. Erleben Sie bei einem ein- bis zweistündigen Spaziergang durch das Goldgräberdorf **Pilgrim's Rest** (► 142) aus dem 19. Jh. wahre Goldgräberromantik.

Abends
Bleiben Sie über Nacht in einer der Country Lodges der Region.

Vierter Tag

Vormittags
Entlang der R532 bieten Aussichtspunkte einen überwältigenden Blick auf den **Blyde River Canyon** (► 142) Besuchen Sie die ungewöhnlichen Felsformationen der Bourke's Luck Potholes.

Nachmittags und Abends
Machen Sie sich auf zu einem der herrlichen 40 **Kruger Private Game Reserves** (► 144f) entlang der Westgrenze von Kruger. Achten Sie darauf, früh genug dort zu sein, um an der geführten Nachmittagssafari teilzunehmen, die fast immer im Zimmerpreis enthalten ist.

Fünfter Tag

Vormittags
Vor dem Brunch geht es erst einmal auf eine Safaritour.

Nachmittags
Entweder fahren Sie nach Johannesburg zurück oder über die R36 zum 43 **Magoebaskloof Pass** (► 146).

Kruger National Park

Mit einer Größe von knapp 20 000 km² gehört der im Jahr 1898 gegründete Nationalpark zu den ausgedehntesten Schutzgebieten Afrikas. Das 350 km lange Reservat ist bis zu 90 km breit, grenzt im Osten an Mosambik und im Norden an Simbabwe. Im Westen säumen es private Wildreservate. Seit 2002 ist das Areal zusammen mit dem Ghonarezhou und dem Limpopo National Park in Simbabwe bzw. Mosambik Teil des Great Limpopo Transfrontier Park.

Der nach dem ehemaligen Präsidenten der Südafrikanischen Republik, Paul Kruger (1825–1904) benannte Nationalpark ist eines der artenreichsten Schutzgebiete des südlichen Afrika. Hier sind die Big Five – ca. 15 000 Elefanten, mehr als 5000 Nashörner (davon 350 Spitzmaulnashörner), über 30 000 Büffel, 1500 Löwen und 1000 Leoparden – ebenso zu Hause wie 142 weitere Säugetier-, 507 Vogel- und 114 Reptilienarten. Auch Rudel der sehr seltenen Afrikanischen Wildhunde durchstreifen die Wildnis; ihre Zahl wird auf etwa 350 geschätzt. Wer Wildhunde oder einen der nur 200 Geparde erspäht, hat großes Glück gehabt. Die Vielfalt der Flora steht jener der Fauna nicht nach. Entsprechend den Regionen variiert das Pflanzenkleid. Die nördliche Hälfte prägen Mopanewälder. Im südlichen Bereich dehnt sich lichtes, mit Büffelgras bestandenes Buschland mit verschiedenen Akazienarten, Korallen- und Marula-Bäumen aus. Entlang der Was-

Durch die Blüten eines Korallenbaums blickt man hier auf die Rundhütten im Camp Pretoriouskop

DIE BELIEBTESTEN CAMPS

Lower Sabie: Das Camp unweit eines Stausees zieht in den Morgen- und Abendstunden Büffel, Elefanten, Warzenschweine und Löwen an. Auch zahlreiche Flusspferde kommen zur Tränke. Diverse Unterkunftsmöglichkeiten; jeder Stellplatz mit eigenem Wasseranschluss.

Pretoriouskop: Eines der größten Rastlager in reizvoller, von Granitkuppen geprägter Landschaft. Hier kann man mit Sicherheit Breitmaulnashörner beobachten. Ein in Felsen eingefügter Pool sorgt für Erfrischung.

Orpen: Einfaches Camp ohne Restaurant unweit des Orpen Gate. Attraktiv sind die beiden im Busch verborgenen »Satelliten-Camps« Maroela und Tamboti, Letzteres am Hochufer über einem Flusslauf mit direkter Sicht auf das vorbeiziehende Wild.

Olifants: Hoch über dem Olifants River gelegen, mit fantastischem Blick auf das Buschveld, Flusspferde, Büffelherden, Giraffen, Kudus und Elefanten sowie viele Vögel. Kein Campingplatz.

Letaba: Etwas ruhiger als Olifants, aber ähnlich schön über dem Letaba River gelegen. Das Elephant Hall Museum im Camp stellt mächtige Stoßzähne aus.

BAEDEKER TIPP

- Das Malariarisiko im Kruger ist relativ gering, aber machen Sie dennoch eine **Prophylaxe**. Schützen Sie sich zudem mit **Insektenspray**, entsprechender Kleidung und Kopfbedeckung in der Abenddämmerung, wenn die Mücken am aktivsten sind.
- Während der **südafrikanischen Schulferien** (Ostern, Ende Juni/Anf. Juli, Ende Sept./Anf. Okt., 1. Advent bis ca. 15. Jan.) sind die Restcamps ziemlich überfüllt, vermeiden Sie daher einen Besuch zu dieser Zeit.
- **Buchen Sie** Ihre Unterkunft unbedingt **im Voraus**. Vor Ort wird man Ihnen an der Rezeption bei Umbuchungen auf andere Rest Camps behilflich sein.
- Die beste Zeit für **Wilderness Trails** ist von März bis Juli, wenn es trocken und kühl ist. Auch diese Wanderungen müssen Monate im Voraus gebucht werden (Tel. 012 4289111; www.sanparks.org; max. 8 Personen pro Gruppe).
- Viele Reiseveranstalter in Johannesburg bieten die Besichtigung des Kruger National Park und der Panorama Route in einem drei- bis fünftägigen Ausflug als Paket an.

Oben: Mit wenigen Sprüngen erklimmt der Leopard den Baum; unten: Steppenzebras sind die kleinsten Vertreter ihrer Art und die mit den breitesten Streifen

serläufe, die den Park fast alle von West nach Ost durchfließen, gedeihen Schilf und Galeriewälder. Die meisten fallen außerhalb der Regenzeit trocken. Das Klima des Nationalparks prägt eine heiße Regenzeit in den Sommermonaten zwischen November und April und eine kühle Trockenzeit im Winter. Die beste Zeit für die Tierbeobachtung sind die regenarmen Monate, weil das Wild sich dann in der Nähe der Flüsse bzw. der künstlich angelegten Wasserstellen aufhält und leichter gesichtet wird. Zudem ist die Gefahr einer Malariainfektion im Winter geringer. Am touristischsten ist der südliche Bereich des Nationalparks zwischen Sabie und Olifants River, da sich dort die meisten Camps und Lodges befinden. Besucher dürfen mit dem eigenen Auto (offene Fahrzeuge, Fahrrad oder Motorrad sind verboten) auf Pirschfahrt gehen. Das Aussteigen außerhalb der dafür vorgesehenen Zonen ist nicht erlaubt. Alle Besucher müssen den Park vor der Schließung der Tore verlassen bzw. rechtzeitig die Camps angefahren haben.

KLEINE PAUSE

Die zwölf Hauptcamps gleichen Kleinstädten mit Tankstelle, Restaurant, Läden; einige besitzen sogar einen Pool. Geschlafen wird auf Campingplätzen, in Cottages oder komfortablen Safarizelten sowie in Bungalows mit oder ohne eigene Sanitäranlagen bzw. Küche.

---

203 E5 ☎ 012 428 91 11; www.sanparks.org, www.krugerpark.co.za
Jan.–Feb., Nov.–Dez. 5.30–18.30; März, Okt. 5.30–18, April 6–17.30, Mai bis Aug. 6.30–17.30, Sept. 6–18 Uhr 250 R

6 Panorama Route

Die Panorama Route schlängelt sich entlang zerklüfteter Höhenzüge vorbei an imposanten Wasserfällen, schroff abfallenden Canyons und malerischen Provinzstädten, umgeben von Kiefern- und Eukalyptuswäldern. Sie bietet fantastische Ausblicke auf die 1000 m tiefer gelegenen Ebenen des Kruger National Park.

Sabie und Graskop

Die ehemalige Goldgräbersiedlung **Sabie**, gesäumt von Bergen, weiten Kiefern- und Eukalyptusplantagen, ist heute Zentrum der landesweit größten Forstplantage, die etwa 50 Prozent des Holzbedarfs Südafrikas abdeckt. Vom **Komatiland Forestry Museum** aus werden Tagesausflüge oder Wanderungen mit Übernachtung sowie Mountainbike-Touren organisiert. Sehenswert in der nahen Umgebung sind die **Sabie Falls, Bridal Veil Falls, Horseshoe Falls** und **Lone Creek Falls**, ein 12 km langer Abschnitt des Sabie River eignet sich zum Forellenangeln. Weitere Wasserfälle kann man in **Graskop** bestaunen, ebenfalls ein Zentrum der Forstwirtschaft, an dessen Hauptstraße sich Restaurants und Souvenirshops reihen.

Pilgrim's Rest

Ostwärts geht es ins malerische **Pilgrim's Rest**. Im Jahr 1873 wurde hier Gold entdeckt, mittlerweile steht das Dorf unter Denkmalschutz. Seine im viktorianischen Stil restaurierten Bergmannshäuser erstrahlen heute in neuem Glanz und beherbergen mehrere Museen. Eintrittskarten erhalten Sie bei der Touristeninformation. An der **Diggings Site** erfahren Sie, wie man Gold wusch, und können auch selbst Ihr Glück versuchen.

Blyde River Canyon

Nördlich von Graskop, Richtung **Blyde River Canyon**, führt Sie die Route an verschiedenen Aussichtspunkten mit sprechenden Namen wie »God's Window« und »Wonder View«

Der Blyde River entspringt in den Drakensbergen südlich von Pilgrim's Rest

vorbei. Am spektakulärsten ist jedoch das 26 km lange und bis zu 800 m tief eingeschnittene Tal des Blyde River: Der »Grand Canyon Südafrikas« vermittelt eines der großartigsten Naturerlebnisse des Landes, und sein Besuch lässt sich hervorragend mit einer Visite des berühmten Kruger National Park verbinden. Den Grund der Schlucht erreicht man auf markierten Wanderwegen. Einen besonderen Anblick bieten die Three Rondavels: drei kegelförmige Felsbastionen aus Dolomitgestein hoch über dem Canyon, deren Form afrikanischen Rundhütten ähnelt. Über Fußgängerbrücken und Pfade erreichen Sie **Bourke's Luck Potholes**, wo Sie die ungewöhnlichen, zylinderförmigen Potholes (Strudellöcher) bestaunen können, die die Flüsse Blyde und Treur in die Felsen gewaschen haben. Über die R532 und dann die R36 geht es zum Fuße des Canyons. Von hier bis **Hoedspruit** und zum Orpen Gate des Kruger National Park gibt es zahlreiche Sehenswürdigkeiten und Übernachtungsmöglichkeiten.

Die spektakulären Bourke's Luck Potholes im Blyde River Canyon, dem »Grand Canyon Südafrikas«

KLEINE PAUSE

Graskop ist für seine deftigen Pfannkuchen bekannt. Die gibt's bei **Harrie's Pancakes** (► 150) an der Hauptstraße.

203 E4

Komatiland Forestry Museum
Ford Street, Sabie
013 764 10 58; www.komatiecotourism.co.za Mo–Fr 8–16.30, Sa 8–12 Uhr 5 R

Pilgrim's Rest Tourist Information
Main Street, Pilgrim's Rest
013 768 10 60; www.pilgrimsrest.co.za tägl. 9–16 Uhr

Diggings Site
B1 km südlich von Pilgrim's Rest
tägl. einstündige Führungen um 10, 11, 12, 14 und 15 Uhr 12 R

Bourke's Luck Potholes
013 774 36 17 tägl. 7–17 Uhr
30 R

BAEDEKER TIPP

- Die beste Zeit für den Besuch des **Blyde River Canyon** ist während des kühlen und trockenen Winters, da im Sommer oft nebliges Wetter herrscht. Die Wasserfälle hingegen besichtigt man besser im Sommer, da sie dann mehr Wasser führen.
- Im **Besucherzentrum** bei den Bourke's Luck Potholes erfahren Sie Näheres zur geologischen Entwicklung dieses Gebietes.
- Einen **Routenvorschlag** für die Panorama Route finden Sie hier ► 182f.

40 Kruger Private Game Reserves

In den weiten Ebenen des Lowveld südwestlich des Kruger National Park reihen sich zahlreiche private Wildschutzgebiete aneinander, die meisten mit Luxuslodges und Unterkunft in eleganten Chalets oder Safarizelten mit allem Komfort. Da die Zäune zum Nationalpark entfernt wurden, sind die »Big Five« und andere umherziehende Tiere hier wie dort vertreten.

Alle diese Reservate wurden harmonisch in die Landschaft abgeschiedener Wildnisgebiete eingebettet. Die meisten verlangen eine Eintrittsgebühr von 100 bis 200 R, zusätzlich erheben manche Lodges eine Gebühr für die Erhaltung der Natur. Von den Camps organisierte Game drives starten in den frühen Morgenstunden und am späten Nachmittag; einige bieten Night drives an. Von erfahrenen Guides geführt, sehen die Safariteilnehmer nicht nur wesentlich mehr Tiere, sondern lernen auch viel über deren Besonderheiten.

Rechte Seite im Uhrzeigersinn: Elefanten und Giraffen nahe dem Camp Satara, Breitmaulnashörner im Süden des Parkgeländes, Flusspferde beim Camp Lower Sabie und ein Löwe in der Nähe von Hoedspruit

KLEINE PAUSE

Eine Safari beginnt üblicherweise mit Kaffee und Zwieback, bevor es schon in den frühen Morgenstunden losgeht. Zurück in der Lodge erwartet Sie ein verspäteter Brunch. Entspannen Sie sich bis zur Teestunde. Danach geht es wieder auf Safari, im Auto oder zu Fuß. Abends wartet ein üppiges Mahl auf Sie, das auch im Busch serviert werden kann.

---

203 E4

Sabi Sand Game Reserve ☎ www.sabisand.co.za
MalaMala Game Reserve ☎ www.malamala.com
Manyeleti Game Reserve ☎ www.manyeleti.co.za
Thornybush Game Reserve ☎ www.thornybushcollection.co.za
Kapama Game Reserve ☎ www.kapama.co.za
Klaserie Private Nature Reserve ☎ www.klaseriecamps.com
Timbavati Private Nature Reserve ☎ www.timbavati.co.za
Transfrontiers Walking Safaris ☎ www.transfrontiers.com

Unten links: ein Haubenbartvogel am Olifants-Aussichtspunkt in der Nähe des gleichnamigen Camps

BAEDEKER TIPP

Sie haben **mehr von der Safari**, wenn Sie sich nicht ausschließlich auf die Entdeckung der Big Five konzentrieren, sondern auch Interesse für die kleineren Bewohner, etwa für die reiche Vogelwelt, zeigen.

Nach Lust und Laune!

41 Barberton

Die Stadt erlebte einen Aufschwung, als hier 1884 Gold gefunden wurde. Vier Jahre später war der Boom mangels weiterer Edelmetallfunde aber schon wieder vorbei, und so verlagerten die Digger ihr Interesse nach Witwatersrand. Von der »goldenen« Vergangenheit zeugen bis heute ein paar hübsche Häuschen, einige davon sind zugänglich. So erfährt man etwa im Barberton Museum Wissenswertes über Geschichte, Geologie, Archäologie und Ethnologie der Region.

203 E3 Crown Street 013 712 28 80; www.baberton.co.za Mo–Fr 7.30–17, Sa 8–13 Uhr

AUF DEN HUND GEKOMMEN

Nehmen Sie das Denkmal des Hundes **Jock of the Bushveld** vor dem Rathaus Babertons als Aufhänger, laden Sie das gleichnamige Buch auf Ihr Tablet (kostenlose Kindle-Edition, leider nur englisch) und erzählen Sie es für die Kinder nach. Sir James Percy FitzPatrick hat seine Erlebnisse als Ochsenkarrenfahrer in den 1880er-Jahren in dieser Gegend, niedergeschrieben und seinen treuen Hund damit unsterblich gemacht.

42 Hoedspruit Endangered Species Centre

In der Umgebung des kleinen, etwa 65 km nordöstlich der Kreuzung R532/R36 am Eastgate des Kruger National Park gelegenen Orts Hoedspruit sind mehrere Rehabilitationszentren für Tiere zu finden, darunter das Moholoholo Wildlife Rehab Centre (www.moholoholo.co.za). Zu den bedeutendsten Forschungs- und Zuchtzentren für gefährdete Tiere zählt das im privaten Wildreservat Kapama gelegene Hoedspruit Endangered Species Centre: Gegründet wurde dieses ursprünglich allein für die Gepardenzucht – mittlerweile gibt es hier über 80 Geparden. Auch Wildhunde, junge Nashörner, Afrikanische Wildkatzen, Hornraben und verschiedene Antilopenarten haben hier ein Zuhause. Führungen finden zur vollen Stunde statt. Im offenen Geländewagen geht es dabei um die Gehege. Im dazugehörenden Camp Jabulani können Sie auch einen Elefantenritt unternehmen – wenn Sie dort übernachten, sogar nachts!

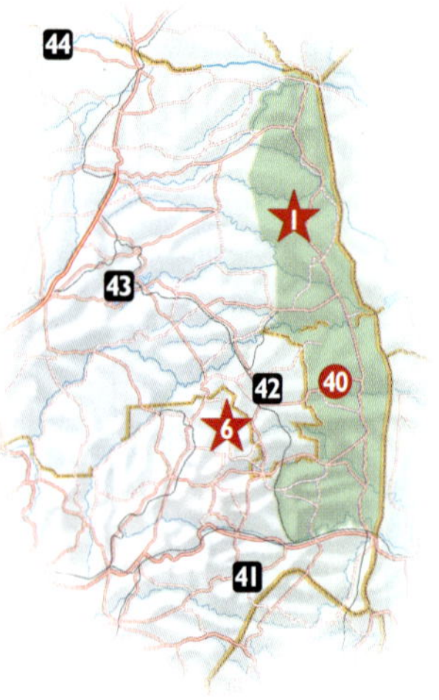

203 E4
bei der R40, nahe Hoedspruit
015 793 16 33; www.hesc.co.za
tägl. 8–17 Uhr 130 F

43 Magoebaskloof Pass

Von Tzaneen, dem Zentrum einer großen Gartenbauregion und beliebten Zwischenziel auf dem Weg zum Kruger National Park, führt die R71 südwestlich zum Magoebaskloof Pass hinauf. Zunächst verläuft die Straße parallel zum Tal des Magoebas River, nach ca. 18 km zweigt rechts ein Weg zu den 3 km entfernten Debegeni Falls ab. Die Kaskaden stürzen 80 m tief und bilden einen kleinen See (Baden erlaubt). Die Straße steigt an, beim Magoebaskloof Hotel ist die Passhöhe erreicht (1432 m ü. d. M.). Später passiert man den Ebenezer-Stausee, ein beliebtes Ausflugsgebiet (Bootfahren, Angeln). Von hier sind es noch 5 km bis nach Haenertsburg, das für Forellen und das Kirschblütenfest im Frühjahr bekannt ist. Auf dem 2 bis 5 Tage langen, relativ einfach zu gehenden Magoebaskloof Hiking Trail (Start an den Dokolewa Pools, 105 R/Nacht) kann man das touristisch noch vergleichsweise wenig erschlossene, pflanzenreiche Gebiet um den Magoebaskloof Pass erkunden. In einer der sechs am Weg liegenden Schutzhütten (Auskunft und Buchung: www.komatiecotourism.co.za) findet man eine Unterkunft.

203 D4 Haenertsburg 083 442 74 29; www.magoebasklooftourism.co.za
Mo–Fr 8–17, Sa–So 8.30–12 Uhr

44 Mapungubwe National Park

Es ist nur ein unscheinbarer Hügel im abgelegenen Grenzgebiet von Südafrika, Botswana und Simbabwe, und doch eröffnete er den Archäologen einen ganz neuen Blick auf Afrikas Geschichte. 1932 wurden hier nämlich reich ausgestattete Gräber entdeckt; die Toten trugen kostbaren Goldschmuck und waren mit Grabbeigaben beerdigt, die aus Arabien und Asien stammen. Der Hügel von Mapungubwe gab Spuren eines Königreichs frei, das vor Greater Zimbabwe, der ältesten bis dato bekannten südafrikanischen Hochkultur, existierte. Man nimmt an, dass Mapungubwe von 1050 bis Ende des 13. Jh.s in seiner höchsten Blüte stand und Handel bis zur ostafrikanischen Küste trieb, wo auch die Objekte aus Arabien und China erworben wurden. 1994 wies die Regierung einen Nationalpark um die Ausgrabungsstätte aus; 2002 rief der damalige Präsident Thabo Mbeki den Mapungubwe-Orden als höchsten des Landes ins Leben und verlieh ihn an Nelson Mandela. Im Jahr 2003 erklärte die UNESCO die Ruinen und Gräber zum Weltkulturerbe. Im September 2011, zur Eröffnung des Informationszentrums, wurden die lange in der University of Pretoria gelagerten Artefakte in das Museum des Parks zurückgebracht. Die archäologische Stätte auf dem Hügel kann auf geführten Touren besichtigt werden.

203 D5 70 km westlich von Musina an der R572 015 534 79 25; www.sanparks.org
Tagesbesucher: Sept.–März 6–18.30; April bis Aug. 6.30–18 Uhr 144 R

Affenbrotbaum im 2003 zum Welterbe der UNESCO erklärten Mapungubwe National Park

Wohin zum … Übernachten?

Preise
für ein Doppelzimmer pro Nacht:
R = unter 1500 Rand **RR** = 1500–2500 Rand **RRR** = über 2500 Rand

KRUGER NATIONAL PARK UND PRIVATE GAME RESERVES

Camp Jabulani RRR
Jabulani verfügt über sechs elegante Suiten, alle mit Reetdach und afrikanischen Accessoires. Verschiebbare Wände eröffnen eine perfekte Sicht über die Wildnis. Holzveranda und Tauchbecken gehören zum Komfort.
203 E4 Kapama Game Reserve 015 793 12 65 (Camp), 012 460 56 05 (Reservierung); www.campjabulani.com

MalaMala (Main Camp, Rattray's, Sable Camp) RRR
Diese drei Camps liegen im MalaMala Game Reserve, das eine offene Grenze zu Kruger im Osten und zu Sabi Sand im Westen hat. Hier gibt es zahlreiche Wildtiere zu sehen, insbesondere Leoparden. Und dank einer Zugangsschränkung zu den drei Camps sind gute Sichtungen selten übervölkert.
203 E4 MalaMala Game Reserve 011 442 22 67; www.malamala.com

Ngala RRR
Die 20 reetgedeckten Cottages sind mit edlen Antiquitäten ausgestattet, durch Mopane-Bäume geschützt und bieten einen Blick auf ein Wasserloch sowie einen großen Pool. Die nahe Flussniederung des Timbavati ist ein günstiger Platz, um Elefanten und Löwen zu sehen. Im Preis sind alle Safaris eingeschlossen. Familienfreundliche Unterkünfte und eine besonders luxuriöse Suite nur für Hochzeitsreisende gibt es ebenfalls.
203 E4 Timbavati Private Nature Reserve 011 809 43 00; www.ngala.co.za, www.andbeyond.com

Singita RRR
Singita umfasst eine Gruppe luxuriöser Wildlife Lodges und besitzt zwei Konzessionen: zum einen das private Reservat Sabi Sand mit den Lodges Ebony, Castleton und Boulders, zum andern das Lebombo Game Reserve mit Lebombo und Sweni, an der Grenze des Kruger zu Mosambik. Die hell und modern eingerichteten Designerlodges vereinen Stroh, Holz, Glas und Metall. Gute Küche, guter Wein, Spitzenranger und Spa runden das Safarierlebnis perfekt ab.
203 E4 (Sabi Sand) siehe Website für die einzelnen Lodges 021 683 34 24; www.singita.co.za

Skukuza and Lower Sabie R
Das größte Restcamp des Kruger ist Skukuza mit Blick auf den Sabie River im wildreichen Süden des Parks. Zur hervorragenden Ausstattung zählen u.a. ein Restaurant, drei Swimmingpools und ein Golfplatz. Sie können in Selbstversorger-Unterkünften oder im Camp übernachten. Das kleinere Camp Lower Sabie in der Nähe liegt ebenfalls am Sabie River.
203 F4 nahe Paul Kruger Gate 013 735 42 65; www.sanparks.org

PANORAMA ROUTE

Blyde River Canyon Lodge R
Genießen Sie die intime Atmosphäre in der reizenden Lodge mit Stroh-

dach, an der Straße zum Blyde-Stausee am Fuße des Canyons. Die Lodge hat neun komfortable Zimmer und Suiten mit Klimaanlage und eigener Terrasse. Einen Pool gibt es auch, und Zebras kreuzen hier gerne mal den Weg.

203 E4 bei R531, 67 km vom Orpen Gate 015 795 53 05; www.blyderivercanyonlodge.com

Cybele Forest Lodge RR–RRR

Reizende Lodge, versteckt in einem nebelverhangenen Waldgebiet aus Kiefern- und Eukalyptusbäumen gelegen. Die individuell gestalteten Zimmer der restaurierten Jagdhütte aus dem 18. Jh. sorgen für eine persönliche Atmosphäre. Einige Lodges haben einen eigenen Garten und Pool. Köstliche Speisen im Restaurant. Pferde stehen für einen Ausritt bereit. Zur Ausstattung gehört auch ein Spa.

203 E4 nahe der R40 zwischen Mbombela und Hazyview 013 764 95 00; www.cybele.co.za

The Royal Hotel R

In diesem 1896 errichteten Hotel im Goldgräberort Pilgrim's Rest reisen Sie zurück in die Vergangenheit. Die Zimmer sind auf insgesamt zehn Gebäude – mit originalen Holzwänden und Blechdach – verteilt und im damaligen Stil gehalten, mit Pseudo-Antikmöbeln, Messing-Himmelbetten sowie frei stehenden Badewannen auf Klauenfüßen. Es gibt keine Fernseher, dafür vermitteln Erinnerungsstücke in der Bar und im Restaurant die Geschichte des Dorfes.

203 E4 Main Street, Pilgrim's Rest 013 768 11 00; www.royal-hotel.co.za

MAPUNGUBWE NATIONAL PARK

Leokwe Camp R

Das größte Camp im Mapungubwe National Park liegt im östlichen Teil, in einem von spektakulären Sandsteinbergen umgebenen Tal, rund 15 Autominuten vom Hauptzugang entfernt. Alle Unterkünfte sind für Selbstversorger konzipiert. Zur Ausstattung gehören ein Gemeinschaftspool und ein Picknickbereich sowie ein Ansitz im Baum für Vogelbeobachtungen in der Nähe.

203 D5
rund 10 km nördlich vom Hauptzugang
015 534 79 23; www.sanparks.org

Wohin zum ... Essen und Trinken?

Preise
für ein Zwei-Gänge-Menü ohne Getränke:
R = unter 100 Rand **RR** = 100–200 Rand **RRR** = über 200 Rand

MBOMBELA

Kuzuri Restaurant RR

Auf einem Holzdeck mit Blick auf den Hauptwasserfall im üppigen botanischen Garten von Mbombela wird ein kosmopolitisches Menü à la carte serviert mit einer guten Auswahl von Gerichten der Kap-Malaii-Küche.

203 E3 Lowveld National Botanical Garden 013 757 09 07; www.kuzurirestaurant.co.za Mi–Sa 8–21, So–Di 8–15 Uhr

PANORAMA ROUTE

The Ant and Elephant RR

Das inmitten von Mango- und Litschiplantagen gelegene Haus mit wilden Feigenbäumen im Garten

bietet umfangreiche À-la-carte-Küche sowie besondere Kreationen vom Chefkoch persönlich. Ein Renner ist der Hot Summer's Dream – pikant gebratener Tintenfisch.
203 E4 6 km westl. von Hazyview an der R536 Richtung Sabie 013 737 81 72; www.antandelephant.co.za Mo–Sa 18 Uhr bis spätnachts

Canimambo Restaurante RR

Würziges Hühnchen, gegrillte Zitronen-Butter-Krabben und andere hervorragende Meeresfrüchte sind die Spezialitäten dieses beliebten portugiesischen Restaurants.
203 E4 Ecke Louis Trichardt und Hoof streets, Graskop 013 767 18 68; www.canimambo.za.net Sa–Do 11–21, Fr 12–21 Uhr

Gum Treez Pub & Grill R–RR

Der kleine Komplex auf der Flussseite des Casterbridge Centre wird von hohen Gummibäumen überdacht und besteht aus einem Coffee Shop für das Frühstück oder den Nachmittagstee, einem Pub und dem Restaurant. Am schönsten sitzt man draußen auf der Terrasse. Die Atmosphäre ist locker-entspannt und die Karte groß mit Speisen aus der südafrikanischen Landküche. Viele Fleischgerichte, aber auch Currys, *bunny chow* und Fisch werden serviert.
203 E3 Casterbridge Lifestyle Center, White River 013 750 03 34; www.facebook.com/gumtreezpubandgrill Mo–Do 10–21, Fr, Sa 9–21, So 9–14 Uhr

Harrie's Pancakes R

Ob deftig oder süß: Harrie's, von dem es inzwischen landesweit Ableger gibt, weiß, wie man Pfannkuchen zubereitet. Gefüllt werden diese nach Wunsch mit Forellenmousse, pikant-würziger Butternusskürbis- oder Blauschimmelkäse-Sauce, Bananen und Karamellsauce oder schwarzen Kirschen und Likör …
203 E4 Louis Trichardt Street, Graskop 013 767 12 73 tägl. 8–5.30 Uhr

The Wild Fig Tree RR

Eine große Veranda in gemütlichem Ambiente lädt zum Essen im Freien ein. Tagsüber für einen Kaffee oder kleinen Snack geeignet, frönt man hier abends auch anspruchsvolleren Speisen: Fleisch vom Krokodil, Wild und, typisch für diese Region, Forelle. Letztere ist ein Muss. Auch die selbst gebackenen Kuchen und Desserts sind legendär. Nach dem Essen kann im Kuriositätenladen gestöbert werden.
203 E4 Ecke Main Road und Louis Trichardt Street, Sabie 013 764 22 39 tägl. 8.30–21 Uhr

The Windmill Wine Shop R

Das Wein- und Delikatessengeschäft des nördlichsten Weinguts im Lande eignet sich für einen Halt auf der Durchreise. Stellen Sie sich Ihr persönliches Menü aus verschiedenen Tapas, Käse, Fleisch, Pickles und Oliven zusammen. Dazu werden ofenwarmes Brot auf einem rustikalen Holzbrett, offener Wein und Bier vom Fass serviert.
203 E4 R536 zwischen Hazyview und Sabie 013 737 81 75; www.thewindmill.co.za Mo–Sa 9–17 Uhr

HOEDSPRUIT

Mad Dogz Café R

Eine gute Einkehrmöglichkeit auf dem Weg zum Nationalpark und den privaten Wildreservaten. Das schmucke Landcafé mit schattigem Plätzchen auf strohgedeckter Terrasse tischt südafrikanische Spezialitäten auf, z. B. *bobotie* (eine Art Hackauflauf mit pikanter Eiercremekruste), Hühnerleber, gebackene Forelle und Cajungerichte. Mit einem Bauernfrühstück lässt sich der Tag wunderbar beginnen. Die angrenzende Monsoon Gallery ist einen Besuch wert.
203 E4
R527, 28 km von Hoedspruit entfernt, am Fuß des Blyde River Canyon
015 795 51 14; www.countryhouse.co.za
tägl. 8–17 Uhr

The Trading Post RR

In dieser reetgedeckten, lockeren Buschbar können Sie am lodernden *braai* (Grill) – an jedem Tisch ist ein Gas-*braai* angebracht – Ihr Grilltalent unter Beweis stellen. Wählen Sie an der Theke das Fleisch aus, oder entscheiden Sie sich für eine der ausgezeichneten Holzofenpizzen.

203 E4 ✉ R527, 26 km von Hoedspruit entfernt ☎ 083 459 73 71; www.tradingpost hoedspruit.co.za ⌚ Mo–Sa 10.30 bis spätnachts

MAGOEBASKLOOF PASS

The Iron Crown Pub and Grill R

Herrlich eingebettet inmitten der Magoebaskloof Mountains, zieht die ländliche Kneipe, mit langer Holztheke, sonntagmittags Familien an. Die Küche ist auf Fleischgerichte spezialisiert: erstklassige Steaks, Rippchen und Hühnerschnitzel, dazu eine große Auswahl an unwiderstehlichen Saucen. Das Personal ist freundlich und locker. Auf großen Fernsehbildschirmen werden wichtige Spiele übertragen, rechnen Sie daher mit jeder Menge Stimmung.

203 D4 ✉ Haenertsburg an der R71 ☎ 015 276 47 55 ⌚ Di–Sa 11 bis spätnachts, So 9–16 Uhr

Wohin zum ... Einkaufen?

MBOMBELA

Hier werden Zitrus- und andere tropische Früchte wie Mangos, Avocados, Litschis, Bananen, Papayas, Guaven und Granadillas, aber auch Nüsse in Hülle und Fülle angebaut. Halten Sie nach diesen an Verkaufsständen am Straßenrand Ausschau, oder suchen Sie einen der vielen **Farmstalls** (afrikaans: *padstall*) für Produkte frisch vom Bauern auf. 5 km außerhalb der Provinzhauptstadt, an der White River Road, steht die größte Shoppingmall Mpumalangas: die **Riverside Mall** (Tel. 013 757 00 80; www.riversidecentre.co.za, Mo–Sa 9–18, So 9–15 Uhr) mit 140 Geschäften, 15 Restaurants, Kino und Casino – eine günstige Gelegenheit für Selbstversorger im Kruger. **Casterbridge Lifestyle Centre** (Tel. 013 751 15 40, www.casterbridge.co.za, Mo–Sa 9–16.30, So 9–16 Uhr), zwei Kilometer hinter White River an der R40, ist ein attraktives Einkaufszentrum mit Restaurants und einem Kino. Zu kaufen gibt es Secondhand-Bücher, Kunst, einheimische Lebensmittel, Schmuck und Kleidung. Hier sind auch das Heimatkunde- und Oldtimermuseum (Tel. 083 448 61 50, tägl. 9–16.30 Uhr, frei, Spende erwünscht) sowie eine Touristeninformation (Tel. 013 750 10 73) untergebracht. Für Kinder ist der **Streichelzoo** interessant. An Samstagen findet in Casterbridge ein Dorfmarkt statt.

In Casterbridge verkauft **Rottcher Wineries** (Tel. 013 751 34 72) Avalencia, einen weinähnlichen Drink aus fermentiertem Orangensaft und Zuckerrohr. Hergestellt wird er auf einer Macadamianussfarm, das Geschäft in Casterbridge hat auch Nüsse sowie Orangen- und Ingwerliköre in Steinkrügen. Auf der anderen Straßenseite gegenüber der Casterbridge Farm liegt das **Bagdad Centre**, ein kleines Einkaufszentrum mit Geschäften, die afrikanisches Kunsthandwerk anbieten, und einem Feinkostladen, der frische Forellen, Käse und Schinken verkauft.

PANORAMA ROUTE

In Sabie und Graskop locken zahlreiche Souvenirläden und Straßenverkaufsstände die Touristen an. Afrikanische Holzschnitzereien gibt es oft auf Parkplätzen beliebter Aussichtspunkte – an Wasserfällen und am Blyde River Canyon. In Sabie ist **The Bookcase** (Woodsman Centre, Main Street, Tel. 013 764 20 14, Mo–Sa 8.30–17, So 8.30–15 Uhr) eine Topadresse für gebrauchte wie neue Bücher, v. a. die Geschichte des Landes betreffend. **Perry's Bridge Trading Post** in **Hazyview** (Main Street, Tel. 013 737 69 29, www.perrysbridge.co.za, Mo–Fr 7.30–16 Uhr) bietet u. a. ein Delikatessengeschäft und einen Süßwarenladen mit importierter Schokolade, eine Touristeninformation, einen Schlangenpark und mehrere Restaurants. Der **Marula Market** (5 Min. von Hazyview, an der R535 Richtung Graskop, Tel. 013 737 58 04; www.shangana.co.za) im Shangana Cultural Village (➤ rechts) ist für Kunsthandwerk bekannt. In kreisförmig angelegten, baumgesäumten Hütten leben und arbeiten die Künstler. Für viele Menschen der Region hat der Ort an Bedeutung gewonnen, da sie hier mit künstlerischem Talent ihren Lebensunterhalt bestreiten können. Entlang der Straße in Pilgrim's Rest finden Sie Souvenirs und Kurioses sowie Restaurants in restaurierten Häusern aus der Goldgräberzeit.

HOEDSPRUIT

An der R527, am Fuß des Blyde River Canyon Richtung Hoedspruit, gibt es eine Reihe interessanter Plätze, z. B. die **Monsoon Gallery** (R527, östl. der Kreuzung mit der R36, Tel. 015 795 51 14; bluecottages.co.za/monsoon-gallery) mit einer tollen Auswahl an hochwertigem Ethnoschmuck, Volkskunst, Keramik, Stickereien, Körben und Büchern über Wildtiere. Einiges davon sind Antiquitäten, und der Besitzer ist ein begeisterter Sammler von indigener Stammeskunst. Nebenan ist das Mad Dogz Café. Unweit davon, an der R532, 33 km südlich von Hoedspruit, stellt das **Bombyx Mori Silk Estate** (Tel. 082 808 92 03, www.goddingandgodding.com) u. a. vornehmste Seidenbettwäsche her. Eine Führung gibt Einblick in die Herstellung von Seide, inklusive der Entwicklung einer Seidenraupe.

Wohin zum ... Ausgehen?

Angesichts der Tatsache, dass die Region für Buschland und ländliche Atmosphäre bekannt ist, fällt das Nachtleben entsprechend dürftig aus. Jedoch profitieren Sie von einem großen Freizeitangebot.

Der **Big Swing** (Panorama Gorge, an der R533 nahe Graskop Richtung Hazyview, Tel. 013 767 16 21; www.bigswing.co.za) ähnelt einem Bungeesprung, jedoch schwingt das Seil nach dem Fall nach außen: hinweg über die herrlichen Panorama Falls. Die Flüsse sind ideal für **Wildwasserrafting**; Panorama Information und Central Reservation (Tel. 013 767 13 77; www.panoramainfo.co.za) informiert über Ausflüge inkl. Übernachtung. Aus der Vogelperspektive stellt sich der Blyde River Canyon noch imposanter dar (Sunrise Aviation, Tel. 013 744 92 54; www.sunrisehelicopters.co.za). Helikopter tauchen bedrohlich tief in den Canyon ein, ebenso abenteuerlich geht's vorbei an Wasserfällen. Ballonfahrten sind auch möglich (Suncatchers, Tel. 087 806 20 97, www.suncatchers.co.za). Von Hazyview sind es 5 km, R535 Richtung Graskop, bis ins **Shangana Cultural Village** (Führung tägl.; Tel. 013 737 58 04; www.shangana.co.za). Am besten kommen Sie abends, wenn das Dorf seine Stammesfeste zelebriert.

Nordwesten & das Landesinnere

Kleine Erlebnisse

Schönster Sonnenuntergang

Der Himmel färbt sich königsblau, und die Dünen erglühen im späten Sonnenlicht orangerot: *So* nur im **Kgalagadi-Park** (➤ 164ff).

Sundowner mit Einheimischen

Am Ash River, an der Grenze zu Lesotho, wo die Wasserversorgung von Johannesburg ihren Ursprung nimmt, versammeln sich die Bewohner von **Clarens** (➤ 167) zum Sundowner.

Von Audi bis Volvo

Auf den Wüstenstrecken **Upingtons** (➤ 168f) sausen die getarnten Erlkönige bei Testfahrten in Höchstgeschwindigkeit (und legal) über den Asphalt und überholen jeden.

Erste Orientierung

Nur wenige Touristen wagen sich in die nördlichen Regionen des Landes: Sengende Hitze, große Entfernungen sowie vereinzelte Städte und Siedlungen machen das Reisen oft zur Strapaze. Andererseits zieht es wahre Abenteurer eben genau an solche abgelegenen Orte.

Karges Land mit schier endlosen Wüstenebenen und zu Skulpturen erodierten Felsgebirgen prägt die Provinz Nordkap. Wahre Schätze schlummern hier oft im Verborgenen: Wasser gespeichert in den Stämmen und Wurzeln der Wüstenpflanzen, Blumensamen, die nach spärlichem Regen zu Blütenteppichen explodieren, Diamanten in den erstarrten Schloten unterirdischer Vulkane. Die Kalahari ist Heimat der Nama wie der San, der letzten Nomadenvölker Südafrikas, und bietet trotz ihrer Ariditität einer artenreichen Tierwelt Lebensraum. Ihr größter Teil liegt in Botswana und in Namibia, im Grenzgebiet zu Südafrika werden große Bereiche im Kgalagadi Transfrontier Park geschützt. Von Johannesburg aus bietet das zügig erreichbare Spielerparadies Sun City allerdings zunächst einmal ein deutliches Kontrastprogramm zu den angrenzenden Wildschutzgebieten Pilanesberg und Madikwe. Die im Landesinneren gelegene Provinz Freistaat dominieren flache Weizenfelder, während sich an der östlichen Grenze zu Lesotho hin die Berglandschaft der Eastern Highlands erhebt.

Abgeflachte Sandsteinformationen im Golden Gate Highlands National Park, in der zentralen Provinz Freistaat

TOP 10

Nicht verpassen!

Nach Lust und Laune!

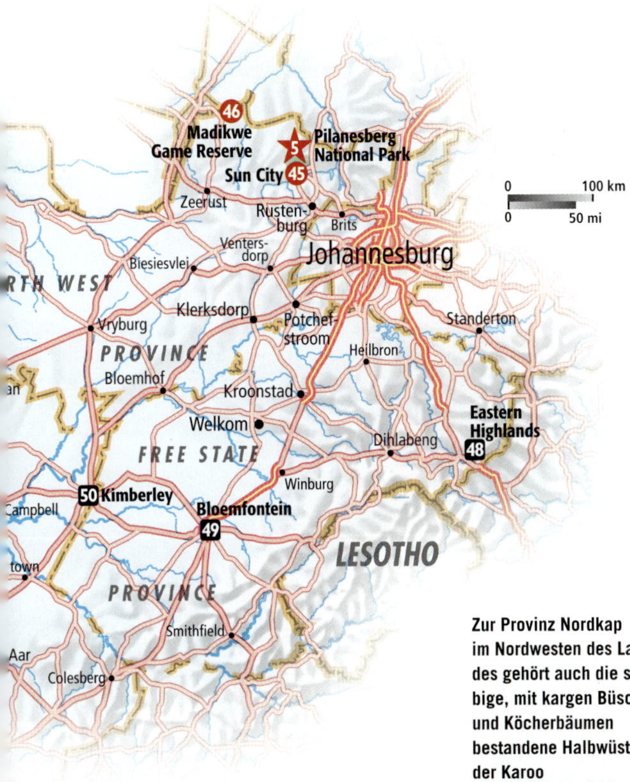

Zur Provinz Nordkap im Nordwesten des Landes gehört auch die staubige, mit kargen Büschen und Köcherbäumen bestandene Halbwüste der Karoo

In sieben Tagen

Dieser Routenvorschlag zeigt Ihnen, wie Sie einige der interessantesten Sehenswürdigkeiten im Nordwesten und dem Landesinneren an sieben Tagen besichtigen können. Die jeweiligen Highlights werden auf den nächsten Seiten näher beschrieben.

Erster Tag

Machen Sie sich am Morgen auf den Weg nach 45 **Sun City** (➤ 160), eine zweistündige Fahrt von Johannesburg entfernt. Verbringen Sie einen entspannten Nachmittag bei einem Golfspiel, im Wellenpool oder an den künstlichen Stränden des Valley of the Waves (➤ 160), nutzen Sie eines der Wassersportangebote in Waterworld oder am City Dam. Genießen Sie am Abend ein Essen in einem der feinen Restaurants, gefolgt von ein wenig Nervenkitzel im Casino.

Zweiter Tag

Am frühen Morgen bieten sich eine Safari oder ein Elefantenritt im ★5 **Pilanesberg National Park** (Abb. rechts: ein – zu den Big Five gehörender – Kaffernbüffel an einem Wasserloch; ➤ 158f;) an. Machen Sie sich nach einem späten Frühstück oder frühen Mittagessen auf den Weg zum 46 **Madikwe Game Reserve** (➤ 162f), damit Sie pünktlich zum Nachmittagstee auf dem Deck Ihrer Luxuslodge dort sind. Nehmen Sie am späten Nachmittag erneut an einer Safari oder nach Einbruch der Dunkelheit an einer Scheinwerferfahrt teil, und genießen Sie nach der Rückkehr zur Lodge ein Abendessen.

Dritter Tag

Im Morgengrauen geht es zu einer weiteren geführten Safari, bevor Sie später einen herzhaften Brunch zu sich nehmen. Nutzen Sie den Rest des Tages für die 500 bis 600 km lange Fahrt nach 50 **Kimberley** (➤ 168). Gönnen Sie sich ein Gourmetessen im **Butler's Restaurant** (➤ 171).

Vierter Tag

Besuchen Sie den berühmten **Big Hole Complex** (➤ 168) von Kimberley, wo Sie eines der größten je von Menschenhand geschaffenen Löcher besichtigen und sich mit der Straßenbahn durch die Rekonstruktion einer Diamantminenstadt aus dem 19. Jh. bewegen können. Fahren Sie am Nachmittag 377 km über die R64 und N10 nach 51 **Upington** (➤ 158). Verbringen Sie die Nacht in Upington, und essen Sie am

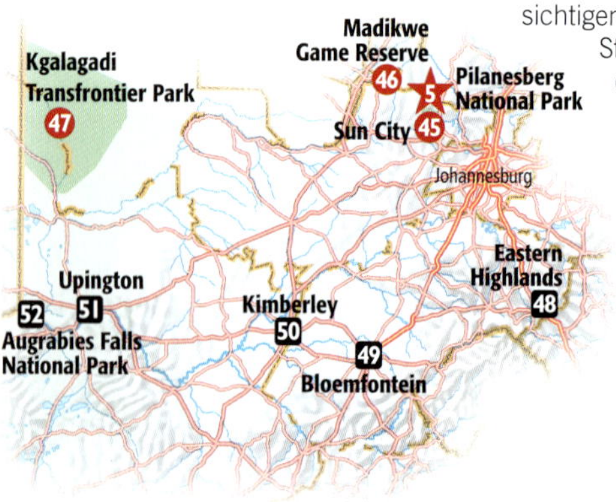

Abend im **Bubbas** (➤ 171). Dort genießen Sie Ihre Speisen in bester südafrikanischer Landpub-Atmosphäre.

Fünfter Tag

Fahren Sie 120 km zum 52 **Augrabies Falls National Park** (➤ 169), um die Wasserfälle zu sehen, die durch die Schlucht tosen. Machen Sie am Nachmittag einen Spaziergang über einen der vielen kurzen Wege im Park, oder buchen Sie eine Raftingtour durch die Stromschnellen oberhalb der Wasserfälle. Freuen Sie sich am Abend auf eine Nachtfahrt auf der Suche nach den heimlichen nachtaktiven Räubern, und genießen Sie anschließend ein Buschdinner oder ein Barbecue im Camp.

Sechster Tag

Kehren Sie frühzeitig nach Upington zurück, um Ihre Limousine gegen einen Wagen mit Allradantrieb zu tauschen, zu tanken und sich mit Lebensmittelvorräten und Wasser einzudecken. Fahren Sie 260 km zum 47 **Kgalagadi Transfrontier Park** (➤ 164ff). Bei der Ankunft im Camp waschen Sie sich im Pool den Staub der Fahrt vom Leib. Nehmen Sie am Nachmittag noch an einer aufregenden Safari teil, und genießen Sie dann ein entspanntes Abendessen im Restaurant des Restcamps.

Siebter Tag

Machen Sie sich früh auf den Weg, wenn die Tiere am aktivsten sind, und erkunden Sie die Dünengürtel sowie die trockenen Flussufer. Wenn die Mittagshitze am größten ist, machen Sie eine Pause. Nach der spätnachmittäglichen Safari bereiten Sie sich ein *braai* (Barbecue) zu, lauschen den faszinierenden Tiergeräuschen der Nacht und bewundern die funkelnden Sterne am Himmel über der Kalahari.

5 Pilanesberg National Park

Der im Übergang zwischen trockener Kalahari und feuchtem Lowveld in einer erodierten Kraterlandschaft rund um den 1687 m hohen Vulkan Pilanesberg gelegene, 550 km² große Nationalpark gehört heute zu den größten und beliebtesten Wildreservaten Südafrikas. Neben den Big Five sind hier noch viele weitere Tiere in freier Wildbahn zu erleben, darunter allein 300 verschiedene Vogelarten.

Gegründet wurde das rund 150 km nordwestlich von Johannesburg entfernte, in unmittelbarer Nachbarschaft zum Vergnügungskomplex Sun City gelegenene Reservat im Jahr 1979 zum einen, um gestressten Großstädtern eine natürliche Oase für Wochenendausflüge zu schaffen; zum anderen diente es im Rahmen der »Operation Genesis« einer Wiederansiedlung einheimischer Tiere. Mit Erfolg: Heute leben in dem Park circa 7000 große Säugetiere rund 25 unterschiedlicher Arten. Das Gelände eignet sich besonders gut für Sichtungen von Nashörnern und Elefanten, aber auch Löwen, Leoparden und Büffel bekommen Sie hier regelmäßig zu Gesicht. Zu den häufig anzutreffenden Pflanzenfressern zählen Giraffen, Impalas und größere Kudus, Steppenzebras, Streifengnus, Warzenschweine. Außerdem ist der Park Heimat verschiedener **Antilopenarten**, die weiter östlich gar nicht oder nur selten vorkommen. Zu diesen gehören auch die auf der Roten Liste gefährdeter Arten stehenden Weißschwanzgnus.

Im Zentrum des Parks liegt **Mankwe Dam**, Heimat von Krokodilen, Nilpferden, Wasservögeln, dem schönen afri-

In der offenen Savanne des Nationalparks fühlt sich auch diese Herde Weißschwanzgnus recht wohl

BAEDEKER TIPP

- **Geführte Safaris** nach Pilanesberg starten ganztägig regelmäßig vom Welcome Centre in Sun City.
- In der **Kwa Maritane Lodge** kommen Sie durch einen 180 m langen Tunnel zu Fuß zu einem Ansitz mit Blick über ein Wasserloch, an dem Elefanten und andere Tiere regelmäßig trinken. Hier können Sie tolle Nahaufnahmen machen.
- Alle Hotels und Lodges um Pilanesberg bieten **Nachtfahrten** an – eine gute Gelegenheit, scheue, nachtaktive Tiere zu sehen.

kanischen Fischadler sowie verschiedenen Reihern, Störchen und Königsfischern. Es gibt einen Ansitz für den Blick auf den Damm und verschiedene andere Beobachtungspunkte mit Blick auf kleinere Wasserstellen.

Im Park gibt es zahlreiche Lodges und Camps; der Hauptzugang liegt nur 5 km nördlich von Sun City. Die spannendste Aktivität hier sind **Elefantenritte**. Diese starten in Sun City, dauern zwei bis drei Stunden und bieten viel Interaktion mit den zahmen Elefanten.

KLEINE PAUSE

Im Park sind fünf Picknickplätze verteilt, mit am schönsten ist **Fish Eagle** am Mankwe Dam. Im Pilanesberg Centre nördlich von Mankwe Dam gibt es zudem einen ruhigeren **Coffee Shop** in einem umgebauten alten Farmhaus.

---

202 B4 an der R565
014 555 16 00; www.pilanesbergnationalpark. org Nov.–Feb. tägl. 5.30 bis 19; März–April, Sept.–Okt. 6–18.30; Mai–Aug. 6.30–18 Uhr 65 R

Pilanesberg Elephant Back Safaris
014 552 50 20; www.pilanesbergelephantback.co.za
460 R

45 Sun City

Auf dem Gebiet des ehemaligen Homelands Bophuthatswana liegt inmitten einer üppig grünen Landschaft das »Las Vegas des südlichen Afrika«, ein riesiger Vergnügungskomplex mit täglich bis zu 25 000 Gästen.

Während der Apartheid war Glücksspiel in Südafrika verboten, in den damaligen schwarzen Homelands aber legal, sodass dort Glücksspielzentren entstanden. Dies erklärt die recht abgeschiedene Lage von Sun City, das im Jahr 1979 im damaligen Homeland Bobhuthatswana errichtet wurde. Heute, da auch in anderen Städten Casinos entstanden sind, steht hier das Glücksspiel weniger im Vordergrund als die Familienunterhaltung. Besucher können hier übernachten oder die Stadt entweder von Johannesburg oder Pretoria aus im Rahmen eines Tagesausfluges erkunden. Eine Hochbahn (Start: Parkplatz) fährt den gesamten Komplex ab. Am **Welcome Centre** erhält man einen Übersichtsplan und kann diverse Aktivitäten buchen. Für das Entertainment wird alles Erdenkliche getan: Es gibt eines der größten Spielcasinos der Welt, Kinos, Diskotheken, ein riesiges Angebot an Wassersport und einen international bekannten Golfplatz. Im Stadion finden Sportveranstaltungen und Popkonzerte statt.

HITS FÜR KIDS
Während die Eltern ihr Glück an einarmigen Banditen versuchen, können Kinder endlich einmal ohne große Diskussionen im Entertainment Centre so richtig abgamen – es hat die heißesten Arcade-Spiele.

Der märchenhafte Hotel- und Freizeitkomplex **The Lost City** soll an eine legendäre afrikanische Kultur erinnern, die so jedoch nie existiert hat – eine technisch perfekt gemachte Illusion. Im Zentrum der »Verlorenen Stadt« steht das Luxushotel **The Palace**, ein von einem 70 m hohen Turm überragter, erstaunlich harmonisch wirkender Mix verschiedenster architektonischer Stile. In der 25 m hohen Hotelhalle fühlt man sich eher wie in einer Kathedrale. Unterhalb des Hotels breitet sich ein 25 ha großer tropischer Regenwald aus. Bis zu 40 t schwere Bäume wurden

Besucher in Sun Citys Valley of the Waves genießen die künstlich angelegten Strände

BAEDEKER TIPP

- Unterkünfte im Palace of the Lost City, Sun City Hotel, Cascades und Sun City Cabanas müssen über **Sun International Central Reservations** (Tel. 011 7807800; www.suninternational.com) gebucht werden.
- Eine willkommene Abwechslung zu den übrigen disneyähnlichen Vergnügungseinrichtungen das 25 ha große aufgeforstete Waldgebiet von Sun City mit mehr als 1,6 Mio. Pflanzen und Bäumen. Hier gibt es schöne Spazierwege.

Afrikas Antwort auf Las Vegas: Sun City – hier mit dem Luxushotel Palace of the Lost City

herbeigeschafft. Wasserläufe bilden bis zu 16 m hohe Fälle. Auch für den Strand der »Roaring Lagoon« musste der Sand von weither geholt werden. Mechanisch erzeugte Wellen, auf denen sogar gesurft werden kann, branden an den weißen Sand heran. Um ein »echtes« Afrikagefühl zu schaffen, sind Tag und Nacht Tierlaute aus Lautsprechern zu hören, computergesteuerte Maschinen schaffen ab und zu die Illusion eines Erdbebens.

KLEINE PAUSE

Die *Shebeen* (Kneipe) im **Cultural Village** bietet afrikanische Küche sowie traditionellen Tanz und Gesang.

202 B4 an der R565 nördlich von Rustenburg
014 557 10 00; www.suninternational.com 150 R

Zum Palace of the Lost City gehört auch ein Golfplatz

46 Madikwe Game Reserve

Ganz im Norden des Landes, an der Grenze zu Botswana, wurde im Jahr 1991 ein 750 km² großes Reservat geschaffen, in dem die Chancen, wilde Tiere in freier Umgebung beobachten zu können, sogar höher sind als im ungleich bekannteren Kruger National Park.

Allerdings kann das Wildreservat weder von Selbstfahrern noch von Tagesgästen besucht werden. Stattdessen muss man sich in einer der 16 verträumten Lodges des Reservats einquartieren und sich deren Guides anvertrauen. Eine Safari ist hier zwar nicht ganz billig, aber schon deshalb ein Erlebnis, weil sich die Tiere hier schon so an die stabilen, offenen Jeeps der Guides – ausschließlich fachlich gut ausgebildete und erfahrene Parkranger sind mit den Gästen unterwegs – gewöhnt haben, dass sie diese nicht mehr als Bedrohung empfinden. Für sie ist es längst ganz normal, dass ein Fahrer inmitten einer Büffelherde den Motor abstellt, und sie lassen sich auch vom gleich darauf einsetzenden Klicken der digitalen Fotoapparate nicht in ihrer Ruhe stören. Nicht zuletzt kommunizieren die Guides der jeweiligen Lodges untereinander per Funkgerät, und sollte jemand irgendwo im Park unter einer Akazie eine dort ruhende Löwenfamilie entdecken, gibt er den anderen Bescheid.

Eingerichtet wurde das zuvor vorwiegend landwirtschaftlich genutzte Wildreservat in erster Linie als Schutzgebiet für gefährdete Tiere, aber auch, um Arbeitsplätze für die einheimische Bevölkerung zu schaffen, die bis dahin in völliger Abgeschiedenheit lebte und zu den ärmsten Einwoh-

Antilopen und Zebras in der Nähe der Jaci's Lodge, eine der 16 luxuriösen Unterkünfte des Wildreservats

Ein männlicher Maskenweber beim Nestbau

nern der Provinz zählte. Im Osten ist die landschaftliche Szenerie des Wildreservats flach und eintönig, im Westen wird es von felsigen Hügeln durchzogen; nahe der Südgrenze erstrecken sich die **Dwarsberge**. Wichtigster Fluss ist der **Marico** an der Ostgrenze.

Operation Phoenix

Ähnlich der »Operation Genesis« im Pilanesberg National Park wurden in den Jahren 1991 bis 1998 in der noch größeren »Operation Phoenix« 28 Großtierarten mit über 8000 Einzeltieren aus anderen südafrikanischen Schutzgebieten in das Wildreservat umgesiedelt. Alle diese Tiere, darunter ganze Elefantenherden, waren ursprünglich in der Region heimisch, wurden aber durch Jagd und landwirtschaftliche Nutzung fast vollständig ausgerottet.

Bunte Vogelwelt

Heute leben in den weiten Ebenen offenen Wald- und Graslands des Reservats nicht nur sämtliche Big Five sowie eine wachsende Population der vom Aussterben bedrohten Afrikanischen Wildhunde, sondern auch über 350 Vogelarten – von den großen Steppenvögeln wie Strauß und Riesentrappe (der schwerste flugfähige Vogel der Welt) bis zu typischen Kalahari-Bewohnern wie dem Elsterdrossling und dem Granatastrild. Hinzu kommen verschiedene Adlerarten und andere Raubvögel.

Die beste Zeit für die Tierbeobachtung im Wildreservat sind die Monate März bis September.

KLEINE PAUSE

Genießen Sie vor oder nach den Safaris einen üppigen Brunch und den Nachmittagstee in den **Luxuslodges**.

---

202 B4 an der R49 nördlich von Zeerust (kein Tagesbesuch)
018 350 99 31/2; www.madikwe-game-reserve.co.za

BAEDEKER TIPP

- Die Fahrt von Johannesburg zum Madikwe Game Reserve dauert etwa vier Stunden. Das Reservat hat mehrere **Zugänge**, die von verschiedenen Straßen aus erreichbar sind. Erkundigen Sie sich vor dem Losfahren in Ihrer Lodge nach der besten Strecke und dem optimalen Zugang.
- **Madikwe Charters** bietet täglich Flüge zwischen Johannesburg und dem Reservat an (Tel. 011 805 48 88; www.madikwecharters.com). Die Lodges holen ihre Gäste an der Landebahn des Reservats ab.
- Madikwe zählt – wie der Pilanesberg National Park – zu den wenigen Topsafarizielen Afrikas, die vollständig **malariafrei** sind.

47 Kgalagadi Transfrontier Park

Der 38 000 km² große grenzübergreifende Kgalagadi Transfrontier Park wurde durch Zusammenlegung des botswanischen Gemsbok National Park und des Kalahari Gemsbok National Park in Südafrika geschaffen. Zwei Trockenflüsse, Auob und Nossob, durchqueren den Park von Nordwest nach Südost und bilden die Hauptadern, an denen entlang Pirschfahrten stattfinden.

Die Kalahari erstreckt sich in einem über 1 Mio. km² großen abflusslosen Becken. Ihr größter Teil gehört zu Botswana, der westliche Bereich zu Namibia und nur der Südzipfel zur Republik Südafrika. Die weiten Ebenen liegen durchschnittlich 800 bis 1200 m ü. d. M. und sind von einer Schicht roten Sandes bedeckt, der durch die Erosion riesiger Felsmassen entstand. Für seine Färbung sorgt Eisenoxid. Die in unterschiedlichen Schattierungen leuchtende Dünenlandschaft wechselt überwiegend mit einer Trockensavanne ab.

In weiten Bereichen ist die Kalahari wegen der unwirtlichen Lebensbedingungen so gut wie unberührt, nur San durchstreifen ab und zu die endlosen Weiten.

Die Kalahari ist keine reine Wüste. Im zu Südafrika gehörenden Teil fällt jährlich ca. 200 mm Regen, der eine spärliche Vegetation ermöglicht. Der Trockenheit sehr gut angepasst sind Zwergsträucher, Büschelgras und Sukku-

Als grenzüberschreitendes Schutzgebiet gehört der Kgalagadi Transfrontier Park zu den sogenannten Peace Parks

Oryxantilopen sind in trockenen Gebieten wie der Kalahari heimisch

Gut getarnt: ein sandfarbenes Erdhörnchen

lenten. Zu den wenigen Baumarten gehört der Weißstamm, dessen Blätter das ganze Jahr über für Schatten sorgen und die wegen ihres hohen Proteingehalts ein begehrtes Nahrungsmittel sind. Bis über 15 m hoch wird der ansehnliche Kameldorn, den man in den trockenen Flusstälern sieht. Nach Regenfällen erwacht die Halbwüstenlandschaft zum Leben, überall sprießen dann für kurze Zeit Pflanzen hervor. Ständiges Oberflächenwasser ist nicht vorhanden. Zwar durchziehen die Flussbetten von Auob und Nossob das Naturschutzgebiet, doch führten sie in den letzten 100 Jahren nur einige Male oberirdisch Wasser. Im Lauf der Jahrtausende bildeten sie dennoch eindrucksvolle Täler. Den Wasserbedarf für die Tiere sichern ca. 80 Windräder, die in den Flusstälern stehen. Daneben ist die Tsammamelone Feuchtigkeitsspender. Die zu 90 Prozent aus Wasser bestehende Frucht wird sowohl von den Tieren als auch von als Nomaden lebenden San geschätzt.

Die Tierwelt im Park

Benannt war der Nationalpark früher nach dem hier lebenden Spießbock, der in Südafrika »gemsbok« heißt. Streifengnus, Elen- und Kuhantilopen sind ebenfalls häufig, seltener sieht man Schabrackenschakale, Tüpfelhyänen und Braune Hyänen, Wüstenluchse, Leoparden, Impalas und Kudus. Zu den über

200 Vogelarten gehören auch rund 50 Greifvogelarten, darunter Kampfadler, Braunadler und der stelzbeinige Sekretär. Man sieht das Wild am ehesten in den Trockentälern und an den zahlreichen Wasserstellen.

Die sog. Kalahari-Löwen sind keine spezielle Art; sie sind nur gut an ihre Umgebung angepasst und können bis maximal zwei Wochen ohne Wasser auskommen

Übernachten in Kgalagadi

Auf südafrikanischer Seite liegen 10 Camps. Das größte von ihnen ist Twee Rivieren. Es liegt an der Zufahrt, ist umzäunt und hat ein Geschäft, ein Restaurant, einen Swimmingpool und eine Tankstelle. Auch Mata-Mata und Nossob sind relativ groß, umzäunt und bieten ähnliche Einrichtungen. In den sechs nicht umzäunten Wildniscamps können Sie nachts möglicherweise das Brüllen eines Löwen unter dem Himmel der Kalahari hören. Die !Xaus Lodge ist ein isoliertes exklusives Zeltcamp in Gemeindebesitz mit Blick auf eine Salzpfanne.

KLEINE PAUSE

Letzte Station ca. 50 km vorm Eingang zum Park ist die **Molopo Kalahari Lodge** (Tel. 054 511 00 08; www.molopolodge.co.za; R) mit einem Restaurant, Pool, einer Tankstelle und einem »bottle shop«, in dem Sie Getränke bekommen.

---

201 D4

Twee Rivieren

201 D3 385 km von Kuruman, 260 km von Upington entfernt
054 561 20 00; www.sanparks.org tägl., Eingangstor: monatl. variierend, üblicherweise 7–18.30 Uhr 248 R

BAEDEKER TIPP

- **Für die Fahrt** auf den unbefestigten Straßen empfiehlt sich ein Allradfahrzeug (wenn auch nicht unbedingt notwendig). Zu mieten gibt es solche in Upington, z. B. bei Kalahari 4x4, Tel. 082 490 19 37; www.kalahari4x4hire.co.za; oder Desert 4x4, Tel. 054 332 15 60, www.desert4x4.co.za
- Alle **Unterkünfte im Park** müssen im Voraus über South African National Parks (SANParks; Tel. 012 428 91 11; www.sanparks.org) gebucht werden.
- Wenn Sie nicht selbst fahren möchten, buchen Sie eine **Tour von Upington** aus. Anbieter sind Kalahari Safaris, Tel. 054 332 56 53; www.kalaharisafaris.co.za; oder Kalahari Tours and Travel, Tel. 054 338 03 75; www.kalahari-tours.co.za
- **Viel trinken!** – bis zu fünf Liter Wasser täglich. Das Wasser in den Parks kann zwar bedenkenlos getrunken werden, schmeckt aber salzig. In den Läden erhalten Sie in Flaschen abgefülltes Wasser.
- Das **Klima** weist beträchtliche Temperaturunterschiede auf: von –11 °C an kalten Winternächten bis 42 °C im Schatten an Sommertagen, wobei sich der Boden bis auf 70 °C erhitzen kann.

Nach Lust und Laune!

48 Eastern Highlands

Der Freistaat, in Südafrikas Mitte, wird dominiert von sanft hügeligem Grasland mit Weizen- und Sonnenblumenfeldern. Im Südosten erhebt sich diese aber plötzlich zu einem Hochland an der Grenze zu Lesotho. Hier liegt der **Golden Gate Highlands National Park**, der seinen Namen den golden leuchtenden Schatten verdankt, die vom Sonnenlicht auf die Sandsteinklippen geworfen werden. Der Park ist weniger für seinen Tierbestand bekannt, als vielmehr für seine Gras- und Hügellandschaft, die sich hervorragend für Wanderungen und Vogelbeobachtungen eignet. Übernachtungsmöglichkeiten bieten ein Hotel sowie ein Restcamp. Unmittelbar vor dem westlichen Parkeingang haben Sie im **Basotho Cultural Village** Gelegenheit, Einblicke in die Kultur der Dorfbewohner zu gewinnen, indem Sie die traditionellen Hütten erkunden, den Kunsthandwerkern bei der Arbeit zusehen und selbst gebrautes Bier probieren.

Noch etwas weiter westlich liegt das Dorf **Clarens**, das mit seiner traumhaften Berglandschaft viele Künstler inspiriert und angelockt hat. Diese Arbeiten können Sie in den Galerien rund um den Dorfplatz bestaunen.

203 D2

HITS FÜR KIDS

Nächtigen Sie mit Ihrem Nachwuchs im **Hobbit Boutique Hotel** (19 President Steyn Avenue, Westdene, Bloemfontein, Tel. 051 447 06 63, www.hobbit.co.za, R) und fühlen Sie sich ein bisschen wie Bilbo im Auenland. Die Zimmer haben die Namen der wichtigsten Protagonisten der »Herr-der-Ringe«-Trilogie.

Golden Gate Highlands National Park
058 255 10 00; www.sanparks.org 148 R

Basotho Cultural Village
tägl. 9–16 Uhr

Clarens Tourist Information
Market Street, Clarens
058 256 15 42; www.clarenstourism.co.za
tägl. 9–13, 14–17 Uhr

49 Bloemfontein

Bloemfontein, Hauptstadt der Provinz Freistaat und Teil der Metropolregion Mangaung, liegt an der N1 und ist mit zahlreichen Unterkünften ein geeigneter Zwischenstopp für Autofahrer auf dem Weg von Johannesburg nach Kapstadt und andersherum. Den Stadtkern prägen einige historische, baumgesäumte Straßen rund um die **President Brand Street** mit folgenden stattlichen Gebäuden: City Hall, Old Presidency, Anglican Cathedral, Dutch Reformed Church mit zwei Türmen und Oberster Gerichtshof. Bei der Touristeninformation erhalten Sie eine Übersicht aller Sehenswürdigkeiten. Im **National Museum** kann man Dinosaurierskelette, eine naturkundliche Ausstellung und den Nachbau einer Straße der Stadt aus alten Zeiten bestaunen. Naval Hill, nordöstlich vom Zentrum, lohnt einen Abstecher für den Panoramablick auf die Stadt. Hier befindet sich auch das Franklin Game Reserve mit Springböcken, Elenantilopen, Kuhantilopen und Giraffen. Bloemfontein ist die Geburts-

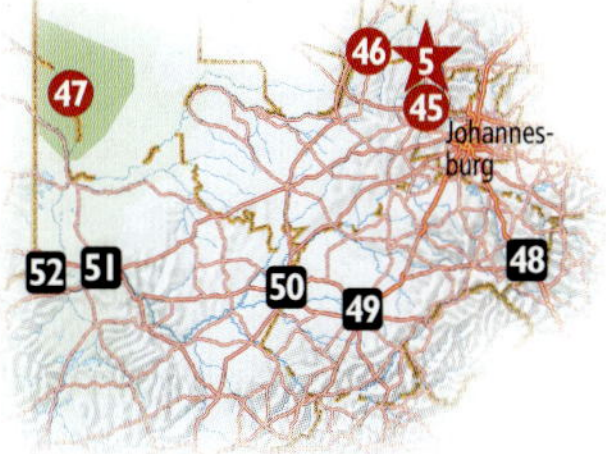

stadt von J. R. R. Tolkien, dem Autor der Fantasyklassiker *Der kleine Hobbit* und *Der Herr der Ringe*.
202 B1 ✉ 60 Park Road
☎ 051 405 84 89; www.mangaung.com, www.bloemfonteintourism.co.za
Mo–Fr 8–16.30, Sa 8–12 Uhr

National Museum
✉ 36 Aliwal Street ☎ 051 4 47 96 09; www.nasmus.co.za Mo–Fr 8–17, Sa 10–15, So 12–17.30 Uhr 5 R

50 Kimberley

Kimberley, die Hauptstadt der Nordkap-Provinz, ist ein Synonym für Diamanten. Diese wurden hier 1871 entdeckt und zogen unzählige Diamantensucher an, die bis zur Schließung 1914 Steine mit insgesamt 14,5 Millionen Karat aus der Erde holten und dabei das Big Hole ausgruben. Das an der Erdoberfläche im Umfgang 1,6 km, im Durchmesser 460 m messende, 1100 m tiefe Loch war damals das größte von Menschenhand gegrabene Loch der Welt. Heute gehört zum Big Hole Complex ein Museum, das den Diamantenrausch dokumentiert – als die Sucher ihre Zigarren mit Banknoten anzündeten, in Champagner badeten und sich mehr Millionäre, darunter Cecil John Rhodes, im Kimberley Club trafen als irgendwo sonst auf der Welt.
202 A2

The Big Hole Complex
✉ Tucker Street ☎ 053 8 39 46 00; www.thebighole.co.za tägl. 8–17 Uhr 85 R

51 Upington

Geschäfte und Restaurants machen Upington zur bedeutendsten Stadt im Umkreis von Hunderten von Kilometern. Die Stadt markiert zugleich das Haupttor zum **Kgalagadi Transfrontier Park** (► 164ff) und wird bei Reisen im abgeschiedenen Nordwesten zwangsläufig passiert. Der schmale Gariep (Oranje) River bahnt sich seinen Weg entlang der Stadt und ermöglicht so die Bewässerung dieser Gegend. Das fruchtbare Land wird für den Anbau von Weintrauben, Sultaninen und Korinthen genutzt. Hier sind auch die Winzergenossenschaft Orange River Wine Cellars und der Trockenfrüchteproduzent South African Dried Fruit Cooperative beheimatet. Die Stadt selbst entwickelte sich aus einer 1871 gegründeten Missionsstation. Näheres dokumentiert das **Kalahari Oranje Museum**, das Ihnen zudem die beste Sicht der ganzen Stadt auf den Fluss bietet. Mit Tem-

Das Big Hole von Kimberley

Bei den Augrabies Falls stürzt der Gariep River dramatisch in die Tiefe

peraturen von oftmals über 40 °C im Sommer gilt Upington als die heißeste Stadt in ganz Südafrika.
201 D2

Green Kalahari Information Centre
Anton Lubowski Street
054 338 71 51; www.greenkalahari.co.za
Mo–Fr 8–17.30, Sa 9–12 Uhr

Kalahari Oranje Museum
Schröder Street
Mo–Fr 9–12.30, 14–17 Uhr **frei**

52 Augrabies Falls National Park

An den Augrabies Falls schießt der Gariep (Oranje) River mit lautem Getöse in mehreren Wasserfällen 100 m in die Tiefe und donnert schließlich in eine 18 km lange Schlucht: die Orange River Gorge. Naheliegenderweise verlieh das indigene Khoi-Volk diesem Ort den Namen »Aukoerebis« – »Ort des großen Lärms«. Die beste Besuchszeit ist im Spätsommer. Dann führt der Fluss viel Wasser, entlang der Felswände bilden sich weitere Fälle, und die Luft füllt sich mit Sprühnebel. Faszinierende Felsauswaschungen lassen die Umgebung der Schlucht wie eine Mondland-

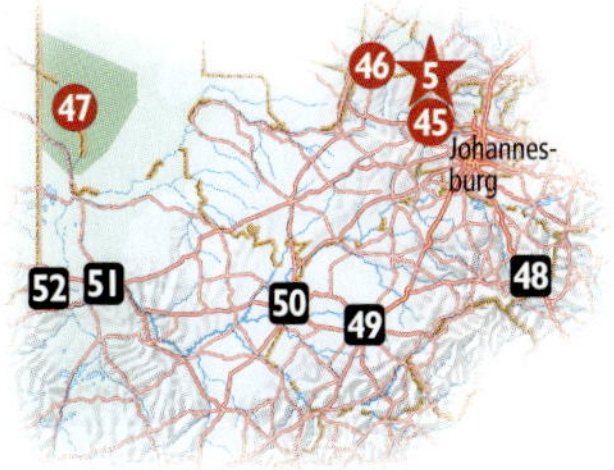

schaft erscheinen. Der Rest des Parks ist Halbwüste und beherbergt viele kleine Säugetiere; auch Spitzmaulnashörner wurden inzwischen wieder angesiedelt. Eine typische Pflanze ist der Köcherbaum, eine große Aloe-Art, die ihren Namen vom San-Volk erhielt, das aus den weichen Ästen Köcher für Jagdpfeile fertigte. Das von SANParks verwaltete Augrabies Restcamp bietet eine gute Auswahl an einfachen Selbstversorgerunterkünften, einen Campingplatz mit Pools sowie eine Bar und ein Restaurant. Eine stimmungsvolle Nachtsafari buchen Sie am besten gleich an der Rezeption.
200 C2
120 km westl. von Upington
054 452 92 00; www.sanparks.org

Wohin zum ... Übernachten?

Preise
für ein Doppelzimmer pro Nacht:
R = unter 1500 Rand **RR** = 1500–2500 Rand **RRR** = über 2500 Rand

The Estate R
Zu Beginn des Diamantenrauschs war die Lodge Street als »Millionärsmeile« bekannt. Das preisgünstige Hotel wurde 1907 ursprünglich für die Diamantenmagnaten der Oppenheimers erbaut. Alle sieben Zimmer haben Klimaanlage, goldgerahmte Spiegel, elegant geschwungene Gardinen, Lehnsessel und Badewanne mit Klauenfüßen. Außenpool und Restaurant gehören zum Komfort.
202 A2 · 7 Lodge Street, Kimberley · 053 832 26 68; www.theestate.co.za

Kwa Maritane/Tshukudu RRR
Kwa Maritane liegt im Südosten des Pilanesberg National Parks direkt neben einem Eingangstor und hat einen versteckten Ansitz mit Blick auf ein gut besuchtes Wasserloch. Bis nach Sun City sind es nur 10 Autominuten. Die exklusivere Tshukudu-Lodge liegt tief im Park auf einer felsigen Anhöhe mit herrlichem Blick über die Ebenen und wird vom selben Management betrieben. Sie hat nur acht strohgedeckte Chalets, und die Wildbeobachtungstouren sind im Preis enthalten. Beide Lodges verfügen über einen Swimmingpool.
202 B4 · Pilanesberg Game Reserve · 011 806 68 00; www.legacygroup.co.za

Makanyane Safari Lodge RRR
An der Ostgrenze des Madikwe Game Reserve liegt diese atemberaubend schöne Lodge mit acht großen Suiten. Erstklassige Führer leiten die Wildbeobachtungstouren, die häufigen Sichtungen werden von feiner Küche und einer guten Weinkarte ergänzt. Pool, Spa und Fitnessraum gehören zum Komfort.
202 B4 · Zugang via Makanyane Gate auf der unbefestigten Straße zwischen Sun City und Derdepoort · 014 778 96 00; www.makanyane.com

Le Must River Residence und Le Must River Manor R
Die Residence ist ein 5-Sterne-Gästehaus im Stil einer italienischen Villa. Die 11 individuell gestaltete Zimmer haben Blick auf Pool und Fluss. Das Manor-Gästehaus mit drei Sternen hat sechs Zimmer mit moderner afrikanischer Einrichtung.
201 D2 · 14 Butler Street and 12 Murray Avenue, Upington · 054 332 39 71; www.lemustupington.com

Tuningi Safari Lodge RRR
Diese 5-Sterne-Lodge liegt im westlichen Teil des Madikwe Game Reserve inmitten einer Hügellandschaft, die für Wildtierbeobachtungen berühmt ist. Die acht großzügigen Villen verfügen über jeglichen Komfort. 2 Swimmingpools, großzügiger Speise-/Lounge-/Barbereich.
202 B3 · Über die R49 von Zeerust · 011 805 99 95; www.tuningi.com

Twee Rivieren R
Twee Rivieren ist Verwaltungssitz des Kgalagadi, größtes Camp und Tor zum Park zugleich – mit Pool, Zeltplatz, Restaurant und Tankstelle (mit Mobilfunkempfang und Stromversorgung rund um die Uhr!). Klimatisierte Cottages für bis zu sechs Selbstversorger.
201 D4 · Kgalagadi Transfrontier Park

Wohin zum ...
Essen und Trinken?

Preise
für ein Zwei-Gänge-Menü ohne Getränke:
R = unter 100 Rand **RR** = 100–200 Rand **RRR** = über 200 Rand

Butler's Restaurant RR
Das Restaurant im alteuropäischen Stil richtet Speisen auf frisch duftenden, weißen Leinentischdecken und Silbergedeck an. Es bietet persönlichen Service, gute Weinauswahl, ansprechend garnierte Kreationen. Rosenblatt-Eiscreme als Dessert ist sein Markenzeichen, dazu ein Glas Muskatellerwein. Butler's Küchenchef leitet ein Projekt zur Ausbildung künftiger Chefköche – es ist also garantiert, dass nur perfekt zubereitetete Speisen auf die Teller kommen.
202 A2 The Estate Hotel, 7 Lodge Street, Kimberley 053 832 26 68; www.theestate.co.za tägl. 18.30–21 Uhr

Clementine's RR
Lassen Sie sich nicht vom derben grünen Wellblechdach abschrecken, denn das Restaurant, gleich hinter dem Dorfplatz, ist für seine gut ausgestattete Bar, nette Atmosphäre bei Kerzenlicht und preiswerte Gerichte bekannt. Ihr Gaumen wird sich an einem Steak mit köstlicher Sauce oder gegrilltem Fisch, gefolgt von fantasievollen Desserts wie Schokoladen-Crème-Brulée oder Butternuss-Käsekuchen erfreuen. Die Terrasse eröffnet obendrein eine herrliche Sicht auf die Berge.
202 C2 Church Street, Clarens 058 256 16 16; www.clementines.co.za Di–Fr 12–15, 18 bis spätnachts, Sa/So 11–15 Uhr

Bubbas R
Wer die Atmosphäre eines südafrikanischen Landlokals erleben und unter Einheimischen essen möchte, ist hier genau richtig. Die mit Honig glasierten Schweinerippchen sind extrem lecker, und die Burger machen Holzfäller satt. Wer mit seiner Harley Davidson unterwegs ist, wird mit großem Hallo begrüßt.
201 D2 94 Schroder Street, Upington 054 331 00 41; www.facebook.com/BubbasUpington Mo–Sa 11–21 Uhr

De Oude Kraal Country Estate RRR
Einheimische kommen von weit her, um das von Weinreben und Eukalyptusbäumen umgebene Restaurant, zu besuchen, insbesondere sonntagmittags oder für ein 6-Gänge-Menü am Abend. Hohe Decken und Holzböden sorgen für ländliches Ambiente, die Veranda bietet Sitzgelegenheiten im Freien. Die Speisen werden schön angerichtet, und im Weinkeller lagern seltene Tropfen. Übernachtungsgäste können sich dort den Wein fürs Abendessen selbst aussuchen.
202 A1
35 km südlich von Bloemfontein, Ausfahrt N1 Riversford 051 564 07 33; www.oudekraal.co.za 7.30–21.30 Uhr

Seven on Kellner RR–RRR
Dieses preisgekrönte Restaurant liegt in einem historischen Herrenhaus in Bloemfontein. Es serviert internationale Speisen, die für jeden Geschmack etwas bieten – von marokkanischen Eintöpfen bis zu leckeren Pizzen aus dem Holzofen.
202 B1 7 Kellner Street, Bloemfontein 051 447 79 28; www.sevenonkellner.co.za Mo–Fr 12–14, 18–22, Sa 18–22 Uhr

Wohin zum ... Einkaufen?

Aufgrund ihres landschaftlich offenen und weitläufigen Charakters ist diese Region nicht gerade als Einkaufsmekka bekannt. Dennoch können Sie in den Shops der Lodges Souvenirs erstehen und Selbstversorger sich in den Supermärkten wie in den »bottle shops« der kleinere Städte Verpflegung bzw. Alkoholika besorgen.

Sun City wartet mit einer Shopping Mall und mehreren Geschäften in den Vergnügungszentren und in Hotels auf.

Den Dorfplatz von **Clarens** in den Eastern Highlands säumen Galerien und Kunsthandwerksläden.

Ein Geschäft im **Windmill Centre** (www.clarenswindmillcentre.co.za) verkauft Kosmetika aus Eigenproduktion und Geschenkartikel aus Sandstein, zudem gibt es ein Café. Die **Johan Smith Gallery** (Tel. 058 256 16 20; www.johansmith.co.za) widmet sich Malereien und der Töpferkunst. Wenn man auf das Dorf zufährt, findet man die kleine Shopping Mall **Clarens Meander.**

Die beiden größten Einkaufsmöglichkeiten in Bloemfontein sind die **Mimosa Mall** (Ecke Nelson Mandela und Parfitt Street, Tel. 051 444 69 14, www.mimosamall.com) und die **Loch Logan Waterfront** (Henry Street, Tel. 051 448 36 07, www.lochlogan.co.za), eine attraktive Einkaufsstraße – an der Promenade eines Sees im King's Park.

Größtes Kaufhaus in Kimberley ist der **Diamond Pavilion** (Bloemfontein Road, Tel. 053 832 92 00; www.diamondpavilion.co.za).

Als letzte Station vor dem Tor zum Kgalagadi Transfrontier Park sollten Reisende die Supermärkte **Upingtons** nutzen.

Wohin zum ... Ausgehen?

Das »Nachtleben« beschränkt sich hier auf ein Abendessen in einer *boma* (afrikanische Hütte), ein Glas Wein in einer Hotelbar oder ein Bierchen vor Ihrem Chalet, während Fleisch auf dem Grill brutzelt. Dafür bieten sich zahlreiche Freizeitaktivitäten.

SPORT

Sun City (Tel. 014 557 10 00; www.suninternational.com) ist ein beliebtes Ziel für **Golfer,** mit 18-Loch-Golfplatz und Par 72. In den Eastern Highlands nahe Clarens veranstaltet Outrageous Adventures (Tel. 083 485 96 54; www.outrageousadventures.co.za; Okt.–März) eintägige **Wildwasserraftings** auf dem Ash River; Mutige seilen sich von einer 35 m hohen Felswand ab. Auf dem Gariep (Oranje bzw. englisch Orange) River kann man mit Umkulu Safari and Canoe Trails mehrtägige **Raftingtouren** entlang der südafrikanisch-namibischen Grenze unternehmen und dabei viele wilde Tiere beobachten. Übernachtet wird in Zelten, zurück geht es mit dem Bus (www.orangeriverrafting.com).

FESTIVALS

Zu den jährlichen Festivals gehört das zehntägige **Macufe** (www.macufe.co.za; Sept.) in Bloemfontein, das sich der afrikanischen Kultur widmet. Zu Beginn des Jahres feiert Clarens das **Craft Beer Festival** (www.thecraftbeerproject.co.za) mit dem Ausschank des Gerstensaftes kleiner, handwerklich orientierter Brauereien. Interessant ist auch das **Gariep Arts Festival** (Kimberley, www.gariepfees.co.za; Aug.–Sept.).

Spaziergänge & Touren

1 KAPSTADT

Spaziergang

LÄNGE ca. 1,5 km
DAUER 1,5 Stunden
START/ZIEL Kapstadt Touristeninformation, Ecke Castle/Burg Street
206 C2

Bei einem kurzen Rundgang durch Kapstadts Zentrum erleben Sie das rege Treiben auf den Straßen und Flaniermeilen mit ihren imposanten historischen Gebäuden und den modernen Hochhäusern.

1–2

Starten Sie bei der **Touristeninformation**, und schlendern Sie die Strand Street entlang bis zum Einkaufszentrum Golden Acre, dann rechts in die Adderley Street, wo Ihnen von links der frische Duft der farbenprächtigen Blumen des **Blumenmarkts** am Trafalgar Place in die Nase steigt. Gleich daneben befindet sich die Standard Bank, ein gutes Beispiel der Fin-de-Siècle-Architektur. Dem Straßenverlauf weiter folgend, sehen Sie bald auf der gegenüberliegenden Seite die von Sir Herbert Baker entworfene First National Bank von 1933. Der Architekt zeichnet für viele der schönsten Bauten Südafrikas verantwortlich. Gegenüber, Ecke Adderley/Wale Street, liegt die **Slave Lodge** – 1679 als Quartier für Sklaven erbaut und eines der ältesten Gebäude Südafrikas.

2–3

Gegenüber der Slave Lodge steht die anglikanische **St. George's Cathedral**, ebenfalls nach Plänen Sir Herbert Bakers erbaut. Hier hielt der im Jahr 1984 mit dem Friedensnobelpreis ausgezeichnete Erzbischof Desmond Tutu zahlreiche Predigten gegen die Apartheid.

KLEINE PAUSE

Kehren Sie in einem der herrlich atmosphärischen Restaurants in der Umgebung ein. Das **Savoy Cabbage** z. B. serviert in seinem Restaurant köstliche Kleinigkeiten wie einen Fetakuchen oder ein Käsesoufflé, ist aber auch zufrieden, wenn Sie an der Bar nur ein Glas Champagner trinken (101 Hout Street, Tel. 021 424 26 26, www.savoycabbage.co.za, Mo–Fr 12–14.30, 19 bis 22.30, Sa 19–22.30 Uhr, **RR**).

3–4

Neben der Kathedrale beginnt die Government Avenue mit den Grünflächen des **Company's Garden** – benannt nach der Holländisch-Ostindischen Handelskompanie. Diese brachte im 17. Jh. die ersten Siedler ans Kap, die im Garten zunächst Gemüse für die Versorgung der Handelsschiffe anbauten. Die Vorfahren der heute auf den Bäumen herumkletternden Grauhörnchen importierte einst Cecil Rhodes, Premier der Kapregion in den Jahren 1890 bis 1896, aus den Vereinigten Staaten. Im Park findet man u. a. die im Jahr 1818 gegründete **National Library of South Africa**, eine der ersten Bibliotheken weltweit, die eine kostenlose Ausleihe von Büchern anbot. Der Garten umgibt auch das 1884 errichtete Parlamentsgebäude, **Houses of Parliament**, in dem die beiden Kammern des südafrikanischen Parlaments tagen und vor dessen

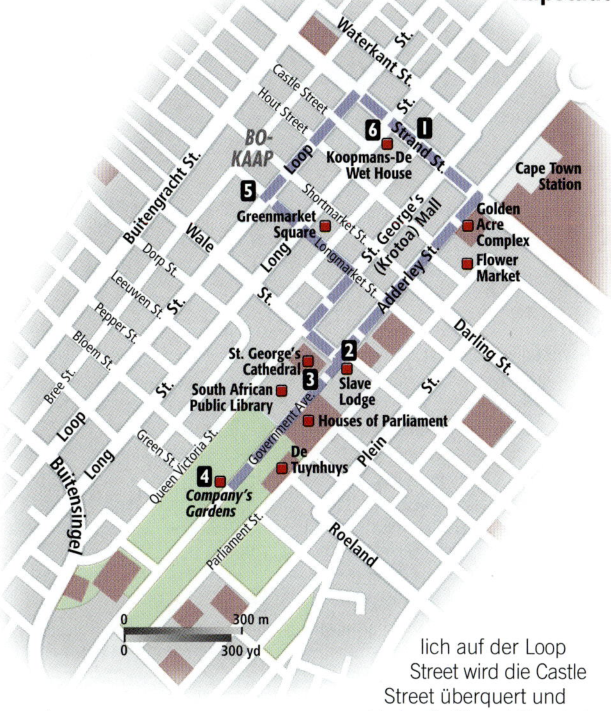

Eingang eine Statue der Königin Victoria wacht. **De Tuynhuys** (»das Gartenhaus«) ist Amtssitz des Staatspräsidenten.

4–5

Gehen Sie zur Kathedrale zurück, links in die Wale Street sowie dann rechts zur Fußgängerzone St. George's Mall, links entlang der Longmarket Street zum **Greenmarket Square**, dem ältesten Platz der Stadt, und weiter bis zur lebhaften Long Street mit ihren trendigen Läden, Cafés und Nachtclubs.

5–6

Einen Block weiter erreichen Sie die Loop Street, zur Rechten den Heritage Square. Der hübsch restaurierte Häuserblock aus dem 18. bis 19. Jh. beherbergt Bars, Restaurants und das Cape Heritage Hotel mit der ältesten, 1781 gepflanzten Weinrebe am Eingang. Zwei Gebäudereihen weiter nördlich auf der Loop Street wird die Castle Street überquert und rechts in die Strand Street abgebogen. Kreuzen Sie erneut die Long Street, wenn Sie zur Rechten das wiederaufgebaute **Koopmans-De Wet House** mit Möbeln des 18. Jh.s, Pferdeställen und einstigen Sklavenquartieren sehen. Nach rechts führt die Burg Street zurück zur Touristeninformation.

Regierungssitz: Houses of Parliament

2 CAPE PENINSULA

Tour

LÄNGE ca. 180 km
DAUER 1 Tag
START/ZIEL Kapstadt-Zentrum 204 B3

Die wunderschöne zerklüftete Landschaft der Cape Peninsula wird von der Gebirgskette des Mountain Table National Park bestimmt, die sich über die gesamte Halbinsel erstreckt. Beiderseits liegen schmucke Hafenstädtchen, reihenweise Luxusvillen, Straßen winden sich an Klippen entlang, und überall eröffnen sich Ausblicke über den Ozean, wo sich zur richtigen Jahreszeit auch Wale tummeln. Die Highlights liegen nur wenige Kilometer auseinander und sind daher mit dem Auto bequem an einem Tag zu erkunden. Folgende Route kann in beide Richtungen unternommen werden.

1–2

Verlassen Sie **Kapstadt** über die Küstenstraße, die sich den Weg durch die Vororte Green Point und Sea Point bis zum Nobelort Clifton mit seinen berühmten Stränden bahnt. Daneben liegt **Camps Bay** mit breitem weißem Sandstrand, gesäumt von schicken Bars und Restaurants am Fuß der Twelve Apostles. Der Strand ist einer der schönsten der Welt und bei Sonnenanbetern beliebt, nur ist der Atlantik schlicht zu kalt zum Baden.

2–3

Ab Camps Bay lassen Sie die Villen hinter sich und fahren die Straße entlang der Felsküste nach **Hout Bay**. Dabei werden das Twelve Apostles Hotel und das vornehme Dorf Llandudno passiert. Hout Bay ist ein historischer Fischereihafen mit einem weiteren schönen Strand. Genießen Sie frische Meeresfrüchte in einem Restaurant der Mariner's Wharf, den Anblick der bunten Fischerboote, oder besu-

Sufrers Paradise am Strand von Muizenberg auf der Kap-Halbinsel

chen Sie den Fischmarkt. Bootstouren bringen Sie obendrein nach Duiker Island, wo sich eine Pelzrobbenkolonie tummelt.

3–4
Über den nächsten Küstenabschnitt zieht sich die vielleicht schönste (Maut-)Straße der Welt: der 15 km lange, ins Felsgestein gehauene **Chapman's Peak Drive**, 600 m über der Brandung. Aufgrund der Gefährdung durch herabstürzende Felsbrocken sicherte man die Straße nach und nach mit riesigen Netzen, an besonders gefährdeten Abschnitten wurden Tunnels in den Berg gesprengt. Die Fahrt über den Chapman's Peak eröffnet eine tolle Sicht auf den weitläufigen Strand von **Noordhoek**.

4–5
Dieser ist mit 8 km Länge Noordhoeks größtes Highlight und beliebt für Ausritte zu Pferde (Reitschulen im Ort). Die Straße führt landeinwärts nach Sun Valley. Dort biegen Sie rechts ab auf die M65 nach **Kommetjie**, einem Surferparadies, und **Scarborough** mit Feriendomizilen. Die Straße bringt Sie bis zum Tor des **Table Mountain National Park (Cape of Good Hope Sector)**, unterwegs bietet sich ein Besuch einer Straußenfarm an, wo Sie Interessantes über die großen Vögel lernen, oder Sie machen einen ausgedehnten Bummel über den Souvenirmarkt am Parkeingang.

5–6
Rund 65 km südlich von Kapstadt, im Areal des **Table Mountain National Park**, wartet das Schutzgebiet des Kaps der Guten Hoffnung mit wilder Tier- und Pflanzenwelt der südlichen Kapregion auf. Vielleicht bekommen Sie einen Strauß, einen Bontebok oder eine riesige Elenantilope zu sehen. Zu den 1400 kaptypischen Pflanzenarten gehören Proteen und Heidegewächse.

Doch sind es weniger die Tier- und Pflanzenwelt, die Hunderttausende an das südwestliche Ende Afrikas locken, sondern die grandiose Landschaft und das Bewusstsein, an einem bedeutsamen Fleck zu stehen. Außerdem liegen hier einige herrliche einsame Strände. Bei Cape Point an der Südspitze der Halbinsel gibt es einen Parkplatz und ein Besucherzentrum mit einem teuren Geschenkeshop und einem Restaurant. Von hier führen ein steiler gepflasterter Fußweg und eine weniger anspruchsvolle Stand-

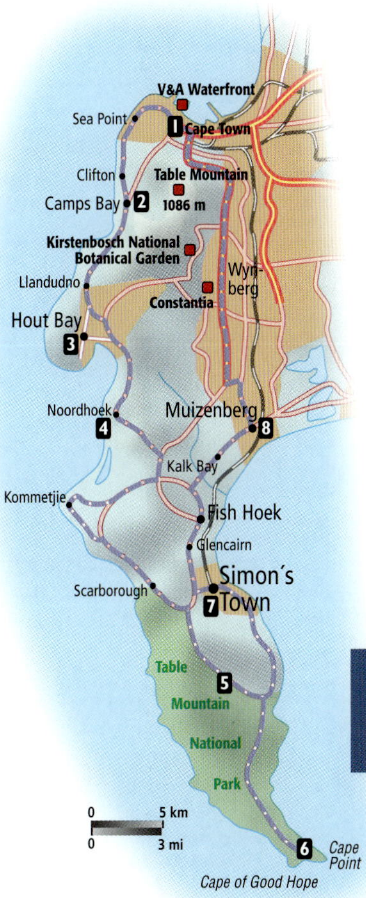

KLEINE PAUSE

Die gesamte Cape Peninsula bietet viele gemütliche Plätze für ein Mittagessen. Testen Sie z. B. das **Dunes** (Tel. 021 790 18 76, **RR**), eingebettet in traumhafter Dünenlandschaft der Hout Bay, oder **Red Herring** (Tel. 021 789 17 83, RR) in schönem Garten mit Dachterrasse und vom Chapman's Peak Drive aus bergab Richtung Noordhoek bestens ausgeschildert. Auch das **Brass Bell** (Tel. 021 788 54 55, **R–RR**), eindrucksvoll am Hafen der Kalk Bay gelegen, bietet sich an. In Simon's Town serviert man im **Cafe Pescado** (Tel. 021 786 22 72, www.pescados.co.za; **R–RR**) am Jubilee Square köstliche Pizzen sowie Hühnchen und Meeresfrüchte im mosambikanischen Stil.

seilbahn zum **Cape Point Lighthouse** auf der Klippe, von wo aus Sie einen herrlichen Blick über den Ozean und False Bay bis hin zum Horizont im Süden haben. In 249 m Höhe steht dort der Leuchtturm von 1860, dessen Licht man an klaren Tagen 67 km weit sieht – häufig verschwindet er jedoch im dichten Nebel. Daher wählte man für den neuen Leuchtturm (1919) einen fast 100 m tiefer gelegenen Standort. Er weist über 20 000 Schiffen, die im Jahr die Kaproute benutzen, den sicheren Weg entlang der Küste. Bartolomëu Diaz, der 1488 als Erster den Felsvorsprung umsegelte, nannte es »Kap der Stürme«; tatsächlich weht hier fast immer ein starker Wind.

6–7

Wenn Sie den Park verlassen haben, geht es zurück nach Kapstadt über die M4 entlang der Ostküste vorbei an der False Bay – so benannt, weil Seefahrer sie einst mit der Table Bay im Norden verwechselten, also die falsche Bucht dafür hielten. Ein Halt am Boulders Beach lohnt sich: Am herrlichen, von massiven Granitfelsen gesäumten Sandstrand hat sich eine Kolonie von Brillenpinguinen angesiedelt. Um deren natürlichen Lebensraum zu schützen, wurde das Gelände eingezäunt. Besucher führt man über Bohlenwege recht nah an die Tiere heran. Nächste Station an der M4 ist **Simon's Town**. Der Ort war bis 1957 Marinehafen der Briten und ist noch heute wichtigster Marinestützpunkt Südafrikas. Das Quayside Centre ist für eine Stärkung gut.

7–8

Weiter geht es durch **Fish Hoek** mit schönem Strand, den eine Reihe bunter Strandhütten zieren, dann zur **Kalk Bay**, an deren Fischereihafen emsiges Treiben herrscht und Antiquitäten- und Tandläden sowie coole Cafés an der Haupt-straße eine Bohème-Atmosphäre kreieren. Nun schlängelt sich die Straße weiter nach **Muizenberg** an der False Bay. Der Ort lockt mit einer tollen Szenerie aus weißem Sand vor bunten Badehäuschen und einer tosenden Brandung, die schön am Strand ausläuft. Da in der False Bay auch Weiße Haie ihre Kreise ziehen, gibt es in Muizenberg eine Beobachtungsstation, die Schwimmer und Surfer bei Gefahr alarmiert. Von hier über die M3 ist es nur eine halbe Autostunde zurück nach Kapstadt.

Table Mountain National Park (Cape of Good Hope Sector)

204 B2 (Auszug) 021 780 92 04; www.sanparks.org Okt.–März tägl. 6–18 Uhr; April–Sept. 7–17 Uhr 105 R

Cape Point Ostrich Farm

204 B2 M65, 400 m vom Gate zum Table Mountain National Park entfernt 021 780 92 94; www.capepointostrichfarm.com tägl. 9.30–17.30 Uhr 55 R

Boulders Beach

204 B2 021 786 23 29; www.sanparks.org Dez–Jan. 7–19.30; Feb–März, Okt. bis Nov. 8–18.30 Uhr; April–Sept. 8–17 Uhr 55 R

3 ROUTE 62

Tour

LÄNGE 613 km
DAUER Gut 2 Tage
START Kapstadt 196 A2 **ZIEL** Oudtshoorn 197 D2

Die weite, offene Steppe der Karoo und die Berge, die das von Trockenheit geprägte Hinterland von den Küstenregionen trennen, sind charakteristisch für die Route 62 – eine geruhsamere Alternative zur Garden Route auf der N2 ab Kapstadt.

1–2

Fahren Sie von **Kapstadt** 50 km die N 1 hinauf bis Paarl im Weinland, wo Sie die malerischen Weingüter entlang der Main Street, der längsten Straße des Landes, bestaunen können. Von hier aus führt die R303 vorbei an weiteren **Weingütern** bis ins nur 9 km entfernte **Wellington**, ein wichtiges Gebiet für die Trockenfrüchteproduktion.

2–3

Über die R303 geht es von Wellington zum spektakulären Bain's Kloof Pass. Die 1853 eröffnete Passstraße schmiegt sich herrlich an die Berglandschaft und ist ein von Südafrikas bautechnischen Meisterwerken. Haben Sie den Pass nach 29 km überquert, biegen Sie links auf die R43 ab und fahren über Wolseley 42 km nach **Tulbagh**, einem 300 Jahre alten Städtchen mit eindrucksvollen Gebäuden im kapholländischen Stil. Diese wurden allerdings bei einem Erdbeben 1969 zum Großteil beschädigt, jedoch im alten Glanz wiederaufgebaut und die meisten von ihnen unter Denkmalschutz gestellt. Parken Sie den Wagen für einen Bummel durch die Church Street.

3–4

Fahren Sie die R43 wieder zurück, bis Sie nach 27 km links auf die R303 und weiteren 9 km nach **Ceres** kommen, dem Zentrum des südafrikanischen Obstanbaus, das nach der römischen Göttin der Landwirtschaft benannt ist. Setzen

Üppige Reben in Südafrikas Weinregion

KLEINE PAUSE

Die Route 62 verwöhnt Sie mit Speis und Trank in exzellenten ländlichen Lokalen. Das skurrilste Plätzchen, jedenfalls dem Namen nach, ist wohl **Ronnie's Sex Shop** (028 572 11 53; www.ronniessexshop.co.za, **R**), eine simple Kneipe am Straßenrand zwischen Ladysmith und Barrydale. Auch ein **Road Kill** genanntes Café gibt es hier – was aber hoffentlich nicht wirklich Rückschlüsse darauf zulässt, wie die servierten Snacks auf Ihren Teller gelangt sind.

Sie die Fahrt in südlicher Richtung für 24 km auf der R303 fort, bis Sie wieder auf die R43 gelangen, die nach **Worcester** führt. Hier lohnt eine Besichtigung des KWV House of Brandy, einer der weltweit größten Kellereien dieser Art – inklusive einer Kostprobe des Weinbrands. Sehenswert sind zudem der Karoo National Botanical Garden sowie das Freilichtmuseum, wo alte Traditionen des ländlichen Lebens am Kap nachempfunden werden.

4–5

Von Worcester führt nun die R60 in südöstlicher Richtung vorbei an zahlreichen Weinkellereien entlang des fruchtbaren Breede River Valley, geschützt durch die Langeberg Mountains. An dieser reizvollen Route warten zudem etliche Farmstalls mit farmfrischen Produkten auf. 53 km von Worcester entfernt liegt **Robertson**. Hübsche Jacaranda-Alleen mit guten Restaurants und Kunsthandwerksläden schmücken die Stadt, die von über 20 Weingütern umgeben ist. Wer mag, macht einen kleinen Abstecher ins 25 km weiter südlich gelegen **McGregor**: Das Bilderbuchdorf aus dem 19. Jh. – mit weiß getünchten, reetgedeckten Häusern – ist Heimat vieler Künstler.

5–6

In Robertson bleiben Sie auf der R60 bis Ashton und Montagu oder machen noch einen 35 km weiten Schlenker über die R317 nach **Bonnievale**, bekannt für seinen Wein und Käse (Kostproben möglich). Fahren Sie in einer Schleife zurück und noch etwa 25 km auf der R62 durch das gemütliche Ashton sowie über den Kogmanskloof Pass nach **Montagu**. Das Städtchen ist für die Herstellung von Brandy, Wein und Obst sowie für seine heißen Quellen (43 °C) bekannt. Tagestouristen können sich im Avalon Springs Resort in mehreren Pools erfrischen. Für einen längeren Aufenthalt bieten sich komfortable Apartments oder hotelähnliche Unterbringung an. Der Urlaubsort verfügt über ein gutes

Restaurant, und die Thermalpools haben bis spätabends geöffnet.

6–7

Weiter auf der R62 wird das noch größere Obst- und Weinanbaugebiet **Barrydale** angepeilt. Von hier haben Sie mehrere Optionen: eine Abkürzung zur Garden Route über die R324 und den Tradouw's Pass, nach Heidelberg via R322 und die N2 nach Mossel Bay. Oder Sie behalten die Route bei und fahren rund 77 km in die Region um

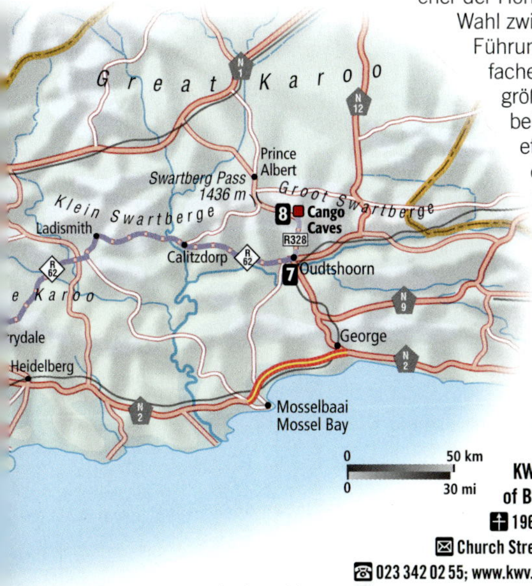

Ladysmith, wo Käse und Butter hergestellt werden, dann 49 km via R62 bis **Calitzdorp**, wo viele Weingüter zur Verkostung von Portwein einladen, und zuletzt 50 km bis **Oudtshoorn**, dem Zentrum für Straußenzucht.

7–8

Im späten 19. und frühen 20. Jh. stieg die Zahl der Farmer in Oudtshoorn rapide, da Straußenfedern in London und Paris damals als modisches Accessoire fast so hoch gehandelt wurden wie Gold. Schlendern Sie mit einem Plan von der Touristeninformation entlang der reizvollen, alten Sandsteinbauten. Eine Reihe von Straußenfarmen an der R328 in beiden Richtungen lädt ebenso zur Besichtigung wie zum Straußenreiten ein, und Sie erfahren nebenbei eine Menge Wissenswertes über das Federvieh.

Nur 28 km nördlich von Oudtshoorn an der R328 befinden sich die **Cango Caves**. In den Tropfsteinhöhlen brachte die Natur im Laufe der Jahrhunderte eindrucksvolle Kalksteinformationen hervor. Besucher der Höhlen haben die Wahl zwischen zwei Führungen: Eine einfachere führt durch größere Höhlen, bei der zweiten, etwas abenteuerlicheren, müssen die Teilnehmer u. a. insgesamt 400 Treppen durch enge Spalten überwinden.

www.route62.co.za

KWV House of Brandy
196 B2
Church Street, Worcester
023 342 02 55; www.kwv.co.za
Mo–Fr 9–16.30, Führungen: 10, 14 Uhr

Avalon Springs Resort
196 C2 Uitvlucht Street, Montagu
023 614 11 50; www.avalonsprings.co.za
tägl. 8–23 Uhr 60 R

Oudtshoorn Tourist Office
197 D2 80 Voortrekker Street
044 279 25 32; www.oudtshoorn.com
Mo–Fr 8–18, Sa 8.30–13 Uhr

Cango Caves
197 D2 (Oudtshoorn) R328
044 272 74 10; www.cango-caves.co.za
tägl. Führungen stündlich 9–16 Uhr 80 R

4 PANORAMA ROUTE

Tour

LÄNGE 127 km
DAUER 1 Tag
START Sabie 203 E4
ZIEL Blyde River Canyon 203 E4

Die Panorama Route windet sich durch eine gebirgige Landschaft mit Blick auf die tiefer gelegenen Ebenen, das sogenannte Lowveld, mit dem Kruger National Park. Die Fahrt ist eine willkommene Abwechslung zur Hitze im Busch. Gehen Sie es gemütlich an, und machen Sie auch mal eine Pause oder fahren einfach rechts ran, um das herrliche Panorama zu genießen.

1–2

Fahren Sie von **Sabie**, dem Zentrum des größten künstlich angelegten Waldes des Landes, 29 km über die R532 nach Graskop, wo Sie mehrere Wasserfälle besuchen können. Die Sabie Falls stürzen 73 m die Sabie-Schlucht hinab und die Mac Mac Falls in die gleichnamigen Pools, in deren Wasser Sie sich erfrischen dürfen. In **Graskop** angekommen, nehmen Sie die Abzweigung R533 Richtung Hazyview. Nach 1,5 km erreichen Sie die Panorama Gorge und Panorama Falls, jenen Ort, an dem Sie beim Big Swing durch die Schlucht schwingen.

2–3

In Graskop geht's über die R533 15 km nach **Pilgrim's Rest**. Zum lebendigen Museum erklärt, widmet sich dieses Dorf der Geschichte der frühen Goldgräberzeit. Stellen Sie Ihr Auto auf dem oberen Parkplatz (wo die Reisebusse stehen) ab, und flanieren Sie entlang der restaurierten Bergmannshäuser in der einzigen Straße von Pilgrim's Rest, besichtigen Sie die Museen, versuchen Sie Ihr Glück beim Goldwaschen, stöbern Sie in Kuriositätenläden und stärken Sie sich in einem der Restaurants.

3–4

Fahren Sie zurück bis **Graskop**, dann über die R532 nach Norden zum Blyde River Canyon. Die Pinnacle, eine frei stehende 30 m hohe Quarzitsäule, und **God's Window**, der allererste Aussichtspunkt, liegen 6 bzw. 9 km nördlich von Graskop an der malerischen R534 – abzweigend von der R532 von

Mit 94 m sind die Lisbon Falls der höchste Wasserfall der Region

Ein ungewöhnliches Werk der Erosion: die Three Rondavels im Blyde River Canyon

Graskop kommend –, und lohnen einen Abstecher. God's Window bietet am Abgrund der Steilstufe eine einzigartige Sicht über das 900 m tiefer gelegene Lowveld und den Kruger National Park. Etwas weiter nördlich lockt Wonder View mit weiteren überwältigenden Ausblicken.

4–5
Wo sich die R534 und R532 wieder vereinen, biegen Sie nach links in Richtung Graskop ab und nach 800 m rechts auf eine Straße, der Sie 2,2 km bis zu den **Lisbon Falls** folgen, den mit 92 m höchsten Wasserfällen dieser Region. Weiter nach Norden, erneut über die R532, biegen Sie zwei Kilometer hinter der Einmündung der R534 links ab und fahren bis zum Parkplatz an den 45 m hohen **Berlin Falls**.

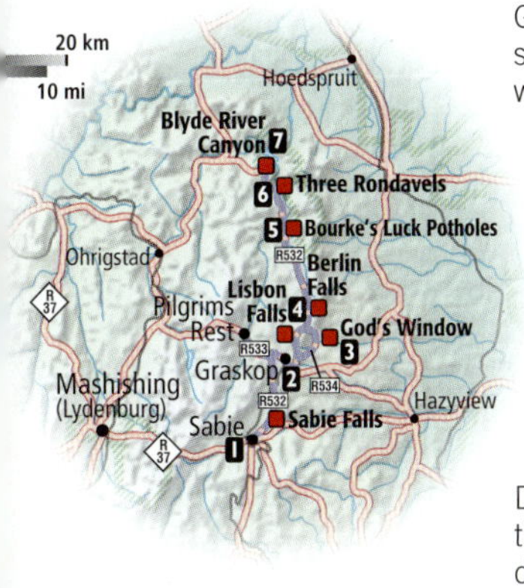

KLEINE PAUSE
Es locken Pfannkuchen an Graskops Hauptstraße oder selbst gebackene Kuchen, Brot mit Marmelade und Pickles in den Delikatessenläden und Bäckereien an der Hauptstraße des ehemaligen Goldgräberstädtchens Pilgrim's Rest.

5–6
Nächster Halt sind die **Bourke's Luck Potholes**, 35 km nördlich von Graskop, am Zusammenfluss von Blyde und Treur, deren Sand und Geröll führendes Wasser zylindrische Strudellöcher in das Felsbett wuschen, die man von diversen Brücken und Wanderwegen (Start am Besucherzentrum) aus bestaunen kann.

6–7
Nach weiteren 20 km erreichen Sie den Aussichtspunkt **Three Rondavels,** der sich bedrohlich nah am Abgrund der faszinierenden Schlucht erhebt. Der Blyde River bahnt sich serpentinenartig seinen Weg hinunter in den Blydespoort-Stausee im Lowveld, dessen weite Ebenen im Sonnenlicht schimmern. Mit 26 km Länge ist der **Blyde River Canyon** die größte Schlucht Südafrikas und die Hauptattraktion dieser Tour. Nun geht es entweder zurück nach Graskop oder Sabie, oder aber zum Fuß des Canyons, um Hoedspruits Umgebung zu erkunden.

5 SWAZILAND
Tour

LÄNGE 200 km **DAUER** 2 Tage
START Grenzposten Ngwenya/Oshoek an der N17, Mpumalanga 203 E3 **ZIEL** Grenzposten Lavumisa 11 km vor der N2, KwaZulu-Natal 203 F2

Der kleinste Staat der südlichen Hemisphäre wird noch immer von einem König regiert. Das selbstständige Königreich Swaziland ist fast gänzlich von Südafrika umschlossen, die Landschaft dominieren Berge und Savannen. Für die Fahrt nach Swaziland benötigen Sie von Ihrem Fahrzeugvermieter eine (kostenpflichtige) Genehmigung, sonst genießen Sie keinen Versicherungsschutz. Sie können mit Südafrikanischen Rand zahlen, allerdings benötigen Sie für das Königreich bei der Ein- und Ausreise einen Reisepass.

1–2
Nachdem alle Formalitäten für die Einreise am Grenzübergang **Ngwenya/Oshoek** nach ca. einer halben Stunde erledigt sind, halten Sie 5 km hinter der Grenze links in Motshane (Motjane) bei Ngwenya Glass (tägl. 9–16 Uhr, www.ngwenyaglass.co.sz): Die Fabrik verkauft unterschiedliche kunsthandwerkliche Produkte, v. a. mundgeblasene Gläser, Vasen und Tierfiguren, und man kann beim Glasblasen zusehen. Nun sind es noch 18 km bis zur verschlafenen Hauptstadt **Mbabane**.

2–3
Mbabane, umgeben von Hügeln, bietet – den Swazi Market am Ende der Allister Miller Street ausgenommen – kaum Sehenswertes; die schachbrettartig angelegte Stadt besteht aus vielen Betonbauten.

Panoramablick über die Landschaft bei Mbabane

Auf dem erwähnten Markt gibt es Frischerzeugnisse, schön bunt präsentiert, und Kurioses. Sie verlassen die Stadt über die Hauptstraße, die schwindelerregend tief abfällt und sich 10 km in weit ausladenden Kurven ins **Ezulwini Valley** schlängelt.

3–4
Unten angekommen, führt die erste Abfahrt auf die alte Straße durchs Ezulwini Valley hindurch. Das Tal ist 28 km lang und beherbergt viele Hotels, Restaurants, Bars, Nachtclubs und touristische Einrichtungen. Gegenüber dem Sun Hotel liegt das Swazi Health and Beauty Studio (tägl. 6–18 Uhr, Tel. 268 24 16 11 64); in erster Linie bekannt für sein großes Thermalbad im Freien, dem Cuddle Puddle. Nach weiteren 4 km erreichen Sie das **Mantenga Craft Centre**, ein extra für Kunsthandwerksprodukte erbautes reizendes Dorf mit entsprechenden Läden und einer Touristeninformation. Für Wildwasserrafting, Höhlentouren, Wanderungen und Safaris in den Parks ist der Veranstalter Swazi Trails zuständig.

4–5
Gleich hinter dem Craft Centre geht's ins kleine **Mantenga Nature Reserve** mit Picknickplätzen und Wanderwegen zu den 95 m hohen Mantenga Falls. Dort liegt auch das **Swazi Cultural Village**, ein restauriertes Swazidorf aus dem 19. Jh. mit traditionellen grasgedeckten Bienenkorbhütten. Mit etwas Glück beobachten Sie die Bewohner beim Kochen, Künstler bei der Arbeit oder begegnen dem ein oder anderen herumwandernden Zuchttier. Im Eintrittspreis ist eine Führung in Begleitung eines Ortskundigen eingeschlossen.

5–6
Im Herzen von **Lobamba**, etwa 20 km südlich von Mbabane, treffen Sie auf Swazilands Parlamentsgebäude und die derzeit von König Mswati III. und seiner Mutter bewohnte Residenz Ludzidzini. Die Königinmutter heißt Ndlovukazi, was sinngemäß »Große Elefantin« bedeutet. Beide Gebäude sind nicht zugänglich, dafür dokumentiert das National Museum eindrucksvoll die Geschichte Swazilands und der Königsfamilie.

6–7
Biegen Sie gleich hinter Ludzidzini von der Ezulwini Road rechts ab. Nach 3,5 km auf einer Schotterstraße erreichen Sie das Gate zum **Mlilwane Wildlife Sanctuary**. Hier können Sie geführte Safaris, Moun-

Eine traditionelle Binenkorbhütte im Swazi Cultural Village

tainbiketouren, Pferdeausritte oder Wanderungen durchs Grasland unternehmen, das Breitmaulnashör-

Zebras wandern über das Grasland des Mlilwane Wildlife Sanctuarys

ner, Antilopen, Büffel, Nilpferde, Krokodile und zahlreiche Vogelarten beherbergt. Übernachtungsmöglichkeiten gibt es hier ygenügend. Ein reizendes Restaurant mit Blick auf einen der Seen bietet obendrein Unterhaltung mit Gesang und Tanz.

7–8

Von Mlilwane geht es nun über die neue Landstraße ins 19 km weiter gelegene Städtchen Manzini, das Sie, da wenig sehenswert, schnurstracks Richtung Norden wieder verlassen. An einer Gabelung nach 8 km halten Sie sich rechts und kommen nach 44 km zum Tor des **Mkhaya Game Reserve**. Das Auto bleibt draußen; Sie sollten bis 10 Uhr am Parkplatz eintreffen. Dort empfängt Sie ein Ranger für einen sechsstündigen Ausflug durchs Reservat, auf dem Sie Nashörner, Elefanten und etliche Antilopenarten sehen können. Safari und üppiges Mittagessen sind im Preis inklusive. Von hier aus sind es noch 91 km bis zum Grenzübergang **Lavumisa** (Maputaland; ➤98) in der Provinz KwaZulu-Natal.

Mantenga Nature Reserve
✉ Mantenga Craft Centre ☎ 268 416 11 51
✋ 100 R

National Museum
✉ Lobamba ☎ 263 416 15 16; www.sntc.org.sz
🕑 Mo–Fr 8–13, 14–15.45, Sa–So 10–13, 14 bis 15.45 Uhr ✋ 100 R

Mlilwane Wildlife Sanctuary
☎ 268 528 39 43; www.biggameparks.org
✋ 40 R

Mkhaya Game Reserve
☎ 268 528 39 43; www.biggameparks.org
🕑 tägl. 10–16 Uhr ✋ Tagessafari 650 R

KLEINE PAUSE

Das **Maguga Viewpoint Restaurant** (bei Piggs Peak am Maguga-Stausee, rund 40 km nördlich von Mbabane, Tel. 268 668 66 37, R) lädt bei einer Rundfahrt zu einem Zwischenstopp mit Aussicht ein. Die Terrasse direkt am Seeufer bietet einen der schönsten Ausblicke; das Essen (Snacks, aber auch einige Hauptgerichte) wird frisch zubereitet.

Praktisches

Praktisches

REISEVORBEREITUNG

WICHTIGE PAPIERE

● Erforderlich
○ Empfohlen
▲ Nicht erforderlich

Gültigkeit des Reisepasses: für Südafrika mind. 30, für Lesotho 90 Tage und für Swasiland sechs Monate über das Einreisedatum hinaus. Kruger und die unmittelbare Umgebung sind zu bestimmten Jahreszeiten leicht malariagefährdet, und eine Prophylaxe wird empfohlen.

	Deutschland	Österreich	Schweiz
Reisepass	●	●	●
Visum (für einen Aufenthalt von max. 90 Tagen)	▲	▲	▲
Weiter- und Rückflugticket	●	●	●
Impfungen (Tetanus und Polio)	○	○	○
Unterlagen zur Krankenversicherung (▶ 192)	○	○	○
Reiseversicherung	○	○	○
Führerschein (national und international)	●	●	●

REISEZEIT

Kapstadt

Hauptsaison | Nebensaison

	JAN	FEB	MÄRZ	APRIL	MAI	JUNI	JULI	AUG	SEPT	OKT	NOV	DEZ
Saison	Hauptsaison	Hauptsaison	Hauptsaison	Hauptsaison	Nebensaison	Nebensaison	Nebensaison	Nebensaison	Nebensaison	Nebensaison	Nebensaison	Hauptsaison
Temperatur	26 °C	26 °C	25 °C	23 °C	20 °C	18 °C	17 °C	18 °C	19 °C	21 °C	23 °C	25 °C
Wetter	Sonnig	Sonnig	Sonnig	Sonnig	Wechselhaft	Regnerisch	Regnerisch	Wechselhaft	Wechselhaft	Wechselhaft	Wechselhaft	Sonnig

Sonnig | Bedeckt | Wechselhaft | Regnerisch

Die Sommer am West- und Ostkap sind im Allgemeinen trocken und warm, die Winter eher kalt und feucht. Während die Küstenregion von KwaZulu-Natal am Indischen Ozean tropisches Klima mit ganzjährig warmen Temperaturen aufweist, sind das Binnenland um Johannesburg und der Norden von milden, trockenen Wintern und Sommerniederschlägen geprägt. Die o.g. monatlichen Temperaturen geben das mittlere Tagesmaximum in Kapstadt an. Im Allgemeinen ist es von Nov. bis Febr. am wärmsten und von Juni bis Aug. am kühlsten. Die Niederschlagsmenge zwischen dem Landesinnern und der Küste sind gegensätzlich, am meisten fällt zwischen Nov. und April. Buchen Sie rechtzeitig im Voraus, da die südafrikanischen Sommerferien in den Dezember fallen.

INFORMATIONEN VORAB

Websites
- www.suedafrika-guide.de
- www.suedafrika.org
- www.suedafrika-reise.net
- www.sued-afrika.de

(nach Provinzen)
www.tourismcapetown.co.za
www.ectourism.co.za
www.kzn.org.za
www.mpumalanga.com
www.limpopotourism.org.za
www.joburg.co.za
www.tourismnorthwest.co.za
experiencenortherncape.com

ANREISE

Mit dem Flugzeug
Südafrikas wichtigste internationale Flughäfen liegen in Johannesburg, Kapstadt und Durban und werden von zahlreichen Fluggesellschaften bedient. Zudem stehen Ihnen Inlandsflüge z. B. mit South African Airways, der größten nationalen und internationalen südafrikanischen Fluggesellschaft (www.flysaa.com), in die meisten anderen Großstädte des südlichen Afrika zur Verfügung.

Lufthansa, Air Berlin, South African Airways bieten täglich Nonstop-Flüge nach Johannesburg und Kapstadt (z. T. über Johannesburg) von **Frankfurt am Main** und **München**. Ferner werden Südafrikas wichtigste Zielflughäfen von British Airways und KLM/Air France über London bzw. Amsterdam und Paris sowie von Swiss International Air Lines über **Zürich** angeflogen. Austrian Airlines startet in **Wien**, und Air Namibia bedient Johannesburg und Kapstadt via Windhoek von Frankfurt aus. Zu anderen europäischen Fluggesellschaften, die Südafrika anfliegen, zählen Air Portugal, Alitalia und Iberia.

ZEIT

Der Unterschied zur Mitteleuropäischen Zeit (MEZ) beträgt plus eine Stunde, nur während bei uns die Uhren von Ende März bis Ende Oktober auf Sommerzeit umgestellt sind, besteht Zeitgleichheit mit Südafrika.

WÄHRUNG UND GELDWECHSEL

Währung Die Währungseinheit Südafrikas ist der Rand (Kurzzeichen: R). Banknoten werden in den Werten 10, 20, 50, 100 und 200 R ausgegeben. Münzen gibt es zu 5, 10, 20 und 50 Cent sowie zu 1, 2 und 5 Rand. Versuchen Sie, nicht zu viele 200-Rand-Scheine zu sammeln. Davon sind zahlreiche Fälschungen im Umlauf, deshalb nehmen viele Händler diese Scheine nicht mehr an. Es können maximal 5000 Südafrikanische Rand ein- bzw. ausgeführt werden.
Geldwechsel Bargeld und Reiseschecks können Sie in allen Banken tauschen, an deren Geldautomaten auch mit Kreditkarten und Bankkarten gegen Gebühr Geld abgehoben werden kann. Ebenso eignen sich dafür die Wechselstellen von American Express, die in den großen Einkaufszentren und an Flughäfen zu finden sind.
Kreditkarten und Bankkarten In den größeren Städten stehen Ihnen vielerorts Geldautomaten zur Verfügung – in Banken, größeren Kaufhäusern oder an Tankstellen –, außerhalb der Städte schon seltener. Bargeldloser Zahlungsverkehr mit den gängigen Kreditkarten wie Visa, American Express und MasterCard wird von den meisten Geschäften, Restaurants und Hotels akzeptiert, häufig auch von Tankstellen. Mietwagenfirmen verlangen in jedem Fall die Kreditkarte (nicht zu verwechseln mit der Bankkarte – diese dient zum Geldabheben). Inzwischen können Sie auch immer öfter mit Kreditkarten mit Chip-und-Pin-Funktion zahlen.

Für Deutschland, Österreich und die Schweiz
Südafrikanisches Fremdenverkehrsamt
Friedensstr. 6–10
60311 Frankfurt am Main
Tel. 0800 118 91 18

Praktisches

DAS WICHTIGSTE VOR ORT

FEIERTAGE

1. Jan.	Neujahr	16. Juni	Tag der Jugend
21. März	Tag der Menschenrechte	9. Aug.	Nationaler Frauentag
März/April	Karfreitag	24. Sept.	Tag des Erbes
März/April	»Family Day« (Ostermontag)	16. Dez.	Tag der Versöhnung
27. April	Freiheitstag	25. Dez.	Weihnachten
1. Mai	Tag der Arbeit	26. Dez.	Tag des guten Willens

ÖFFNUNGSZEITEN

○ Geschäfte ● Banken ● Apotheken
● Büros ● Postämter ● Museen/Sehenswertes

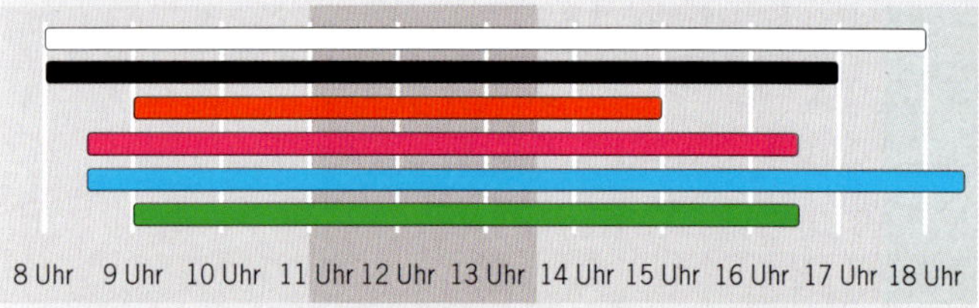

☐ tagsüber ☐ mittags ☐ abends

Geschäfte: Die meisten Geschäfte in der Stadt öffnen auch samstagvormittags bis 13 Uhr. Supermärkte: Mo–Sa 8.30–18 (bis 21 Uhr in Großstädten), So 8.30–13 Uhr. Kaufhäuser sind in der Regel täglich bis 18 Uhr, maximal 21 Uhr geöffnet.
Banken: Auch Sa 9 bis 11.30 Uhr, So aber geschlossen.
Apotheken: Länger geöffnet als herkömmliche Geschäfte. In allen größeren Städten gibt es einen Nachtdienst.

TRINKGELD

Trinkgeld ist üblich und wird erwartet.

Taxis 5–10 %
Restaurants/Cafés 10 %
Fremdenführer 10–15 %
Zimmerservice 10 %
Gepäckträger 10 R pro Gepäckstück
Parkwächter 2 R/Tag, 5 R/Nacht

ELEKTRIZITÄT

Die Stromspannung beträgt 220/230 Volt. Steckdosen sind dreipolig. Adapter können Sie vor Ort kaufen, oft auch im Hotel ausleihen.

ZEITUNTERSCHIED

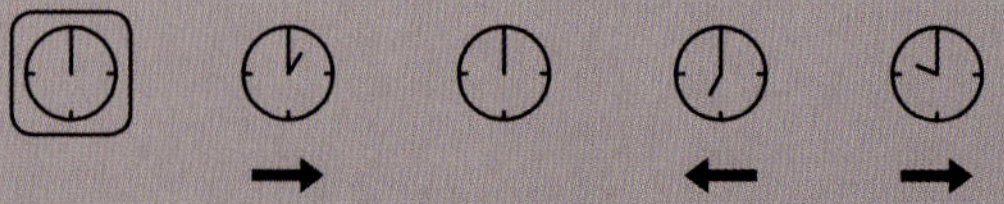

Südafrika 12 Uhr
MEZ (Berlin) 13 Uhr
London 12 Uhr
New York 7 Uhr
Sydney 22 Uhr

IN KONTAKT BLEIBEN

Post Postämter erkennt man am rot-weiß-blauen Briefumschlagsymbol, Briefkästen sind im Allgemeinen rot. Die meisten Postämter haben Mo–Fr 9 bis 15.30 und Sa 9–11 Uhr (länger in Malls und am Flughafen) geöffnet. Übersicht der Portogebühren auf www.postoffice.co.za

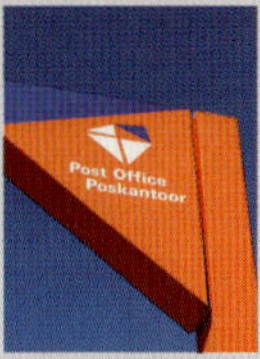

Telefonieren Öffentliche Telefonzellen (Münz- oder Kartentelefon) gibt es allerorts. Mit Telefonkarten, erhältlich in Supermärkten, Kiosks und Postämtern, können Sie ins Ausland telefonieren. Um Roaminggebühren beim Telefonieren mit dem Handy zu umgehen, können Sie sich eine Prepaid-SIM-Karte in Telefongeschäften und Supermärkten besorgen (den Adapter für Ihr Ladegerät nicht vergessen). Die Telefonnummern in Südafrika sind zehnstellig, wobei die ersten drei Ziffern für die Ortsvorwahl stehen, die obligatorisch zu wählen ist, auch innerhalb desselben Orts.

Internationale Vorwahlen:
Deutschland 0049
Österreich 0043
Schweiz 0041

Mobilfunkanbieter und -dienste Vodacom und Cell C bieten Netzabdeckung in städtischen Gebieten und an den meisten Hauptverkehrsstraßen, allerdings nicht in den abgelegeneren Wildtierreservaten. Wenn Sie regelmäßig zu Hause anrufen oder SMS versenden möchten, sollten Sie eine lokale SIM-Karte kaufen, da die Tarife weitaus günstiger sind als internationales Roaming.

WLAN und Internet Günstige Internet-Cafés sind in allen Städten zu finden, manche haben allerdings am Wochenende geschlossen. Die meisten Hotels und Lodges, die internationale Gäste empfangen, bieten zudem ADSL- und/oder Wi-Fi-Zugang an.

SICHERHEIT

Diebstahl und vereinzelt auch Fahrzeugentführung stellen erhebliche Probleme in den Großstädten dar. Insbesondere für Touristen ist Vorsicht geboten. Achten Sie stets auf die Personen in Ihrer Nähe, und vermeiden Sie einsame und andere gefährliche Plätze.

- Tragen Sie Ihr Geld dicht am Körper.
- Bewahren Sie Wertsachen im Hotelsafe auf.
- Verzichten Sie auf Schmuck o. ä. wertvolle Accessoires.
- Vermeiden Sie Spaziergänge nach Geschäftsschluss.
- Lassen Sie keine erkennbaren Wertsachen im Wagen.
- Fenster und Türen auch während der Fahrt verriegeln.
- Seien Sie vorsichtig, wenn Sie Geld am Automaten ziehen. Personen, die zu nahe kommen, können düstere Motive haben.
- Nehmen Sie beim Einkaufen oder auf Ausflügen nur so viel Geld mit, wie Sie für den Tag benötigen.
- Notieren Sie sich die Details Ihrer Kredit- und Bankkarten und die entsprechenden Notfallnummern, und bewahren Sie diese Informationen getrennt von Ihren Karten sorgfältig auf.

Polizei:
10111 von jedem Telefon

NOTRUFE
POLIZEI (FESTNETZ/MOBILTELEFON) 10111
NOTRUFZENTRALE (MOBILTELEFON) 112
KRANKENWAGEN (FESTNETZ/MOBILTELEFON) 10177

Praktisches

GESUNDHEIT

Krankenversicherung: Reisende der EU und der Schweiz müssen für eine ärztliche Behandlung selbst aufkommen. Diese erfolgt bei Vorlage eines Zahlungsnachweises. Eine Auslandsreiseversicherung (inkl. Rückholversicherung) wird dringend empfohlen.

Zahnarzt: Südafrika bietet eine ausgezeichnete zahnärztliche Versorgung. Standard- und kosmetische Behandlungen sind günstiger als in Europa. Erkundigen Sie sich bei Ihrer Krankenkasse, wie Sie sich für Notfälle absichern.

Wetter: Selbst im Winter kann die Sonne sehr stark sein. Schützen Sie sich mit entsprechender Kleidung, Sonnenbrille und -creme. Im Busch unbedingt Mückenschutz verwenden. Denken Sie an eine Malariaprophylaxe.

Medikamente: Bringen Sie die übliche Reiseapotheke mit, oder notieren Sie den Wirkstoff des Medikaments – das in Südafrika u. U. unter einem anderen Namen verkauft wird.

Trinkwasser: Leitungswasser kann bedenkenlos getrunken werden. In Flaschen abgefülltes Wasser ist vielerorts günstig.

EINRICHTUNGEN FÜR MENSCHEN MIT HANDICAP

In Südafrika sind die meisten Einrichtungen und Zugänge behinderten- und rollstuhlgerecht gestaltet. Auch die meisten Hotels bieten entsprechend ausgestattete Zimmer, vor öffentlichen Gebäuden gibt es Behindertenparkplätze, neuere Touristenattraktionen sind ebenfalls auf Besucher mit Handicaps eingestellt. Auch viele Reiseveranstalter bieten entsprechende Touren an.

KINDER

Kinder sind überall gern gesehen, vielfach stehen auch Wickeltische zur Verfügung. Besondere Attraktionen sind in diesem Band durch oben stehendes Symbol gekennzeichnet.

ERMÄSSIGUNGEN

Kinder: Die meisten Hotels bieten Kinderzimmer oder zusätzliche Betten für den Nachwuchs. V. a. Parks haben zahlreiche familienfreundliche Unterkünfte für Selbstversorger. Kinder erhalten ermäßigten Eintritt in Museen und anderen Attraktionen.
Studenten und Schüler: Mit einem internationalen Jugendherbergs- oder Studentenausweis (ISIC) können Fahrten mit Überlandbussen, dem Baz Bus (für Rucksacktouristen) und Übernachtungen günstiger sein – müssen aber nicht. Einfach nachfragen.
Senioren: Reisende über 60 Jahre erhalten Ermäßigungen in Museen und bei öffentlichen Verkehrsmitteln (Ausweis oder Reisepass zeigen).

TOILETTEN

Moderne und saubere Toiletten finden Sie in allen öffentlichen Gebäuden.

ZOLL

Zollfrei einzuführen sind Geschenke im Wert von bis zu 3000 Rand, 50 ml Parfüm, 250 ml Eau de Toilette, 2 l Wein oder 1 l Spirituosen, 200 Zigaretten.

BOTSCHAFTEN UND KONSULATE

Deutschland
☎ 012 427 89 00

Österreich
☎ 012 452 91 55

Schweiz
☎ 012 452 06 60

SPRACHFÜHRER

In Südafrika gibt es elf Amtssprachen: Sepedi, Sesotho, Setswana, siSwati, Tshivenda, Xitsonga, Afrikaans, Englisch, isiNdebele, isiXhosa und isiZulu. Englisch wird quasi überall gesprochen, jedoch kann ein einfaches Hallo oder Dankeschön in der regionalen Sprache nur von Vorteil sein. Nach Englisch werden Afrikaans (landesweit), isiZulu (überwiegend in KwaZulu-Natal) sowie isiXhosa (überwiegend am Ostkap) am häufigsten und auch in allen Großstädten gesprochen. Alle Sprachen werden nach der Schrift gesprochen mit Ausnahme von isiXhosa und isiZulu. Manche Buchstaben der beiden Sprachen werden mit unterschiedlichen »Klicks« wiedergegeben, dabei schnalzt die Zunge gegen verschiedene Partien der Mundhöhle.

EINSTIEG

Ich fange gerade erst an, isiZulu zu lernen	**Ngisaqala ukufunda isiZulu**
Ich spreche nur ein bisschen Xhosa	**Ndithetha isiXhosa kancinci nje**
Ich lerne gerade Afrikaans, kann es aber noch nicht sprechen	**Ek probeer tans Afrikaans leer, maar ek kan dit nog nie praat**

IMMER ZU GEBRAUCHEN

DEUTSCH	ISIZULU	ISIXHOSA	AFRIKAANS
Hallo	**Sawubona**	**Molo**	**Hallo**
Wie geht es Ihnen?	**Kunjani?**	**Uphila njani?**	**Hoe gaan dit?**
Gut, danke	**Ngiyaphila**	**Ndiphilile, enkosi**	**Goed dankie**
Ja	**Yebo**	**Ewe**	**Ja**
Nein	**Cha**	**Cha**	**Nee**
Bitte	**Ngiyakucela**	**Nceda**	**Asseblief**
Danke	**Ngiyabonga**	**Enkosi**	**Baie dankie**
Entschuldigung	**Uxolo**	**Uxolo**	**Verskoon my**
Wie heißen Sie?	**Ngubani igama lakho?**	**Ngubani igama lakho?**	**Wit is jou naam?**
Ich heiße ...	**Igama lami ngu ...**	**Igama lam ngu...**	**My naam is ...**
Wo wohnen Sie?	**Uhlalaphi?**	**Uhlala phi?**	**Waar woon jy?**
Ich komme aus ...	**Ngiphuma e ...**	**Ndivela...**	**Ek kom vanaf...**
Was kostet das?	**Kuyimalini lokhu?**	**Ixabisa malini?**	**Hoeveel kos dit?**
Wo finde ich ... ?	**Ihpi ...?**	**Ihpi ...?**	**Waar is ...?**
Was ist das?	**Yintoni le/leyo?**	**Yini le/leyo?**	**Wat is dit/daardie?**
Ich möchte gern ...	**Ngifuna ...**	**Ndingathanda...**	**Ek wil graag ... hê**
Wie spät ist es?	**Yisikhathisini manje?**	**Ngubani ixesha?**	**Hoe laat is dit?**
Ich suche ...	**Ngifuna i ...**	**Ndikhangela i...**	**Ek is opsoek na die...**
Es tut mir leid	**Ngiyaxolisa**	**Ndiva mtoembi**	**Ek is jammer**
Ich weiß nicht	**Angazi**	**Andazi**	**Ek weet nie**
Ich verstehe nicht	**Andiqondi**	**Andiqondi**	**Ek verstaan nie**
Sprechen Sie Englisch?	**Uyakwazi ukuk–huluma isiNgisi?**	**Uyakwazi ukut–hetha isiNgesi?**	**Praat jy Engels?**
Bis später	**Sizobonana**	**Sobe sibonane**	**Sien jou later**
Auf Wiedersehen	**Uhambe kahle/ Usale kahle**	**Sala sentle**	**Totsiens**

Sprachführer

ZAHLEN

DEUTSCH	ISIZULU	ISIXHOSA	AFRIKAANS
1	**ukunye**	**nye**	**een**
2	**isibili**	**mbini**	**twee**
3	**kuthathu**	**ntathu**	**drie**
4	**okune**	**ne**	**vier**
5	**isihlanu**	**ntlanu**	**vyf**
6	**isithupha**	**ntandathu**	**ses**
7	**isikhombisa**	**xhenxe**	**sewe**
8	**isishiyagalombili**	**bhozo**	**agt**
9	**isishiyagalolunye**	**lithoba**	**nege**
10	**ishumi**	**lishuymi**	**tien**
11	**ishumi nanye**	**ishumi elinanye**	**elf**
12	**ishumi nambili**	**ishumi elinesibini**	**twaalf**
13	**ishumi nantathu**	**ishumi elinesithathu**	**dertien**
14	**ishumi nane**	**elinesine**	**veertien**
15	**ishumi nesihlanu**	**elinesihlanu**	**vyftien**
20	**amashumi amabili**	**amashumi amabini**	**twintig**
50	**amashumi amahlanu**	**amashumi amahlanu**	**vyftig**
100	**ikhulu**	**ikhulu**	**(een) honderd**
1000	**inkulungwane**	**iwaka**	**(een) duisend**

EBENFALLS NÜTZLICHES AUF AFRIKAANS

Abend	**Aand**
Abendessen	**Aandete**
Abfahrt/-Abflug/ Abreise	**Vertrek**
Ankunft	**Aankoms**
Apotheke	**Apteek**
Ausgang/Ausfahrt	**Uitgang**
Auskunft	**Inligting**
Bahnhof	**Stasie**
Bank	**Bank**
Bed & Breakfast	**Bed en ontbyt**
Benzin	**Brandstoff**
Brot	**Brood**
Dorf	**Dorp**
Ebene/Feld/Veld	**Veld**
Eier	**Eier**
Eis	**Roomys**
Flughafen	**Lughawe**
Flugzeug	**Vliegtuig**
Frühstück	**Ontbyt**
Gestern	**Gister**
Grenze	**Grens**
Grill/Grillen	**Braai**
Gut/Lecker/Nett	**Lekker**
Heute	**Vandag**
Kirche	**Kerk**
Kleiner See/ Sumpf/Tümpel	**Vlei**
Kneipe/Bar	**Kroeg**
Kreditkarte	**Kredietkaart**
Links	**Links**
Markt	**Mark**
Mittagessen	**Middagete**
Milch	**Melk**
Morgen	**Oggend**
Nachmittag	**Middag**
Nacht	**Nag**
Polizei	**Polisie**
Postamt	**Poskantoor**
Preiswert/Billig	**Goedkoop**
Rechnung	**Rekening**
Rechts	**Regs**
Reisescheck	**Reisigerstjek**
Scheck	**Tjek**
Speisekarte	**Spyskaart**
Stadt	**Stad**
Stadtbezirk	**Burg**
Stadtzentrum	**Middestad**
Strand	**Strand**
Teuer	**Duur**
Ticket	**Kaartjie**
Wein	**Wyn**
Wurst	**(Boere)wors**

Reiseatlas

Kapiteleinteilung: siehe Übersichtskarte (Umschlaginnenseite)

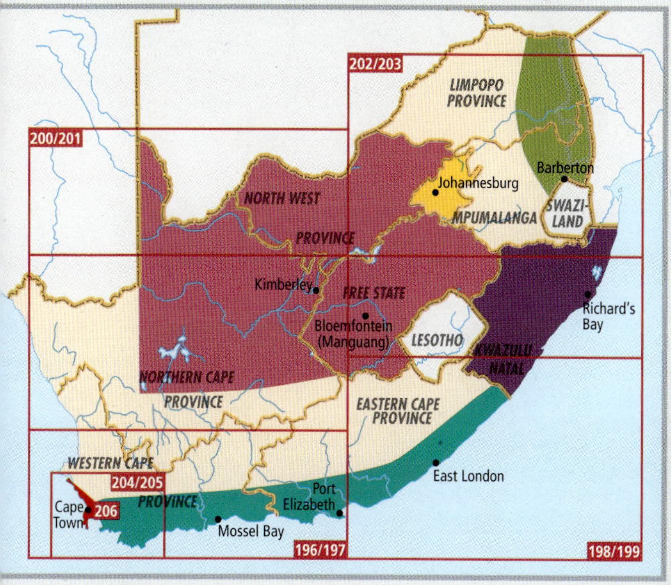

Legende

- Autobahn mit Straßennr.
- Fernstraße mit Straßennr.
- Hauptstraße
- Nebenstraße
- Fahrweg, Piste
- Eisenbahn
- Fähre, Schiffsverbindung
- Staatsgrenze
- Provinzgrenze
- Nationalpark, Naturpark
- Sperrgebiet
- Internationaler Flughafen, Flugplatz
- Sehenswürdigkeit
- Denkmal, Monument; Wasserfall
- Archäologische Stätte; Höhle
- Berggipfel; Höhenpunkt; Pass
- Brunnen; Wellenreiten
- Badestrand
- TOP 10
- 26 Nicht verpassen!
- 22 Nach Lust und Laune!

196-203

1 : 4.200.000

0 50 100 km

0 25 50 mi

204/205

1 : 1.200.000

0 15 30 km

0 5 15 mi

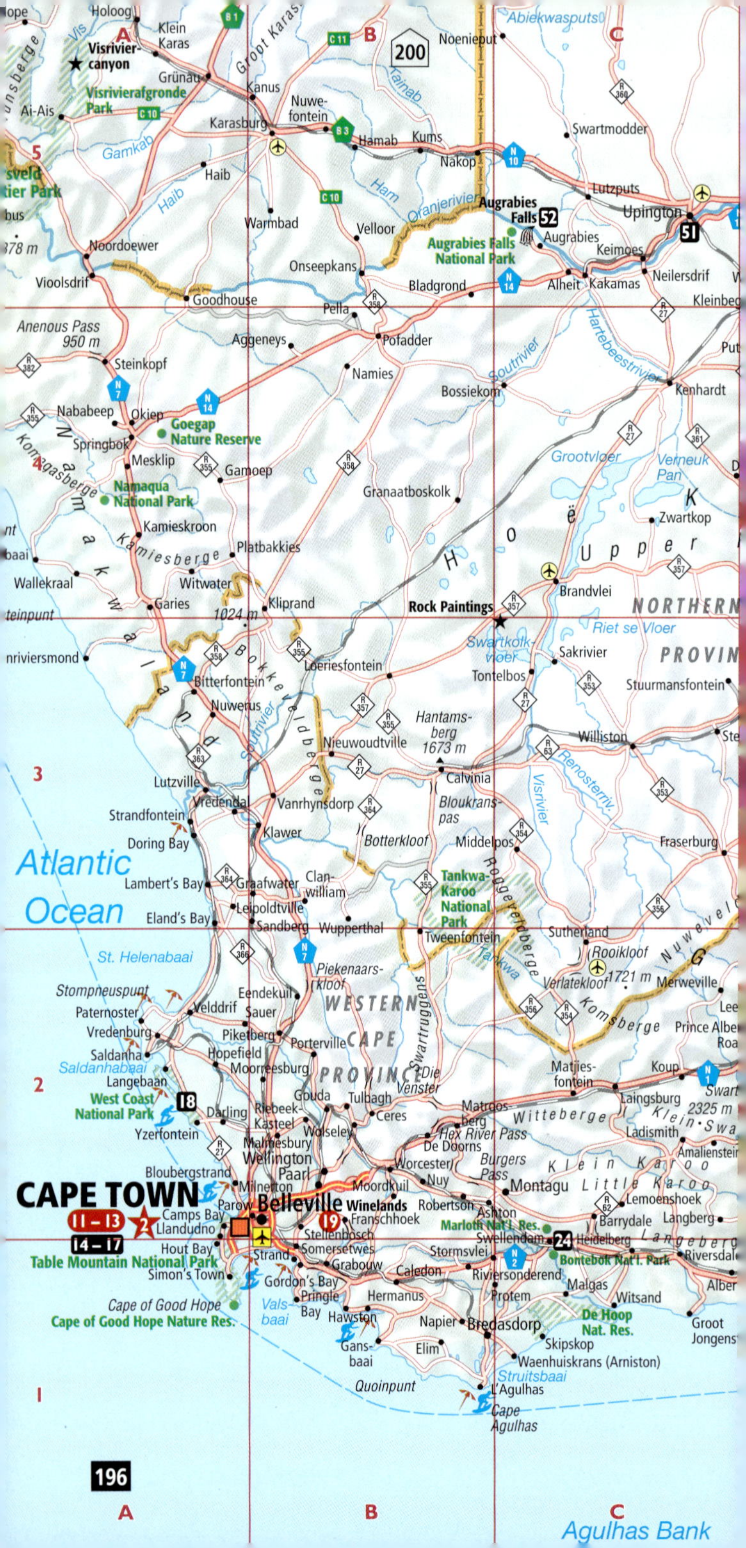

Visrivier-canyon
Visrivierafgronde Park
Klein Karas
Grünau
Karasburg
Kanus
Nuwe-fontein
Hamab
Kums
Nakop
Noenieput
Abiekwasputs
Swartmodder
Lutzputs
Upington
Augrabies Falls
Augrabies
Augrabies Falls National Park
Keimoes
Kakamas
Alheit
Neilersdrif
Kleinbeg
Ai-Ais
Haib
Warmbad
Velloor
Onseepkans
Bladgrond
Noordoewer
Vioolsdrif
Goodhouse
Pella
Pofadder
Aggeneys
Anenous Pass 950 m
Steinkopf
Namies
Bossiekom
Kenhardt
Nababeep
Okiep
Springbok
Goegap Nature Reserve
Mesklip
Gamoep
Namaqua National Park
Granaatboskolk
Grootvloer
Verneuk Pan
Zwartkop
Kamieskroon
Kamiesberge
Platbakkies
Wallekraal
Witwater
Garies
Kliprand
1024 m
Rock Paintings
Brandvlei
Upper Karoo
NORTHERN PROVINCE
Riet se Vloer
Swartkolkvloer
Sakrivier
Tontelbos
Stuurmansfontein
Loeriesfontein
Bitterfontein
Nuwerus
Hantamsberg 1673 m
Williston
Nieuwoudtville
Calvinia
Lutzville
Vredendal
Strandfontein
Vanrhynsdorp
Bloukranspas
Klawer
Doring Bay
Botterkloof
Middelpos
Fraserburg
Atlantic Ocean
Lambert's Bay
Graafwater
Clanwilliam
Tankwa-Karoo National Park
Leipoldtville
Eland's Bay
Sandberg
Wupperthal
Tweenfontein
Sutherland
Rooikloof
1721 m
Verlatekloof
Merweville
St. Helenabaai
Piekenaarskloof
Stompneuspunt
Paternoster
Velddrif
Eendekuil
Sauer
WESTERN CAPE PROVINCE
Vredenburg
Piketberg
Porterville
Saldanha
Saldanhabaai
Hopefield
Moorreesburg
Die Venster
Matjiesfontein
Koup
Prince Albert Road
Langebaan
West Coast National Park
Darling
Riebeek-Kasteel
Gouda
Tulbagh
Ceres
Matroosberg
Witteberge
Laingsburg
Swartberg 2325 m
Yzerfontein
Malmesbury
Wolseley
Hex River Pass
De Doorns
Ladismith
Amalienstein
Bloubergstrand
Wellington
Paarl
Worcester
Nuy
Burgers Pass
Klein Karoo
Little Karoo
CAPE TOWN
Milnerton
Parow
Belleville
Moordkuil
Winelands
Robertson
Montagu
Lemoenshoek
Camps Bay
Llandudno
Franschhoek
Ashton
Marloth Nat'l. Res.
Barrydale
Langberg
Stellenbosch
Swellendam
Heidelberg
Riversdale
Hout Bay
Table Mountain National Park
Strand
Somerset West
Grabouw
Stormsvlei
Caledon
Riviersonderend
Bontebok Nat'l. Park
Simon's Town
Gordon's Bay
Pringle Bay
Hermanus
Protem
Malgas
Witsand
Albertinia
Cape of Good Hope
Cape of Good Hope Nature Res.
Valsbaai
Hawston
Napier
Bredasdorp
De Hoop Nat. Res.
Skipskop
Groot Jongensfontein
Gansbaai
Elim
Waenhuiskrans (Arniston)
Struitsbaai
Quoinpunt
L'Agulhas
Cape Agulhas
Agulhas Bank

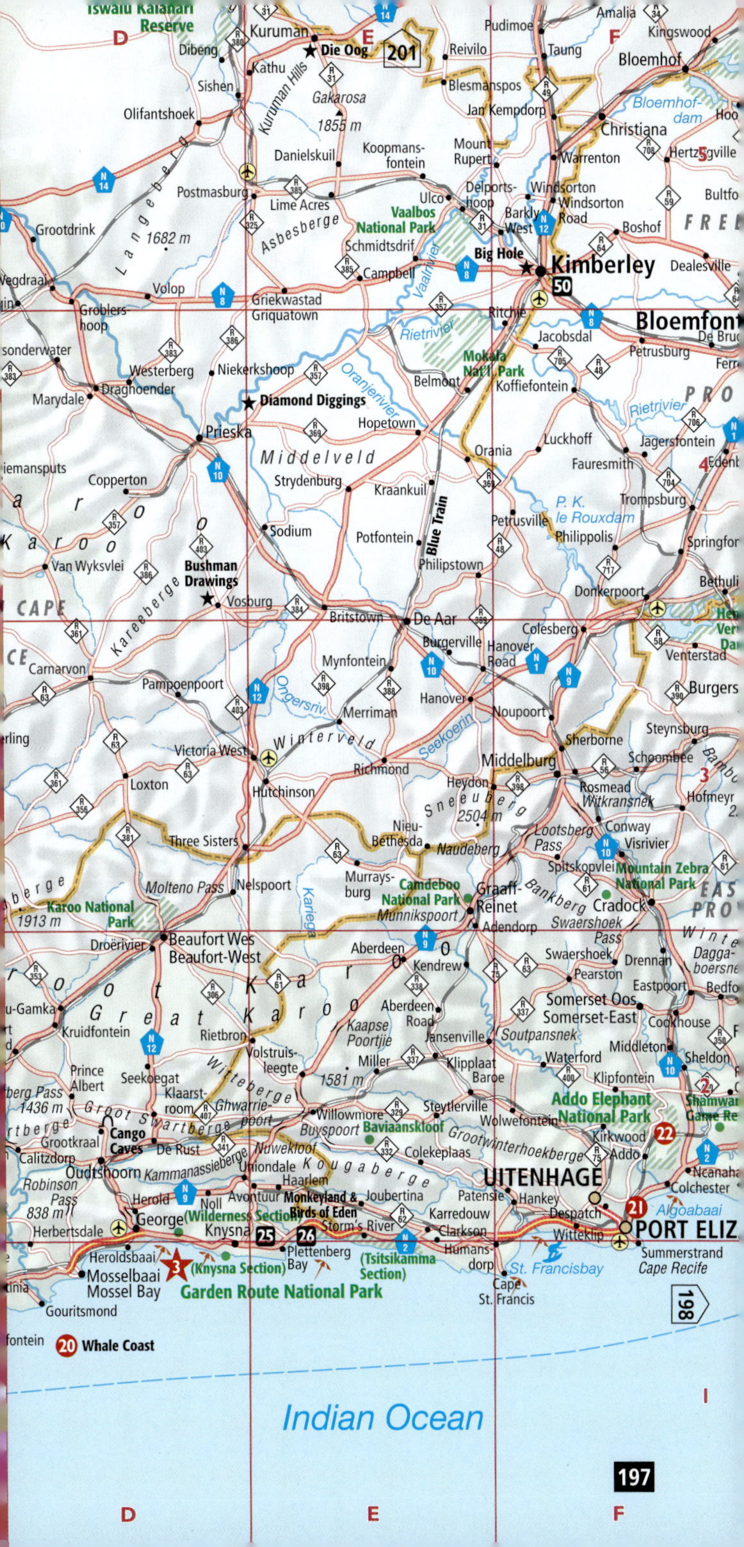
Tswalu Kalahari Reserve
Kuruman
Die Oog
201
Dibeng
Kathu
Kuruman Hills
Sishen
Gakarosa
1855 m
Olifantshoek
Danielskuil
Koopmans-fontein
Postmasburg
Lime Acres
Asbesberge
Langeberg
1682 m
Grootdrink
Volop
Griekwastad
Griquatown
Groblershoop
Vaalbos National Park
Ulco
Schmidtsdrif
Campbell
Vaalrivier
Big Hole
Kimberley
50
Pudimoe
Reivilo
Taung
Blesmanspos
Jan Kempdorp
Mount Rupert
Delportshoop
Barkly West
Windsorton
Windsorton Road
Warrenton
Christiana
Bloemhof
Bloemhof-dam
Amalia
Kingswood
Hertzogville
Boshof
Bultfo
FREE
Dealesville
Ritchie
Jacobsdal
Bloemfont
Petrusburg
Rietrivier
Mokala Nat'l Park
Koffiefontein
Belmont
Oranjerivier
Westerberg
Niekerkshoop
Draghoender
Marydale
Diamond Diggings
Prieska
Hopetown
Middelveld
Orania
Luckhoff
Fauresmith
Jagersfontein
Edenb
PRO
Copperton
Strydenburg
Kraankuil
Sodium
Potfontein
Blue Train
Petrusville
P. K. le Rouxdam
Philippolis
Trompsburg
Springfor
Karoo
Van Wyksvlei
Bushman Drawings
Vosburg
Philipstown
Donkerpoort
Bethuli
CAPE
Kareeberge
Britstown
De Aar
Colesberg
Venterstad
Carnarvon
Mynfontein
Burgerville
Hanover Road
Pampoenpoort
Ongersriv.
Merriman
Hanover
Noupoort
Burgers
Steynsburg
Victoria West
Winterveld
Richmond
Seekoeirivier
Middelburg
Sherborne
Schoombee
Loxton
Hutchinson
Heydon
Sneeuberg
2504 m
Rosmead
Witkransnek
Hofmeyr
Lootsberg Pass
Conway
Visrivier
Three Sisters
Nieu-Bethesda
Naudeberg
Spitskopvlei
Mountain Zebra National Park
Molteno Pass
Nelspoort
Kariega
Murraysburg
Camdeboo National Park
Graaff-Reinet
Munnikspoort
Bankberg
Cradock
Swaershoek Pass
Karoo National Park
1913 m
Droërivier
Beaufort Wes
Beaufort-West
Aberdeen
Kendrew
Adendorp
Swaershoek
Pearston
Drennan
Daggaboersnek
Great Karoo
Rietbron
Kruidfontein
Aberdeen Road
Somerset Oos
Somerset-East
Cookhouse
Bedfo
Kaapse Poortjie
Jansenville
Soutpansnek
Middleton
Sheldon
Volstruisleegte
Miller
1581 m
Klipplaat
Baroe
Waterford
Klipfontein
Prince Albert
Seekoegat
Klaarstroom
Witteberge
Ghwarriepoort
Willowmore
Steytlerville
Wolwefontein
Addo Elephant National Park
Shamwari Game Re
Groot Swartberge
Grootkraal
Cango Caves
De Rust
Buyspoort
Baviaanskloof
Grootwinterhoekberge
Kirkwood
Addo
22
Calitzdorp
Oudtshoorn
Kammanassieberge
Nuwekloof
Uniondale
Kougaberge
Colekeplaas
Uitenhage
Ncanaha
Colchester
Haarlem
Avontuur
Joubertina
Patensie
Hankey
Robinson Pass
838 m
Herold
Noll
Monkeyland & Birds of Eden
Karredouw
Despatch
Algoabaai
George
(Wilderness Section)
Knysna
25
26
Storm's River
Clarkson
Witteklip
Port Eliz
21
Herbertsdale
Heroldsbaai
Plettenberg Bay
Humansdorp
Summerstrand
Cape Recife
Mosselbaai
Mossel Bay
(Knysna Section)
(Tsitsikamma Section)
St. Francisbay
Garden Route National Park
Cape St. Francis
198
Gouritsmond
20 Whale Coast
Indian Ocean
D
E
F

A
B
C
Kingswood
Makwassie
Sandveld Nat'l. Res.
Taung
Bloemhof
Kroonstad
202
Edenville
Heilbron
Petrus Steyn
Tweeling
Bloemhof-dam
Hoopstad
Wesselsbron
Allanridge
Odendaalsrus
Welkom
Riebeekstaad
Hennenman
Steynsrus
Lindley
Reitz
Warden
Christiana
Warrenton
Hertzogville
Tierfontein
Virginia
Ventersburg
Arlington
Kransfontein
Windsorton
Windsorton Road
Bultfontein
Theunissen
W. Pretorius Wildtuin
Senekal
Paul Roux
Dihlabeng
Barkly West
Boshof
FREE STATE
Allemaans kraaldam
Golden Gate Highlands Nat'l. P.
Rooiberge
Brandfort
Winburg
Rosendal
Clarens
Phuthaditjhaba
Kimberley
50
Dealesville
Soutpan
Marquard
Fouriesburg
Witteberge
Libono
Royal Natal Nat'l. Park
Glen
Excelsior
Clocolan
Ficksburg
Butha-Buthe
Monteng Pass
Oxbow
Hlotse
Bloemfontein
49
De Brug
Jacobsdal
Petrusburg
Ferreira
Sannaspos
Tweespruit
Ladybrand
Teyateyaneng
3277 m
Lejone
Koffiefontein
Thaba Nchu
Maseru
Maluti Mts.
Tlokoeng
PROVINCE
Rietrivier
Dewetsdorp
Hobhouse
Roma
Cheche Pass
Thaba Tseka
Reddersburg
Jammersdrif
Morija
Marakabei
LESOTHO
3416
Luckhoff
Jagersfontein
Fauresmith
Edenburg
Welbedacht Dam
Wepener
Mafeteng
Rock Paintings
Central Range
Sehonghong
Trompsburg
Vanstadensrus
Mohales Hoek
Thaba Putsoa
Quabane
P. K. le Rouxdam
Philippolis
Springfontein
Smithfield
Zastron
Sinqua
Mphaki
Qacha's Nek
Sebapaia
Moyeni
Matatiele
Donkerpoort
Bethulie
Rouxville
Palmietfontein
Aliwal-Noord
Aliwal North
Sterkspruit
Hendrik Verwoerd Dam Nat'l. Res.
Herschel
Naudesnek Pass
Elands Height
Mount Fletcher
Kinirapoort
Colesberg
Venterstad
Lady Grey
New England
Moshesh's Ford
Lahlangubo
Burgersdorp
Clanville
Barkly East
2871 m
Jamestown
Rossouw
Barkly Pass
Maclear
Steynsburg
Stormberg
Penhoek Pass
Dordrecht
Elliot
Ugie
Tsolo
Sherborne
Schoombee
Bamboesberg
Molteno
Middelburg
Rosmead
Witkransnek
Hofmeyr
2207 m
2127 m
Sterkstroom
Indwe
Cala
Quiba
Ntibane
Mlengana
Lootsberg Pass
Conway
Visrivier
Lady Frere
Askeaton
Engcobo
Coghlan
Umtata
Libode
Queenstown
Ezibeleni
Cofimvaba
Bashee Bridge
Viedgesville
Spitskopvlei
Mountain Zebra National Park
Tarkastad
EAST CAPE PROVINCE
Nobokwe
Tsomo
St. Marks
Alderley
Bankberg
Cradock
Sada
Whittlesea
Nqamakwe
Idutywa
Hole in The Wall
Swaershoek Pass
Spring Valley
Cathcart
Butterworth
Willowvale
Dwesa Nat.
Winterberge
Swaershoek
Drennan
Daggaboersnek
Balfour
Seymour
Stutterheim
Komga
Centani
Mazeppa Bay
Pearston
Eastpoort
Bedford
Hogsback
28
Somerset Oos
Somerset-East
Adelaide
Alice
Dimbaza
Bisho
Macleantown
Kei Mouth
Soutpansnek
Cookhouse
Fort Beaufort
Mdantsane
Middleton
King-William's Town
Zwelitsha
Beacon Bay
Waterford
Sheldon
Riebeek-Oos
Klipfontein
Peddie
Oos-Londen
East London
Addo Elephant National Park
Shamwari Game Res.
Grahamstad
Grahamstown
27
Bell
Kidd's Beach
Hamburg
Kirkwood
22
Addo
Uitenhage
Nanaha
Alexandria
Port Alfred
Colchester
Hankey
Boesmansriviermond
Cape Padrone
Despatch
21
Algoabaai
Witteklip
PORT ELIZABETH
Summerstrand
Cape Recife
St. Francisbay
197
A
B
C

Volksrust
Wakkerstrom
Vrede
2026 m
Bothasberg
uPhongolo
Berbice
Pongola
Lavumisa
Elefant Res.
Rocktail Bay
Pongolapoort dam
Lake Sibaya
203
Hot Springs
Itala Nat. Res.
Candover
Mbaswana
Louwsburg
Mkuze
Witkoppies
Memel
2379 m
Newcastle
Madadeni
Utrecht
Balelesberge
Vryheid
ZULULAND
Steilrand
Nongoma
Phinda Reserve
Sodwana Bay National Park
Melanieskop
2286 m
Dannhauser
Kingsley
KWA ZULU
Hluhluwe
Hluhluwe-Umfolozi National Park
Hlabisa
Glencoe
Dundee
Blood River Monument
Harrismith
48
Van Reenen
Elandslaagte
Vant's Drift
Silutshana
Mahlabatini
St. Lucia Game Reserve
Lake St. Lucia
Battlefields
29
Ladysmith
Pomeroy
Buffelsriv.
NATAL
Umfolozi Game Res.
Somkele
St. Lucia
St. Lucia Park
Mtubatuba
Olivierhoek Pass
Bergville
Winterton
Colenso
Weenen
Tugela Fery
Melmoth
Dlolwana
Simunye
Nkwalini
Empangeni
Richards Bay
Felixton
Frere
Estcourt
Entumeni
Eshowe
Greytown
Kranskop
Gingindlovu
Drakensberg Park
Mooirivier
Giants Castle
Rietvlei
Fort Mtobeni
Dolphin Coast
Thabana Ntlenyana
3482 m
Howick Falls
Fawnleas
Midlands
Darnall
Stanger
Lower Loteni
Howick
Pietermaritzburg
33
32
Valley of 1000 Hills
31
Tongaat
Verulam
Edendale
Moumalanga
Himeville
Kwa-Mashu
Underberg
Bulwer
Richmond
Pinetown
DURBAN
10
Donnybrook
Umbumbulu
Isipingo
Kingsburg
Amanzimtoti
Swartberg
Ixopo
Umkomaas
Umzimkulu
Highflats
Franklin
Umzinto
Park Rynie
Sezela
Kokstad
2268 m
Harding
Oribi Gorge Nat. Res.
Brooks Nek
Hibberdene
Magusheni
30
Sea Park
Port Shepstone
Mount Ayliff
Bizana
Ramsgate
Flagstaff
Port Edward
Mkambati Nat. Res.
Umtentu
Lusikisiki
Port Grosvenor
Port St. Johns
Notintsila
Coffee Bay
the Wall
23
Coast
Indian Ocean
D
E
F
5
4
3
2
1

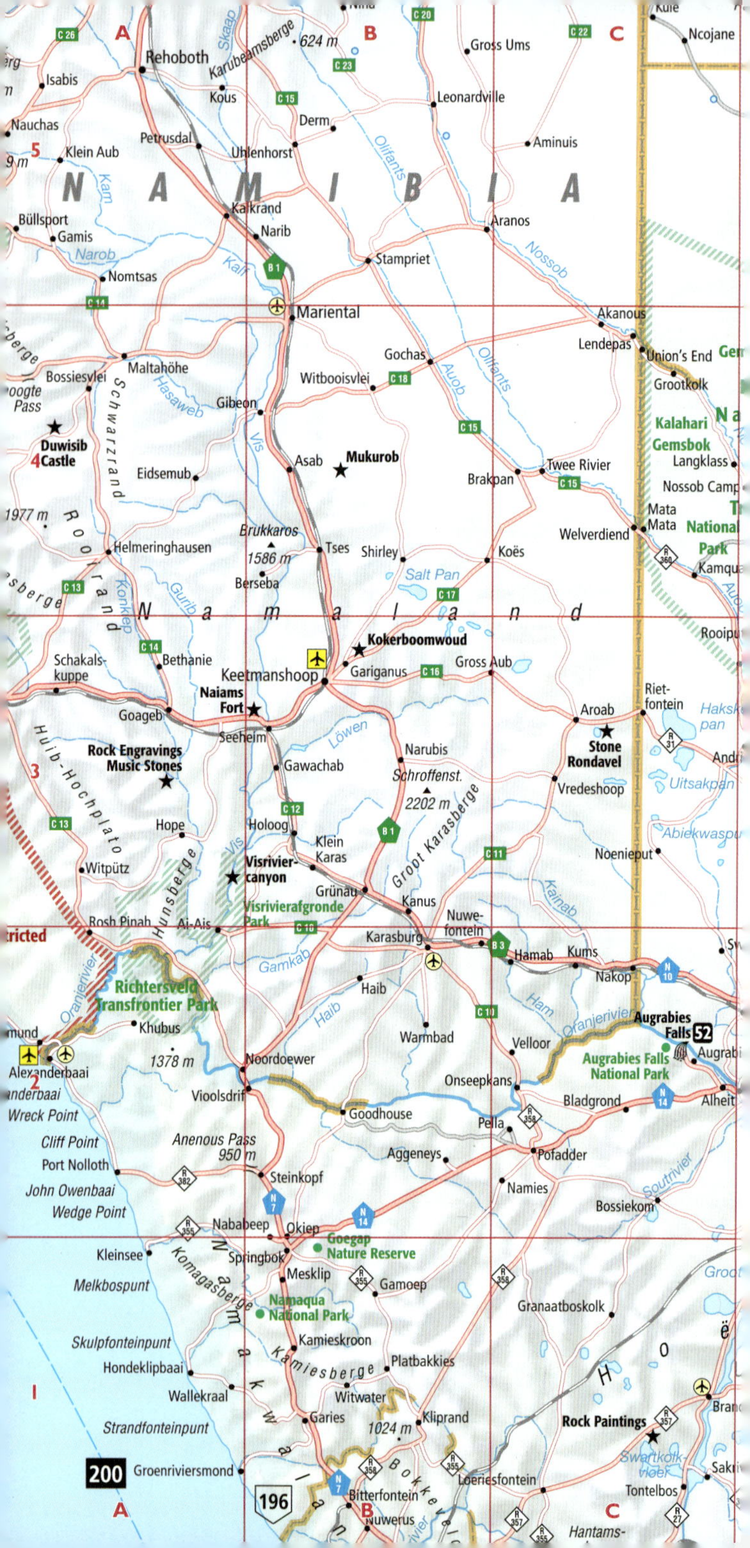
A
B
C
5
4
3
2
1
NAMIBIA
Namaland
Rehoboth
Isabis
Nauchas
Klein Aub
Kous
Karubeamsberge
624 m
Gross Ums
Leonardville
Derm
Petrusdal
Uhlenhorst
Aminuis
Kalkrand
Narib
Büllsport
Gamis
Narob
Nomtsas
Stampriet
Aranos
Nossob
Olifants
Skaap
Kam
Kalf
Mariental
Akanous
Lendepas
Union's End
Grootkolk
Gochas
Auob
Maltahöhe
Bossiesvlei
Witbooisvlei
Gibeon
Hasaweb
Schwarzrand
Duwisib Castle
Eidsemub
Asab
Mukurob
Brakpan
Twee Rivier
Kalahari Gemsbok National Park
Langklass
Nossob Camp
Mata Mata
Welverdiend
1977 m
Roodrand
Brukkaros
1586 m
Tses
Shirley
Koës
Kamqua
Helmeringhausen
Berseba
Salt Pan
Konkiep
Gurib
Kokerboomwoud
Schakals-kuppe
Bethanie
Keetmanshoop
Gariganus
Gross Aub
Rooipu
Naiams Fort
Goageb
Seeheim
Löwen
Riet-fontein
Aroab
Stone Rondavel
Hakskeenpan
Huib-Hochplato
Rock Engravings Music Stones
Gawachab
Narubis
Schroffenst.
2202 m
Vredeshoop
Uitsakpan
Groot Karasberge
Hope
Holoog
Klein Karas
Abiekwaspu
Noenieput
Witpütz
Hunsberge
Visrivier-canyon
Grünau
Kanus
Kainab
Rosh Pinah
Ai-Ais
Visrivierafgronde Park
Karasburg
Nuwe-fontein
Hamab
Kums
Nakop
Richtersveld Transfrontier Park
Gamkab
Haib
Ham
Oranjerivier
Augrabies Falls
Augrabies Falls National Park
Khubus
Warmbad
Velloor
1378 m
Alexanderbaai
Noordoewer
Vioolsdrif
Goodhouse
Onseepkans
Bladgrond
Alheit
Wreck Point
Cliff Point
Pella
Anenous Pass
950 m
Aggeneys
Pofadder
Port Nolloth
Steinkopf
Namies
John Owenbaai
Wedge Point
Soutrivier
Bossiekom
Nababeep
Okiep
Goegap Nature Reserve
Kleinsee
Springbok
Mesklip
Gamoep
Melkbospunt
Komagasberge
Namaqua National Park
Granaatboskolk
Namakwaland
Skulpfonteinpunt
Kamieskroon
Kamiesberge
Platbakkies
Hondeklipbaai
Wallekraal
Witwater
Garies
Kliprand
1024 m
Rock Paintings
Strandfonteinpunt
Groenriviersmond
Bokkeveld
Loeriesfontein
Swartkolk-vloer
Bitterfontein
Nuwerus
Tontelbos
Hantams-
C 26
C 20
C 22
C 23
C 15
C 14
C 18
C 17
C 13
C 16
C 12
C 11
C 10
B 1
B 3
N 7
N 10
N 14
R 27
R 31
R 355
R 357
R 358
R 360
R 382
52
196

anches
Kalahari
D
E
F
BOTSWANA
Masetleng Pan
Kang
A2
Hukuntsi
Tshane
Tswaane
Takatokwane
Kutse Pan
Kutse Game Reserve
Sa
KWE
5
1179 m
Desert
Sekoma
Khakhea
Jwaneng
KGALAGADI
SOUTHER
msbok National Park
Kgalagadi
tional Park
Mabuasehube Game Reserve
47
Kgalagadi
ransfrontier Park
Nossob
Werda
Moselebe
4
Bray
Molopo
Terra Firma
Molopo River
Pomfret
Vergeleë
Tosca
Gemsbok-vlakte
Vorstershoop
Dikbaardskolk
Tshabong
Morokweng
Piet Plessis
Pepani
McCarthy's Rest
Tlhakgameng
Twee Rivieren
Kgokgole
NORTH WEST
Ganyesa
Stella
Severn
Aansluit
Mashowingrivier
202
Molopo
Van Zylsrus
Kuruman
PROVINCE
Lolwane
Kuruman
Ontmoeting
Sonstraal
Tsineng
Cramond
Korannaberg
Hotazel
Lykso
Tswalu Kalahari Reserve
Kuruman
Die Oog
Pudimoe
Dibeng
Reivilo
Kathu
Sishen
Kuruman Hills
Gakarosa
Blesmanspos
Jan Kempdorp
Olifantshoek
1855 m
wartmodder
Danielskuil
Koopmans-fontein
Mount Rupert
Lutzputs
Postmasburg
Lime Acres
Ulco
Delportshoop
Windsor
Upington
51
Grootdrink
Langeberg
1682 m
Asbesberge
Vaalbos National Park
Schmidtsdrif
Barkly West
Keimoes
Big Hole
Kakamas
Neilersdrif
Wegdraai
Volop
Campbell
Vaalrivier
50
Kleinbegin
Groblershoop
Griekwastad Griquatown
Ritchie
Hartebeestrivier
Rietrivier
Jacobs
Putsonderwater
Westerberg
Niekerkshoop
Mokala Nat'l. Park
Kenhardt
Marydale
Draghoender
Diamond Diggings
Oranjerivier
Belmont
Koffiefontein
Prieska
Hopetown
Luckh
Verneuk Pan
Diemansputs
Middelveld
Orania
Copperton
Strydenburg
Kraankuil
Karoo
Zwartkop
Sodium
Potfontein
Blue Train
Petrusville
Upper Karoo
Philipstown
Van Wyksvlei
Bushman Drawings
Vosburg
Britstown
De Aar
NORTHERN CAPE
Riet se Vloer
Kareeberge
Burgerville
Hanover Road
Colesberg
PROVINCE
Carnarvon
Mynfontein
201
Stuurmansfontein
197
Pampoenpoort
Ongersriv.
Merriman
Hanover
Noupoort

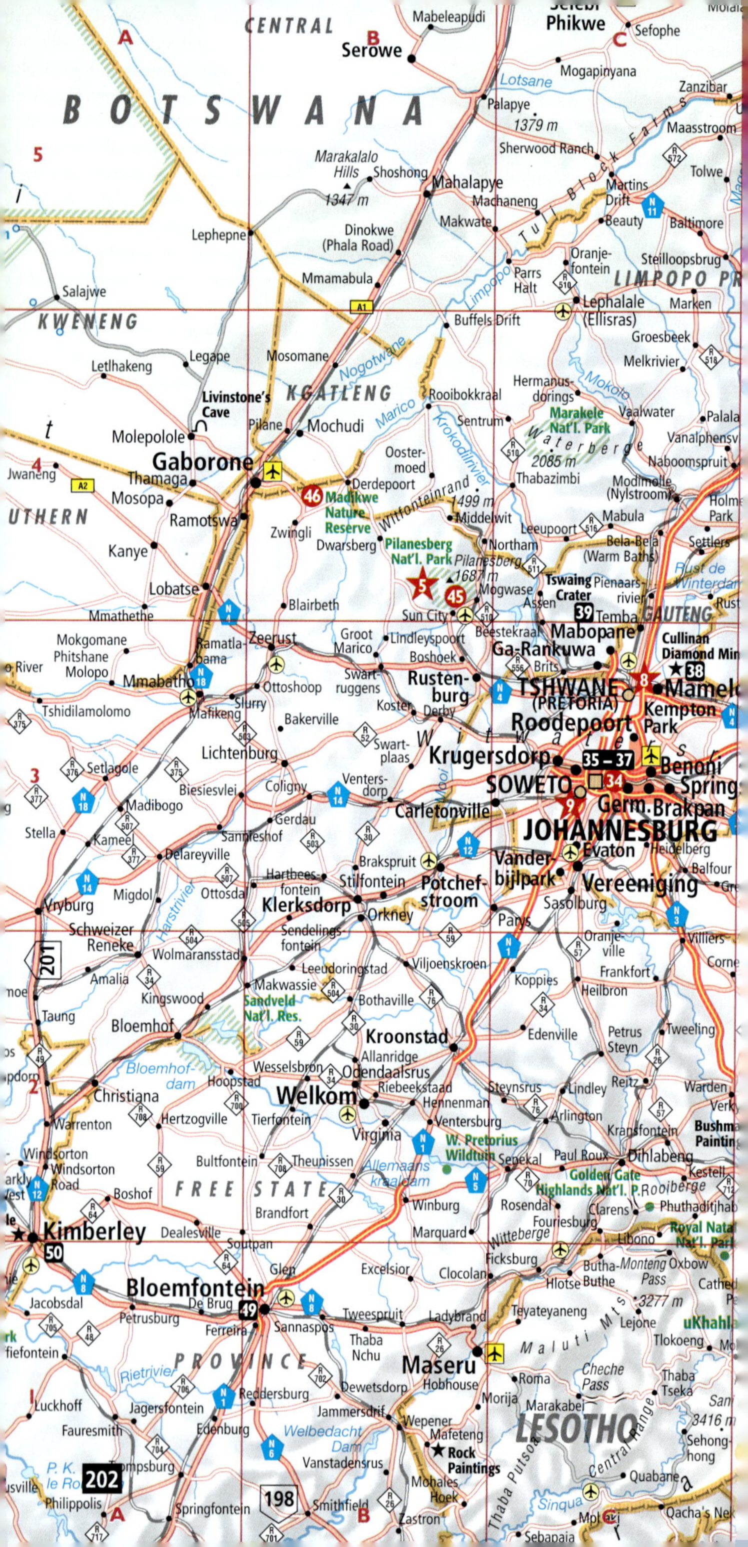
CENTRAL
BOTSWANA
Serowe
Mabeleapudi
Phikwe
Sefophe
Mogapinyana
Lotsane
Palapye
1379 m
Zanzibar
Maasstroom
Sherwood Ranch
Tuli Block Farms
Tolwe
Marakalo Hills
1347 m
Shoshong
Mahalapye
Machaneng
Martins Drift
Beauty
Baltimore
Makwate
Dinokwe (Phala Road)
Lephepne
Salajwe
KWENENG
Mmamabula
Parrs Halt
Oranjefontein
Steilloopsbrug
LIMPOPO
Limpopo
Lephalale (Ellisras)
Marken
Buffels Drift
Groesbeek
Melkrivier
Legape
Letlhakeng
Mosomane
Nogotwane
KGATLENG
Rooibokkraal
Hermanusdorings
Mokolo
Marakele Nat'l. Park
Vaalwater
Palala
Sentrum
Waterberge
2085 m
Vanalphensvlei
Naboomspruit
Livingstone's Cave
Molepolole
Pilane
Mochudi
Marico
Krokodilrivier
Oostermoed
Thabazimbi
Modimolle (Nylstroom)
Jwaneng
Gaborone
Thamaga
Mosopa
Derdepoort
Madikwe Nature Reserve
Witfonteinrand
1499 m
Middelwit
Mabula
Holme Park
Leeupoort
SOUTHERN
Ramotswa
Kanye
Zwingli
Dwarsberg
Pilanesberg Nat'l. Park
Pilanesberg
1687 m
Northam
Bela-Bela (Warm Baths)
Settlers
Lobatse
Mogwase
Tswaing Crater
Pienaarsrivier
Rust de Winter
Mmathethe
Blairbeth
Assen
Sun City
Temba
GAUTENG
Beestekraal
Mabopane
Mokgomane
Phitshane Molopo
Ramatlabama
Zeerust
Groot Marico
Lindleyspoort
Boshoek
Ga-Rankuwa
Brits
Cullinan
Diamond Mine
River
Mmabatho
Mafikeng
Ottoshoop
Swartruggens
Rustenburg
TSHWANE (PRETORIA)
Mamelodi
Kempton Park
Tshidilamolomo
Slurry
Bakerville
Koster
Derby
Witwatersrand
Roodepoort
Lichtenburg
Swartplaas
Krugersdorp
Benoni
Setlagole
Biesiesvlei
Coligny
Ventersdorp
Mooi
SOWETO
Springs
Germiston
Brakpan
Madibogo
Gerdau
Carletonville
Stella
Kameel
Sannieshof
JOHANNESBURG
Delareyville
Brakspruit
Evaton
Heidelberg
Vanderbijlpark
Balfour
Migdol
Ottosdal
Hartbeesfontein
Stilfontein
Potchefstroom
Vereeniging
Vryburg
Klerksdorp
Orkney
Sasolburg
Harstrivier
Schweizer Reneke
Sendelingsfontein
Parys
Oranjeville
Villiers
Wolmaransstad
Viljoenskroon
Cornelia
Amalia
Leeudoringstad
Koppies
Frankfort
Makwassie
Heilbron
Kingswood
Sandveld Nat'l. Res.
Bothaville
Taung
Tweeling
Bloemhof
Kroonstad
Edenville
Petrus Steyn
Allanridge
Bloemhof dam
Wesselsbron
Odendaalsrus
Reitz
Warden
Christiana
Hoopstad
Riebeekstaad
Welkom
Hennenman
Steynsrus
Lindley
Vrede
Warrenton
Hertzogville
Tierfontein
Virginia
Ventersburg
Arlington
Kransfontein
Bushman Paintings
Windsorton
Windsorton Road
W. Pretorius Wildtuin
Bultfontein
Theunissen
Allemaanskraaldam
Senekal
Paul Roux
Bethlehem
Dihlabeng
Kestell
Golden Gate Highlands Nat'l. Park
Rooiberge
Boshof
FREE STATE
Brandfort
Winburg
Rosendal
Clarens
Phuthaditjhaba
Kimberley
Dealesville
Soutpan
Marquard
Fouriesburg
Witteberge
Royal Natal Nat'l. Park
Ficksburg
Glen
Excelsior
Clocolan
Butha-Buthe
Monteng Pass
Oxbow
Bloemfontein
De Brug
Hlotse
Jacobsdal
Petrusburg
Ferreira
Sannaspos
Tweespruit
Thaba Nchu
Ladybrand
Teyateyaneng
Maluti Mts.
3277 m
Lejone
uKhahlamba
Koffiefontein
PROVINCE
Maseru
Hobhouse
Tlokoeng
Riet rivier
Roma
Cheche Pass
Thaba Tseka
Reddersburg
Dewetsdorp
Luckhoff
Jagersfontein
Jammersdrif
Morija
Marakabei
LESOTHO
3416 m
Fauresmith
Edenburg
Welbedacht Dam
Wepener
Mafeteng
Rock Paintings
Sehonghong
P. K. le Roux
Trompsburg
Vanstadensrus
Thaba Putsoa
Central Range
Philippolis
Springfontein
Smithfield
Mohales Hoek
Zastron
Sinqua
Qachas Nek
Quabane
Sebapala
202
198

Motloutse Ruins
Mapungubwe Nat'l. P.
Beitbridge
Limpopo
Chicualacuala
Baines Drift
Musina (Messina)
Pafuri Gate
Pafuri
R. Nuanetsze
Machail
R. Chefu
Bridgewater
Usutu
Mopane
Tshipise
Punda Maria
Bandur
Alldays
Machemma Ruins
Mutale
Mapai
Parque Na de Ban
Waterpoort
Wyllie's Poort
Dzata Ruins
Thohoyandou
Sirheni
Soutpansberg
2046 m
Vivo
Mara
Louis Trichardt
Shingwedzi
MOÇAMBIQUE
Rio Limpopo
Kl. Letaba
Giyani
Lebowa Bochum
Bandelierkop
Legkraal
Soekmekaar
Kruger
Combomume
PROVINCE
Mooketsi
Thorndale
Duiwelskloof
Gr. Letaba
Shimuwini
1780 m
Tzaneen
Tzaneen Dam
Ndzalama Wildlife Res.
Barr. de Massingir
Lagoa Nova
Seshego
Boyne
Letsitele
Letaba
Polokwane
Haenertsburg
Gravelotte
Olifants
Maalamb
Makopane (Potgietersrus)
Strydpoortberge
Ofcolaco
Phalaborwa
National
R.d. Elefantes
Mica
Klaserie Nat'l. Res.
Zuca
Zeekoegat
Zebediela
Lebowakgomo
Hoedspruit
Kapama Game Res.
Satara
R. Mazimechopes
Macareta
Abel Erasmus Pass
Timbavati G. Res.
Chókué
Roedtan
Echo Caves
Mogaba
Klaserie
Mapulanguene
Tompi Seleka
Voortrekker Fort
Blyde River Canyon Nat. Res.
Sabi Sand G. Res.
Maele
Ohrigstad
MAPUTO
Kennedy's Vale
Panoramaroute
Kdwyn's Pass
Tshokwane
Kruger Private Game Reserves
Macaene
Bergpunt
Marite
Panchane
Marble Hall
Malaita
Pilgrim's Rest
Skukuza
Siyabuswa
Graskop
Sabierivier
Groblersdal
Lydenburg
Sabie
Hazyview
Lower Sabie
Magude
Maci
Roossenekal
Sudwala Caves
Witrivier
Park
Rooikraal
Tanir
Damwal
Klipskool
Hectorspruit
Sabiè
Chinhanguanine
Verena
Stoffberg
Waterval-Boven
Mbombela (Nelspruit)
Komatipoort
Manh
Lammerkop
Vaalplaas
Kaapmuiden
Moamba
Belfast
Machadodorp
Old Stock Exchange
Hhohho
Marracuene
Middelburg
Barberton
Witbank
Wonderfontein
Saddleback Pass
Piggs Peak
Namaacha
Matola
MAPUTO
Balmoral
Badplaas
Bulembu
Tjaneni
Baia do Maputo
Ogies
Vandyksdrif
Carolina
MPUMALANGA
Malolotja Nat'l. Res.
Boane
Inhac
Chrissiesmeer
Lochiel
Croydon
Goba
Hendrina
Kriel
PROVINCE
Warburton
Ka Dake
Mbabane
Mpaka
Goba Fronteira
Porto Henrique
Bela Vista
Leandra
Breyten
Mantenga Falls
Kinross
Bethal
Ermelo
Manzini
Lebombo
Reserv do Ma
Lovengo
Maputo
Hoëveld
Sheepmoor
Amsterdam
SWAZILAND
R.Maputo
Lagoa Piti
Morgenzon
Big Bend
Greylingstad
1827 m
Iswepe
Ndumo
Catuane
Zitundo
Standerton
Randberge
Sicunusa
Sithobela
Mapuka-land
Kosi Bay
Grootdraai-dam
Assegai
Kosimee
Amersfoort
Piet Retief
Nhlangano
Nsoko
Hluthi
Tembe Elefant Res.
Kosibaai National
Perdekop
2268 m
Ubombo
Volksrust
Berbice
Lavumisa
Rocktail Bay
Vrede
Wakkerstrom
Pongola
Pongolaport-dam
Lake Sibaya
2026 m
Bothasberg
uPhongolo
Hot Springs
Itala Nat. Res.
Candover
Balelesberge
Mbaswana
Witkoppies
Utrecht
Louwsburg
Mkuze
Memel
ZULULAND
Sodwana Bay National Park
2379 m
Newcastle
Madadeni
Vryheid
Steilrand
Phinda Reserve
KWA ZULU
Nongoma
Melanieskop
Dannhauser
Kingsley
Hluhluwe-Umfolozi National Park
Hluhluwe
2286 m
Glencoe
Dundee
Blood River Monument
St. Lucia Game Reser
Harrismith
Hlabisa
Lake St. Lucia
Van Reenen
Elandslaagte
Vant's Drift
Silutshana
Mahlabatini
Somkele
St. Lucia
Battlefields
Umfolozi Game Res.
St. Lucia Park
Oliviershoek Pass
Ladysmith
Pomeroy
Buffelsri.
NATAL
Mtubatuba
Melmoth
Simunye
Bergville
Colenso
Tugela Ferry
Dlolwana
Empangeni
Winterton
Weenen
Nkwalini
Richards Bay
Estcourt
Frere
Entumeni
Eshowe
Felixton
Kranskop
Greytown
Fort Mtobeni
Gingindlovu
Dolphin Coast
hlamba-Drakensberg Park
Rietvlei
Mooirivier
Indian Ocean
Mokhotlong
Giants Castle
Midlands
Darnall
Thabana Ntlenyana
Howick Falls
Fawnleas
Stanger
3482 m
Lower Loteni
Howick
Pietermaritzburg
Valley of 1000 Hills
Tongaat
Himeville
Edendale
Verulam
Moumalanga
Kwa-Mashu
Underberg
Bulwer
Richmond
Pinetown
DURBAN
Donnybrook
Umbumbulu
Isipingo
Kingsburg
Amanzimtoti
Swartberg
Ixopo
Umzimkulu
Highflats
Umkomaas
Umkomaas

199

Laaiplek
Velddrif
196
Versveld Pass 880 m
Goedverwacht
Pools
Piketberg
Vredenburg
Bergrvier
Berg
Witwater
De Hoek
Langebaanweg
Koringberg
Porterville
Groot Winterhoek Wilderness Area
Groot Winterhoek 2078 m
Olifants
Hopefield
Moorreesburg
Saronberg 1800 m
West Coast 18
Coast National Park
Kiekoesvlei
Groen
Salt
Oupos
Soutbosvlei
Nuwekloof Pass 130 m
Tulbagh
Platteklip
Rust
974 m
Gouda
Riebeek-Wes Station
Yzerfontein
Yzerfonteinpunt
Darling Station
Darling
Januariesrkraal
Kanonkop
Riebeek-Wes
Riebeek-Kasteel
Riebeek-Kastel Station
Voëlvlei
Artois
Waveren
House Bay
Ichabo Point
Mamreweg
Bothmaskloof Pass
Wolseley
La Plaisante
Hermon
Malmesbury
Bailey's Peak 1519 m
The Grotto Bay
Jacobs Bay
Leerbaai
Bokpunt
Bok Bay
Matroosbaai
Mamre
Dassenberg
Abbotsdale
Soetendal
Bain's Kloof Pass 701 m
Malan
Goedehoop
Atlantis
Kalbaskraal
Perdeberg 759 m
Diep
Wintervogel
Nelson's Creek Wine Estate
Bovlei
Wellington
Philadelphia
Dagbreek
Windmill
Paarl
Du Toitskloof 1046 m
Atlantic Ocean
Melkbosstrand
Steelwater
Klipheuwel
Nederburg
Kreeftebaai
Bloubergstrand
Mellish
Suider-Paarl
Huguenot Tunnel
Dutoitskloof 1997
Robben Island
Durbanville
Fisantkraal
Klapmuts
Cillie
Simondium
Wemmershoek
13 Milnerton
Goodwood
Kraaifontein
De Novo
Muldersvlei
Groot-Drakenstein
Wemmershoek Dam
CAPE TOWN
Brackenfell
Pniel
Groendal
Languedoc
Franschhoek
Franschhoek Pass
Sea Point
11
2
Bellville
Parow
Kuilsrivier
Helshoogte
Kylemore
Clifton Bay
Camps Bay
Koeël Bay
12
Townships
Spier Wine Estate
Stellenbosch
Table Mountain National Park
Table Mtn. 1087 m
17
Bishop Lavis
Winelands
19
Hottentots-Holland Nature Reserve
Llandudno Bay
Llandudno
Sandy Bay
Duikerpunt
14
Constantia
Nyanga
Eersterivier
Lynedoch
Faure
Steynsrust
15
Croydon
Firgrove
Somerset West
Hout Bay
Strandfontein
Macassar
Van der Stel
Vyeboom
Viljoens Pass
Noordhoek
Muizenberg
St. James
Strand
Sir Lowry's Pass
Chapman's Bay
Kalk Bay
False Bay
Melk Bay
Grabouw
Elgin
Groenrug
Kommetjie
Fish Hoek
Slangkop Point
Glencairn
Gordon's Bay
Sir Lowry's Pass
Witsand Bay
Steenbras Mouth
Steenbras Dam
Vredendal
Scarborough
16 Simon's Town
Schuster Bay
Boulders Beach
Die Mond
Smitswinkel Bay
Koeël Bay
Buffelstalberg 884 m
Houhoek Pass
Olifantsbospum
Mast Bay
Table Mountain National Park
Rooiels Bay
Kogelberg Biosphere Reserve
Buffels Bay
Betty's Bay
Kleinmond
Cape of Good Hope Nature Reserve
Cape Point
Pringle Bay
Silversands
Sunny Seas Estate
Cape of Good Hope
Groot Bay
Sandown Bay
Hangklip
Stoney Point
Silversands Bay
Hawston
Onrus
Mudge Point
Indian Ocean
A
B
C

D
E
F
196
Katbakkies Pass
1158 m
R355
Peerboomskloof Pass
792 m
Op die Berg
Swartrugens
Groot
5
Watervalsberg
1569 m
Doring
Toorberg
974 m
R303
R355
Gydo Pass
1018 m
Hottentotskloof
Matjiesrivier
Die Venster
Tweeside
Bantams
N1
Memoria
Prince Alfred Hamlet
R46
Theronsberg Pass
1090 m
Jan de Boers
Quarry
Kanstabel
Pieter Meintjies
Parade
Skoonvlei
Swaarmoed Pass
1036 m
Verkeerdevlei
Draai
Kragershoek
R46
Bokrivier
Touws River
Zuurplaats
1382 m
1344 m
Ceres
Sanddriftskloof Dam
Matroosberg
2251 m
Hugo
Nouga
Witte
4
Hex River Pass
960 m
Kleinstraat
Michell's Pass
berge
De Doorns
Tunnel
Matroosberg
Kraggasrivier
Osplaas
Karee
Avondrust
Buffelshoekpiek
2062 m
R318
Bloutoring
Hexrivier
Orchard
Kwadousberg
Sandhills
N1
Nouga Hills
Hexrivier-
Keeromsberg
2075 m
Rooihoogte Pass
1234 m
Little Karoo
Karoo National Botanic Garden
Hex
Keerom Dam
Hoek van die Berg
De Wet
Patatsfontein
1387 m
Waboomsberg
1428 m
Ouberg Pass
990 m
Chavonnes
Worcester
Wilgerboomsrivier
196
Over-Hex
Burgers Pass
762 m
Waboomsberge
R43
Voorsorg
Nuy
Koo
Kiesie
Langkloof
Nuy
R60
Mowers
Dassieshoek
Boerboonfontein
Greater Brandflei Dam
Langvlei
1700 m
R318
Kogmanskloof Pass
240 m
Montagu
Kleinberg
1115 m
Kwaggaskloof Dam
Moordkuil
Breë
Vink
Robertson
Moordkuil Dam
Goree
Ashton
R62
Groot
Poortjieskloof Dam
3
Le Chasseur
Klaas Voogdsrivier
Langeberge
Sandvliet
Vrolijkheid Nature Reserve
Stettyn
Hammanshof
Sheepersrus
Wakkerstroom
Bonnievale Station
Die Vlakte
Rooihoogte
R43
Sewelfontein
Groot
Bonnievale
Merwespont
Marloth Nature Reserve
Jonaskop
1646 m
McGregor
Drew
R60
Olifantsberg
1603 m
Riviersonderendberge
Villiersdorp
Jubilee
Swellendam
Theewaterskloof Dam
Genadendal
Greyton
Skilpadkop
1510 m
Pilaarkop
1655 m
Leeurivier
R43
Bereaville
Stormsvlei
Voorhuis
24
Buffe
Eerstehoop
Riviersonderend
N2
Bontebok National Park
Dwarskloof
R406
Lindeshof
R406
Floorshoogte
R317
Riviersonderend
Vander Stel Pass
Swartberg
1089 m
Houhoek
Mission
N2
Botrivier
Krige
Caledon
R316
Skilpadskloof
Langkuil
Drayton
Protem
R319
Jongensklip
Rietpoel
Soutkuil
Klipdale
2
Babilonstoring
1169 m
R320
Kykoedie
Goudini
Oukraal
Shaws Pass
Salt
Wydgele
Fernkloof Nature Reserve
Akkedisberg-pas
Ouplaas
Hermanus
Tafelberg
845 m
R316
Fairfield
Mosselrivier
Salmonsdam Nature Reserve
Kleinriviers Vlei
Stanford
R317
Napier
Kars
De Hoopvlei
Walker Bay
Papiesvlei
R43
Die Plaat
Noormanskop
624 m
Die Mond
Bredasdorpberge
Bredasdorp
Walker Bay Nat. Res.
Grootbos Nat. Res.
Sandy's Glen
Skihaven
Die Kelders
Strands Kloof
Skipskop
Marthapunt
Stanford Cove
Elim
Ryspunt
Gansbaai
Franskraal Strand
R319
Mourkraal
R316
Hoopunt
Kleinbaai
Baardskeerdersbos
Marcus Bay
Danger Point
Vogelflei
Frikkie se Baai
Arniston (Waenhuiskrans)
Sandy Point
Pearly Beach
Viljoenshof
Soetendals Vlei
Kassiesbaai
R43
Struispunt
Dyer Island
De Mond
Buffelsjagberg
313 m
Soutpan
Agulhas
De Mond Nature Reserve
1
Ratelsrivier
Die Dam
National Park
Asfontein
Molshoop
Jessie se Baai
Sand Bay
Hotagterklip
Struis Bay
Quoin Point
Rasperpunt
Oubaai
L'Agulhas
Cape Agulhas
D
E
F

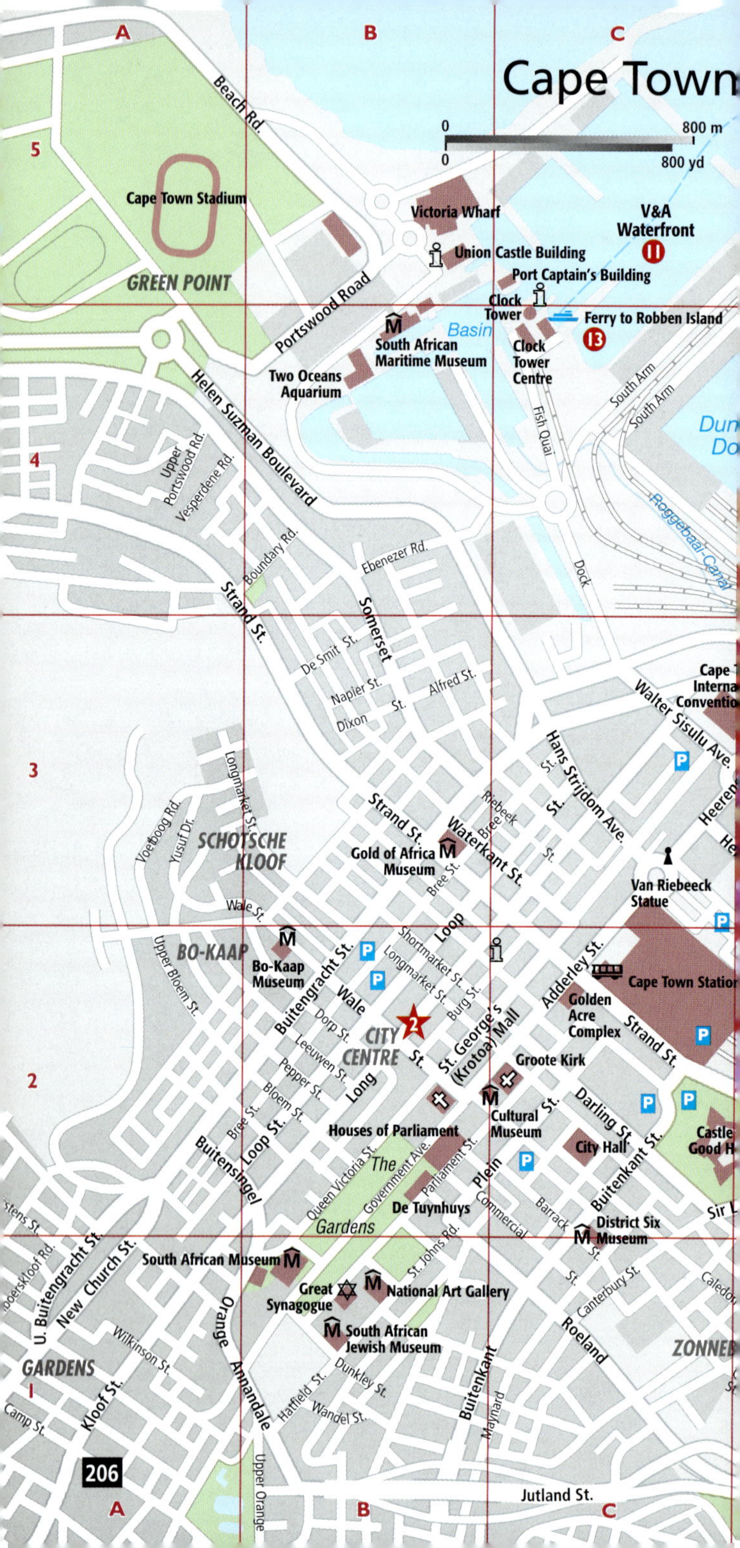

Cape Town
0
800 m
0
800 yd
A
B
C
5
4
3
2
1
Beach Rd.
Cape Town Stadium
GREEN POINT
Victoria Wharf
V&A Waterfront
11
Union Castle Building
Port Captain's Building
Clock Tower
Ferry to Robben Island
13
Basin
Clock Tower Centre
Portswood Road
South African Maritime Museum
Two Oceans Aquarium
Helen Suzman Boulevard
South Arm
South Arm
Fish Quai
Upper Portswood Rd.
Vesperdene Rd.
Roggebaai Canal
Dock
Boundary Rd.
Ebenezer Rd.
Strand St.
Somerset
De Smit St.
Napier St.
Alfred St.
Dixon St.
Cape Town International Convention
Walter Sisulu Ave.
Hans Strijdom Ave.
Heerengracht
Longmarket St.
Voetboog Rd.
Yusuf Dr.
SCHOTSCHE KLOOF
Strand St.
Waterkant St.
Riebeek St.
Bree St.
Gold of Africa Museum
Bree St.
Van Riebeeck Statue
Wale St.
BO-KAAP
Bo-Kaap Museum
Upper Bloem St.
Buitengracht St.
Wale
Loop
Shortmarket St.
Longmarket St.
Burg St.
Adderley St.
Cape Town Station
Golden Acre Complex
Strand St.
Dorp St.
CITY CENTRE
2
St.
Long
St. George's (Krotoa) Mall
Groote Kirk
Leeuwen St.
Pepper St.
Bloem St.
Bree St.
Loop St.
Buitensingel
Houses of Parliament
Cultural Museum
St.
Darling St.
City Hall
Buitenkant St.
Castle of Good Hope
Queen Victoria St.
The Gardens
Government Ave.
Parliament St.
Plein
Commercial
De Tuynhuys
Barrack St.
District Six Museum
Sir Lowry
Caledon
Canterbury St.
St. Johns Rd.
South African Museum
Great Synagogue
National Art Gallery
South African Jewish Museum
Roeland St.
ZONNEBLOEM
U. Buitengracht St.
New Church St.
Orange
Annandale
Wilkinson St.
Kloof St.
GARDENS
Camp St.
Hatfield St.
Dunkley St.
Wandel St.
Buitenkant
Maynard
Upper Orange
Jutland St.

Register

Abbildungsnachweis

AA/M. Birkitt: S. 53

AA/Carrie Hampton: S. 141 (oben), 182

AA/P. Kenward: S. 16/17, 66/67, 97, 107

AA/S. McBride: S. 19, 95, 100 (oben), 105, 120, 142, 154, 161 (unten), 183, 185, 186 (oben), 186 (unten)

AA/Clive Sawyer: S. 10/11, 20, 21, 22/23, 29 (unten), 30, 31, 47 (oben), 56, 57, 76 (oben), 80/81, 81, 82, 106, 118/119, 119, 122, 141 (unten), 143, 160, 164, 165 (oben), 165 (unten), 168, 175, 191 (oben), 191 (unten)

DuMont Bildarchiv/Arthur F. Selbach: S. 24, 25, 27

DuMont Bildarchiv/Tom Schulze: S. 4, 6/7, 8, 12/13, 15, 32/33, 34 (links), 34 (rechts), 47 (unten), 48/49, 50, 52, 58, 59, 69, 70/71, 71, 73, 74, 75, 76 (unten), 77, 78/79, 91, 92, 94, 96, 98 (oben), 98 (unten), 100 (unten), 101, 102, 114/115, 117, 123, 124/125, 127, 136, 139, 140, 144, 145 (alle 5), 147, 155, 157, 161 (oben), 166, 169, 176, 179

laif/Christian Heeb: S. 158/159

laif/Thomas Linkel: S. 162

mauritius images/Alamy: S. 18, 29 (oben), 121 (unten), 128

mauritius images/imagebroker/Oliver Gerhard: S. 121 (oben)

mauritius images/imagebroker/Bernd Rohrschneider/FLPA: S. 163

Titelbild: Getty Images/Ludovic Maisant

Impressum

VERLAG KARL BAEDEKER

1. Aufl. 2015

Text: Lizzie Williams, Daniela Schetar und Friedrich Köthe
Redaktion: Robert Fischer (www.vrb-muenchen.de)
Übersetzung: Simone Reiter, Doreen Reeck M.A.
Programmleitung: Birgit Borowski
Chefredaktion: Rainer Eisenschmid

Kartografie: © MAIRDUMONT GmbH & Co. KG, Ostfildern
3D-Illustrationen: jangled nerves, Stuttgart

Printed in China

Trotz aller Sorgfalt von Autoren und Redaktion sind Fehler und Änderungen nach Drucklegung leider nicht auszuschließen. Dafür kann der Verlag keine Haftung übernehmen. Berichtigungen, Kritik und Verbesserungsvorschläge sind uns jederzeit willkommen, bitte informieren Sie uns unter:

Verlag Karl Baedeker/Redaktion
Postfach 3162
D-73751 Ostfildern
Tel. 0711 4502262
smart@baedeker.com
www.baedeker.com

FSC
www.fsc.org
MIX
Papier aus verantwortungsvollen Quellen
FSC® C020056

10 GRÜNDE WIEDERZUKOMMEN

1. Will man **Südafrikas Wildreichtum** gerecht werden, genügt eine Reise nicht.

2. Kleine und große **Museen** schlagen den Bogen von der Frühzeit bis heute.

3. Zahllose besuchenswerte **Festivals** sind über das ganze Jahr verteilt.

4. Die **Weine** sind einfach zu gut und schmecken unter südafrikanischem Himmel am besten.

5. Der **Flug** ist zwar ziemlich lang, aber **ohne Zeitverschiebung** – Sie kommen ausgeruht an.

6. In keinem anderen Land können Sie in so viele unterschiedliche **Kulturen** eintauchen.

7. Um die ganze **Landschaftsvielfalt** zu erleben, braucht man mehr als nur einen Besuch.

8. Südafrika entwickelt sich rasant – es gibt immer wieder **Neues** zu entdecken.

9. Wo sonst können Sie auf Safari **5-Sterne-Luxus** genießen?

10. Eine Nacht unter dem **Sternenhimmel Südafrikas** möchte man nicht nur einmal erleben.